于蓉萍 / 著

师者匠心

东北师范大学出版社

长 春

图书在版编目（CIP）数据

师者匠心 / 于蓉萍著. —长春：东北师范大学出
版社，2020.9
ISBN 978-7-5681-7253-0

Ⅰ.①师… Ⅱ.①于… Ⅲ.①中学—班主任工作
Ⅳ.①G635.16

中国版本图书馆CIP数据核字（2020）第194040号

□责任编辑：邓江英 □封面设计：言之凿
□责任校对：刘彦妮 张小娅 □责任印制：许 冰

东北师范大学出版社出版发行
长春净月经济开发区金宝街 118 号（邮政编码：130117）
电话：0431-84568115
网址：http：// www.nenup.com
北京言之凿文化发展有限公司设计部制版
北京政采印刷服务有限公司印装
北京市中关村科技园区通州园金桥科技产业基地环科中路 17 号（邮编：101102）
2022年6月第1版 2022年6月第1次印刷
幅面尺寸：170mm×240mm 印张：16.5 字数：280千

定价：45.00元

序 言
PREFACE

有一种职业叫教师，有一个名字叫萍姐

9月，一走进教室，我就看见一个身着一袭花裙的年轻的女老师笑容满面地站在讲台上。当时我既紧张又激动，心想这就是传说中的名师吗？在长安，在家长眼中，这名字可是孩子成才的保证呢！传说中的她，有化腐朽为神奇的魔力！传说中的她，能让学困班变好班，能让学困生变优生！传说中的她，就像魔法师，就像不可思议的神级人物！自然，语文一向比较弱的我，就是冲着她这个名头才来到班上的。可是，这么有名的老师竟然这么年轻？实在是不可思议！

她亲切地告诉我们："从今以后，你们就是（4）班人了，我就是你们的萍姐！"那一刻，窗外阳光明媚，映着她明朗的笑容，我忽然觉得整个教室竟然如此亮堂，一瞬间照亮了我的心。萍姐，萍姐，我默默地在心里念着。太神奇了，从小到大，没有哪个老师要我们叫姐姐的，这个"萍姐"到底有什么神奇的力量呢？

作为一个大姐姐，萍姐好亲切！

军训的日子，萍姐和我们寸步不离，休息的时候，同学们围在她身边；被蚊虫叮咬的时候，她有药水；感冒发烧的时候，她有药品。不论是你身体上的小小不适，还是情绪上的些微变化，她都了然于心，呵护备至。开始时的怯怯称呼慢慢变得自然起来。

作为一个大姐姐，她好严厉！

她会要求我们热爱生活、阳光向上，她会要求男生独立自强，她会要求女生自信自爱。她为我们制定"阳光公约"，她针对违纪学生颁布"违纪处罚条"，她说"无规矩不成方圆"，她说"今日你举轻若重，他日才能举重若轻"。她会

严格要求我们，告诉我们"规则之美传递正能量"。

作为一个大姐姐，她对我们用心良苦！

一年多来，萍姐每星期都会给我们写《每周记事》（以下简称《记事》），记事短则千把字，长则三四千字，在《记事》中有对我们的寄语，如"成长伴随着风雨雷电，阳光是最重要的！""向日葵知道太阳是它的方向，所以花实并茂！""花开彼岸，请乘舟前行""自己绽放，你就是春天最美丽的花朵""愿做一缕阳光，看着你绽放"……这些"阳光寄语"无疑是我们成长中最有营养的养料，我们在这些充满智慧的寄语中，感受到了一位老师在我们身上所寄予的期望。

《记事》里还有"萍姐心语"，里面有对一周常规事务的总结，有对优秀学生的表扬，有对违纪学生的勉励，也有跟家长分享的教育心得，言辞切切，字字珠玑。

"孩子们，不管你愿不愿意，无论你接不接受，生活就是这样，在你还没有能力选择生活方式的时候，你就应该主动去接受生活对你做出的安排，你就只能按部就班地生活下去。与其得过且过，不如快乐接受！当下就是你积蓄能力的时候，为了未来的生活能够按照你的意志选择，现在就请你努力面对学习生活。"这就是萍姐用浓浓的爱给我们慢火细煨的心灵鸡汤。

"家长朋友们，从今天开始，我们有了共同的守护，那就是孩子！为了孩子，希望我们的心在一起，希望我们的理念一致，希望我们且行且努力！在接下来的日子里，我们将陪伴着孩子成长，守望着孩子成长。让我们相信成长的力量，让我们相信成长的幸福！"这是萍姐对家长的真诚表达。

一学年40个星期，每周一篇，从不间断！几万字的《记事》，字字句句饱含着萍姐对我们的殷切希望。

这，就是我们的萍姐！

她能用一周时间为我们编导一场全班演出的文艺节目，并且获得第一名；她能在几天时间里将松散如沙的早操队伍带上比赛现场，并且获得第一名；她能让全班每个学生在这个阳光班级施展自己的才能；她能让每个家长都紧紧凝聚在这个班级周围。

这，就是我们的萍姐！

她有爱，用爱为学生撑起一片蓝天；她有才，用文字书写美丽的篇章；她有情，用情浸润我们的心灵。

这就是我们的萍姐：她思想与美貌并重，感性与理性并存；她霸气却不失细腻，她严厉却不失温柔。在我们心中，她从来都是一个性情中人，她敢爱敢恨，从不伪饰，从不做作：平时温文尔雅，发起怒来如惊涛骇浪，她就是我们永远的萍姐！

此时此刻，我真想在这里大声地说：

"萍姐，你辛苦了！萍姐，我们爱你！"

严 顺

2014级学生

序
言

师者匠心　方为教育

　　教育是我生活的主旋律，我徜徉其中，沉醉其中，源于我对它的热爱。我愿意在教育过程中享受幸福的芬芳，我愿意怀揣赤子之心在教育之路上执着耕耘。在班主任生涯中，我愿意以农耕精神为学生打造精神的栖息地。把对教育的热爱融入学生的生命，让学生的生命获得生长的力量。

写于2014年

躬耕讲台育桃李　掇菁撷华自芳菲

　　班主任工作是烦琐的、动态的，它足以消磨你的时间与耐力。但是，熟悉的地方有风景，只要我们拥有一颗敏于感受的心。面对班级中的繁杂琐事，我们如果能够用心采撷、精心经营，便可将"熟悉的地方"点化为"美丽的风景"，我们的教育也可以充满灵性、浪漫与诗意。如果说教育是"半亩方塘"，我们将不断输入"源头活水"；如果说教育是"田园菜畦"，我们一定会"晨兴理荒秽"。起始于辛劳，收结于平淡，这就是我们教育工作者真实的人生写照。教育是农业，需要精耕细作，需要日积月累，需要持之以恒，需要坚持不懈。孟子说："大人者，不失其赤子之心者也。"我们会怀揣一颗赤子之心，在教育的一方田地上勤奋耕耘、执着前行，一丝不苟地守望着教育的农田。我们班主任将会且行且思，脚踏实地，追求卓越，我们会把平凡的事情做精彩，把简单的事情做经典，用心做师德的表率，育人的模范，博采教育精华，开阔教育视野，绽放教育机智。我们将一如既往地追寻教育的梦想，信念如磐情似火，衣带渐宽终不悔！

写于2015年

不忘初心　一路修行

　　一个班级，于学生、于学校，都是举足轻重、不容忽视的存在。一个班级的管理者——班主任，其工作的重要性更是不言而喻。在繁杂的班主任工作中，我们兢兢业业、勤勤恳恳，我们坚守自己的教育情怀，我们体验着累并快乐的过程。可与其说这是一种累并快乐，不如说这是一种修行。修行是一种体验，更是一种状态。修行，是为了绽放自我的精彩；修行，是为了遇见美丽的自己；修行，是不忘初心，终了所愿。做班主任的过程中会体验许许多多的麻烦，而实际上这世上本没有麻烦，所有麻烦都是修炼，都是机会，班主任工作中的麻烦，全都会成为我们反思自己、提升自己、创造自己的契机。而这种契机恰好可以让我们一路修行。

写于2016年

师者匠心　砥砺前行

　　师者，当怀一颗匠心。匠心就是用最初的心做永远的事，始终如一，初心不改。作为教师，我们一生可能只做一件事，那就是教书育人！葆有一颗纯粹的教育心，能一以贯之，在喧嚣中独守一片平淡，在繁华中坚持一份简单，这就是师者匠心！匠心独运，教育才能达到一种审美境界。班主任工作看似重复劳动，其实重复中充满了各种可能与变化，熟悉的地方一定有美丽的风景，而师者应该懂得把教育当作一门艺术，以匠心将技与艺完美结合。当我们运用教育智慧解决一个个教育问题时，那份无限趋近至善的感觉一定会让自己感到欣慰和自足！愿我们像真正的匠人一样，把自己的职业当成一种信仰，用毕生的心血和张扬的才情赋予教育灵动的生命力，秉持匠心，砥砺前行！

写于2017年

序言

静心修行　幸福可期

毕淑敏说："要有一个精神小屋安放我们的事业。我们的事业，是我们的田野。我们背负着它，播种着，耕耘着，收获着，欣喜地走向生命的远方……"诚如是。班主任工作就是我们的事业，它是一项复杂而全面的工作，每天面对的都是一地鸡毛，繁杂而又琐碎。但是我们依然可以从中修行，从中体验到精神的纯粹和充沛，从中收获育人的幸福与满足。班主任幸福的教育生活源自与学生的相伴成长，源自师生共建的生活，班主任，就应该成为幸福教育的播种者和耕耘者。

写于2018年

秉持初心　渡人渡己

魏书生老师说："我总觉得，做教师而不当班主任，那真是失去了增长能力的机会，吃了大亏。"班主任的工作历程就是一个老师教育的心路、精神的自传、个体的生命史。

班主任工作是什么？是在和学生相处的过程中，慢慢让自己拥有一颗柔软、慈善、悲悯、大气的心。

班主任工作是什么？是需要先平静自己的内心，再平和地教育学生。

班主任工作是什么？是在一地鸡毛的烦琐中寻找细水长流的宁静与恬淡。

班主任工作是什么？是在不断修行的过程中，秉持初心，渡人渡己。

班主任工作是需要自我修炼的，只有平静平和，才能跳出急躁和焦虑，看到教育的有趣与诗意。请相信：山穷处，云起；水尽头，风来。

写于2019年

目 录
CONTENTS

教育随笔篇

每周记事篇

目　录

心情随笔篇

学生评语篇

篇一——教育随笔

花开彼岸，请乘舟前行

——2012届毕业典礼发言稿

尊敬的校领导、老师，亲爱的同学们：

炎炎七月，滚滚而来的热浪激荡着我们的心潮，作为毕业班教师代表，能在毕业典礼的重要时刻发言，我深感荣幸。今天，我们欢聚一堂，心絮飞扬，无限欣喜地迎来了2012届毕业典礼，请允许我代表全体教师向实中中考再创辉煌表示热烈的祝贺，向即将顺利成为高中生的所有初三学子致以真诚的祝贺，向即将升级的初一、初二学生表示衷心的祝福！

昨天，那一刻是那样的遥远，同学们满怀信心投入美丽的实中怀抱，播种希望。今天，这一刻它就在我们眼前，我们收获着成功，收获着荣光：我校中考成绩位居镇街学校第一，700分以上90人，上重点高中分数线206人，总分超出市平均分55分，多么令人振奋的成绩！这喜人的成绩轰动了长安，轰动了东莞。现在你们就要告别这充满浓浓爱意的港湾，告别伴你们成长的长安实验中学了，师恩、母校、同学情，一切的一切都将在记忆中慢慢沉淀，这也注定会成为你们人生中最有意义的诗篇。

现在，请同学们把视线从主席台移向我们的全体老师，那是你们初中阶段举足轻重的人，是他们日日陪伴在你们身边，引领和扶持你们一起走过坎坷的道路，一起度过这快乐又充实的初中岁月。多少个日日夜夜，多少个阴晴圆缺，多少个寒暑易节，老师与你们相伴的时光远远超过了你们的父母、家人、朋友。同学们，是实验中学老师的无私奉献成就了你们的今天，是实验中学老师的殚精竭虑造就了你们的辉煌，所以请把最崇敬的目光和最热烈的掌声送给他们——敬爱的老师们！

我们还来不及细细体味相处的温暖与感动，时间马上就要定格在分离之时了。时间的沙漏沉淀着无法逃离的过往，记忆的双手总是拾起那些明媚的点滴：课堂上的聚精会神，校园里的促膝谈心，运动场上的拼搏身影，中考前的众志成城。请你们记住：学校在为你们提供得天独厚的学习环境，校领导在为你们能够金榜题名而运筹帷幄，全体老师在为你们能够顺利攀登人生更高的阶梯而无私奉献，你们的父母为了你们能够学有所成而殷殷期待、辛苦付出。再回首时，初中生活将成为你们成长道路上不可磨灭的印记。时光易逝，初中三年的生活即将成为美好的回忆。如果说这回忆是一阵微风，那么当微风吹过的时候，你们感受到的是幸福，是温馨，是甜蜜，是荣耀……

实中记住了你们2012届全体同学，同学们的心灵深处也烙上了实中的烙印。实中为有刻苦拼搏、积极进取、乐观向上的你们而骄傲！实中为有勤奋好学、自强不息、奋发有为的你们而自豪！作为母校老师，我想说：同学们，今后无论你走到哪里，实中都是你们永远的家。我们仍会时刻关注你们的每一点进步，我们会真诚地为你们的前程祈祷；我们会一直含笑送你们勇敢前行。你们的成才，将是我们最大的骄傲和自豪！你们的幸福，是我们最深的企盼与心愿！亲爱的同学们，初中生活对你们来说仅仅是人生旅途的一个重要驿站，你们的人生才刚刚起步，未来的日子不管是阳光灿烂还是风雨弥漫，你们都要学会承受，都要毅然前行，因为你们已经长大！人生不能坐等平庸，青春是生活赋予你们最珍贵的礼物。请带着青春的风采，带着拼搏的精神，带着美好的回忆，去开始新的征程吧！

同时，我想告诉即将升入初三的初二学子们，你们要以学长们为榜样，武装自己，让青春与理想做伴，让实中见证你们的努力；也希望刚刚脱去稚气的初一的孩子们以坚强与进取书写成长，让实中见证你们的拼搏。初一、初二的同学们，花开彼岸，请乘舟前行！

印度诗人泰戈尔说："无论黄昏把树的影子拉得多长，它总是和根连在一起。"2012届的同学们，以后你们无论在哪里，都不要忘了常回来看看，回来看看你们的老师，看看你们曾经生活过的充满生机和活力的母校！我们期待你们回家的脚步，期待你们成功的喜讯！同学们，实中永远惦记着你们！永远祝福你们！祝福你们拥有灿烂的明天！

最后，祝老师、同学们度过一个快乐而又充实的暑假，谢谢大家！

教育随笔篇

选点突破　切入赏析

——浅谈中考文学作品，品味语言题的指导策略

目前，"语文味"的回归已然成了语文界的热点。而在这一热潮下，对文本语言形式的关注正使语文课成为具有"语文味"的语文课。2011版语文课程标准也明确指出，"在通读课文基础上，理清思路，理解、分析主要内容，体味和推敲重要词句在语言环境中的意义和作用"，"品味作品中富于表现力的语言"。课标是教材编写的依据，也是考试命题的依据。正是基于课标的要求，作为初中语文教学指挥棒的中考现代文阅读题，必然会把对学生语言形式赏析能力的考查作为中考现代文阅读考查的重头戏。2013年《广东省初中语文学科考试大纲》"文学类文本阅读"明确提出，"品味作品中富于表现力的语言"。显然，品味语言也成了考查学生走进文本、感受语言精妙的重要形式。

一、直击中考，样题归纳

何为"品味语言"？"品味语言"指的是"对文章语言的细心揣摩，辨析与联想，体会作者是怎样运用语言来表情达意的"。品味语言到底要品出什么？无外乎品出语言文字的精妙之处，品出作者在语言文字中要表达的内容，品出作者寄寓在语言文字中的情感。在历年的中考试题中，这类题目又是以怎样的形式呈现的呢？以下列举历年中考样题。

广东·2006年《词典的故事》：

本文语言富有表现力。请参照示例简要分析下列句子中加点词的表达效果。

示例：营业员脸上显出了更多的怜悯，这位阿姨甚至因此变得漂亮起来。

分析："漂亮"主要反映了"我"当时的心理感受，营业员的怜悯使我产生好感。

（1）书店干净的木地板在脚下发出好听的声音。

（2）但上面几个凹印的字却一下撞进了眼里："汉语成语小词典"。

广东·2007年《鼓神》：

本文有不少精彩的句子，请在画线的A、B两处任选一句做点评。

（A）卖着狂傲，逞着威风，显得不可一世。

（B）只见他急敲慢敲，重敲轻敲，时而敲打鼓沿时而肘杵鼓面，时而跃腾猛捶，时而贴鼓轻抚，柔时如丝绸无骨，坚时像枪击钢板，乱时如乌云压顶，齐时如布兵排阵；铁马金戈乱箭飞，细雨轻风荷塘清，劈山开路是男儿，再闻堂前纺织声……

广东·2009年《寻石记》：

任选一句品味语言，注意加点词句。

A. 有的时候鸡也会跳上去，在上面叽叽咯咯地叫着，好像那石头是它下的蛋似的。

B. 既然石头都有它们自己的来历和用场，我就空着手理直气壮地回家了。

广东·2010年《偷父》：

从下面两个句子中，任选一句品味语言。

（1）他把两手伸进裤兜，麻利地将兜翻掏出来，又把手摊开说："啥也没拿啊！"

（2）"我要……我要我爸……求您了。"

广东·2012年《淡淡的深情》：

文章结尾"这是平静水面下深处的激流啊！"这句话饱含深意，其中"平静水面"和"深处的激流"各指什么？这样写有什么好处？

广东·2013年《天使儿》：

请指出下列句子中加点词语的表达效果。

（1）当商未央携着厚厚一叠写生稿回到家时，他惊呆了。

（2）有人说：老天就是公平，商未央名声赫赫，才气逼人，可偏生了个傻儿子。

　　在近几年的广东省中考题中，品味语言俨然成了重头戏。总览以上中考样题，我们会发现，命题者选取的词句都是富于表现力的语言。所谓"富于表现力的语言"也就是运用某种表达技巧对揭示文章主旨、突出人物性格、显示行文思路有重要作用的词句。这些词语或句子往往是体现语言特色、表现事物特征、刻画人物形象、有助于揭示主旨的句子。掌握了这一类题的规律，指导学生在答题时，选准角度、准确切入就显得尤为重要了。

二、整体感知，宏观把握

品味语言一定是建立在整体感知文章的基础上的，绝对不能游离于文本之外。学生要建立一定的文本意识，也就是要求在阅读过程中，必须宏观把握，全面兼顾。很多时候学生只是品味题中的句子，这样往往会一叶障目。因为缺乏上下文观念，不能兼顾全局，往往在理解上出现偏差，在表达上过于肤浅。

新课标指出："阅读教学应引导学生钻研文本，在主动积极的思维和情感活动中，加深理解和体验，有所感悟和思考，受到情感熏陶，获得思想启迪，享受审美乐趣。"余映潮老师也曾说过："要让学生充分利用和挖掘课文中的内容，含英咀华，徜徉于语言文字之中，引领学生实实在在地思考和智慧地碰撞，激发学生充分表达自己的阅读个性，拓展课文学习的广度和深度，在语文实践活动中学习语言、习得语感。"可见将品味语言落到实处，唯一的途径就是贴近文本，深入解读，引导学生深入语言的内核，还原文字丰富的形象，挖掘文字背后深藏的意蕴。我们只有立足文本，回归语言，引导学生细细品味，充分体验，挖掘语言内在的情感和韵味，才能让学生获得求知和审美的愉悦。

在阅读教学中我会告诉学生任何文学作品都要读懂三个"W"，第一个"W"即"what"，也就是"什么"，文章写了什么，其实就是文章的内容；第二个"W"即"why"，也就是"为什么"，文章为什么要写这些内容，其实就是文章的主题；第三个"W"即"how"，也就是"怎样"，文章是怎样写的，其实就是文章的写作手法。读懂了这三个"W"，也就把握了文章的全局，这也符合新课标提出的"在通读课文基础上，理清思路，理解、分析主要内容，体味和推敲重要词句在语言环境中的意义和作用"。

三、选准角度，准确切入

在平时的阅读训练中，我发现学生遇到品味语言的题时往往脑子一片空白，无从下手，答题时常常是表述凌乱，毫无章法，显然，他们没有掌握品味赏析的方法。针对这个问题，首先要教会学生选准角度，准确切入。

例如，词语的品味就从字义、词性、感情色彩、修辞、词语的深层含义等方面切入。以下面的句子为例：

（1）《范进中举》："屠户把银子攥在手里紧紧的，把拳头舒过来……屠户连忙把拳头缩了回去，往腰里揣，口里说道……"如果能判断这几个词语的词性为动词，学生就能揣摩出动作之后的胡屠户这一人物形象。

（2）《藤野先生》："花下也缺不了成群结队的'清国留学生'的速成班，头顶上盘着大辫子……实在标致极了"一句中的"标致"一词显然是褒词贬用，如果从这一角度切入，学生就能理解文中的讽刺意味。

（3）《春》："小草偷偷地从土里钻出来"一句中的加点字显然是运用拟人手法写出小草的活力。

（4）《行道树》："立在城市的飞尘里，我们是一列忧愁而又快乐的树"一句中的加点词就要结合文章背景体会含义，从而领悟词语的深层意义。

将以上词语的赏析提炼出如下指导方法：

解题思路一：明白字义、词性及描写的对象，揣摩词句的情味。

【方法提炼】

格式：运用动词（形容词、拟声词等）或"这一词语"，准确、传神（生动形象）地写出了……

解题思路二：把握作者感情，体味词语感情色彩。

【方法提炼】

格式：褒词贬用或贬词褒用，"表现……""批判……""讽刺……""赞扬……"。

解题思路三：分析修辞，了解词语在句子中的表达效果。

【方法提炼】

格式：运用……修辞，生动形象地写出了……（特征），表现了……（情感）。

解题思路四：结合背景，体会含义，领悟词语的深层意义。

【方法提炼】

联系文章的写作背景、内容、主旨、作者情感态度来品味。

句子的品味就是在品味词语的基础上举一反三，找出句子本身的语言特点，如修辞、描写、深层含义等，教会学生从这些角度切入，找准突破口，这样在具体答题时就不会无章可循了。当然，语言赏析题选取的角度是多种多样的，如结构形式、语言特点、表现手法等，所以解题角度的切入一定是建立在

教育随笔篇

学生阅读能力的基础上的。

四、立体赏析，有序表述

"选准角度，准确切入"只是具体解题的第一步。仅有答题突破口是远远不够的，还必须从语言形式、语言内容和表达效果三个方面进行立体赏析。在表述时，要依次体现"这句话（这个词）在语言形式上有什么特点"—写作对象（特点）是什么—"在文中的表达效果是什么"。

语言形式（词性、感情色彩、修辞、含义）+表达内容（特征、形象）+表达效果（情感、思想、态度等）。

考虑三个方面：这个词（这句话）在形式上有什么特点，内容（意思、含义）是什么，在文中起什么作用。

只有立体赏析了，才能做到有序表述。以2010年广东省中考题为例：

从下面两个句子中，任选一句品味语言。

（1）他把两手伸进裤兜，麻利地将兜翻掏出来，又把手摊开说："啥也没拿啊！"

（2）"我要……我要我爸……求您了。"

要准确赏析以上两句话，首先要确定语言形式。这两句都运用了描写，第一句是动作和语言描写，第二句是语言描写；接着分析表达内容，两句描写的对象都是"偷父少年"，前一句"描写少年熟练、迅速地翻掏裤兜，狡黠地表明自己没拿东西的情态"，后一句"描绘出少年结结巴巴、吞吞吐吐的情态"；最后分析表达作用，前一句"栩栩如生地刻画了一个被捉后处变不惊的小惯偷形象"，而后一句"传神地表现出他要求主人送画又难以启齿，渴望得到画像又担心主人不肯给的矛盾心理"。从语言形式、表达内容及表达效果三方面进行全面品味，才能准确、有序地进行表述。

如果在指导学生时，只是关注答题"套路"和答题"模式"，那么对语言的赏析只是停留在最肤浅的表层。只有立体赏析、准确表述才能抓住品味语言的精髓。在指导过程中我会告诉学生明确两个原则：一个是"词不离句、句不离段、段不离篇"原则，一个是"整体感知、局部揣摩、瞻前顾后"原则。在这两个原则的基础上还要指导学生答题时层次分明、有序表达。

五、几点思考

（1）在平时的教学中关注对学生语言赏析能力的培养。语言是思维的外壳，语言赏析能力的培养是循序渐进的。在阅读教学中，教师应该引领学生与文本亲密接触，这是品味语言文字的重要途径，也是语文教学的首选要务。通过不同方式启发学生去品味语言，不仅能激发学生学习语言的兴趣，促进学生语言能力的发展，更有利于学生思维水平的培养。

（2）不能将这一能力点单独割裂出来。我强调重视品味语言这一能力点并不是将这一能力点与其他能力割裂开来，更不是否定教学内容上要注重多样性，方法上要强调整体感悟，学法上要提倡自主、合作、探究，关键是要让学生在品味文本语言的过程中促进语言素养的全面形成与发展。

（3）切忌以答题模式抑制学生思维能力。在中考复习的过程中，不少老师往往急功近利，搜罗应对各种题型的答题模式，在这些答题模式之下进行僵化的训练，而这些训练常常会束缚学生的思维，导致学生不深入研读文本，不主动思考，在答题时只是一味地、机械地照搬答题模式，这样的结果只会让学生缺失个性化阅读体验。

综上所述，一线教师只有坚持实践语文课程标准提出的"重视培养学生广泛的阅读兴趣，扩大阅读面，增加阅读量，提高阅读品位，提倡少做题，多读书，好读书，读好书，读整本的书"，学生才能从根本上掌握文学作品品味语言类试题的答题能力。

参考文献：

［1］中华人民共和国教育部.义务教育语文课程标准（2011年版）［M］.
北京：北京师范大学出版社，2012.

［2］陈亚娥.也谈语文教学中的语言品味［J］.语文教学与研究，2011（25）.

［3］宋静娴.在品析语言中感悟"自由"［J］.语文教学通讯，2013（14）.

教育随笔篇

努力的你最美丽

——2019年秋季开学典礼发言稿

尊敬的领导、老师，亲爱的同学们：

下午好！

今天我们全体师生相聚在美丽的实中操场，举行本学期第一次盛大的聚会——开学典礼。在此，我作为教师代表向全体同学表示亲切的问候！向全体教职工致以崇高的敬意！今天我发言的题目是"努力的你最美丽"！

夏日的热度尚未消散，我们又回到了9月的校园。带着新的心情、新的希望、新的目标我们又步入了一个新的学年，开始求知生涯中的又一段里程。同学们经过暑假的休息和调整，体力得到了恢复，视野得到了开阔，知识得到了补充，精力将更加充沛，斗志将更加高昂。

首先我想和我亲爱的同事们分享一些话：捷克小说家米兰·昆德拉说过，生活，就是一种永恒沉重的努力，努力使自己在自我之中，努力不迷失方向，努力在原位中坚定地存在。我想这对于我们每一位老师来说都尤其重要。一届届的迎来送往，一茬茬的教学轮回，如果我们不努力让自己活得充实，就必然会庸碌一生，必然会被淹没在陀螺一样的生活中。认真做每一件事，不要烦，不要敷衍，走一步，再走一步。一路教学一路修行，设想自己是幸福自由的，心就是幸福自由的。

值此开学之际，我想和同学们聊三部电影。第一部电影我想和初一的孩子们聊一聊时隔25年再次搬上银幕的动画片。对了，就是《狮子王》！看过的请举手！嗯，有不少孩子看过，你们是喜欢木法沙、辛巴，还是拉菲奇、娜娜、彭彭、丁满？无论喜欢谁都不重要，我想告诉你们，一定要记住影片中的父亲对儿子说的这句话："Remember who you are.（要记住你是谁）"。背负着至高无上的权力来到世间，辛巴的人生注定与平庸无缘。父亲还是国王的时候，他无忧无虑，单纯无畏。当痛失父亲的时候，辛巴猝不及防之间要面对眼前的挫折与磨难，不得不鼓起勇气独自踏上未知的前路。孩子们，我们何尝不是这样！离开了朝夕相处的父母，我们升入新的学段，这意味着我们必须成长。成长不是衣服越穿越小，裤子越穿越短，而是心跟着梦想一起长大！成长的过程要时刻记住你是谁，你在哪儿，你需要干什么，初一是什么。没有人能给你明确的答案，你只能用心去体验，正如辛巴失去了父亲之后，他想逃避，可是经历了成长之后，他终于明白他是谁，他是草原之王，他有责任重回草原，重新找回自己，直面人生！你看，不再逃避，咬牙面对，担起必须承担的责任是成长的必经之路。成长过程中会经历很多阵痛，可能是分离，可能是挫折，可能是无助，但无论是什么，一定要记住你的责任是什么。进入初中，你不再是父母身边的顽童，你有了成长的责任，努力的方向。我只想告诉你们，初一的学习生活一定是你青春岁月中最激昂的序曲。孩子，请敞开心怀拥抱初一吧！你一定会收获成长的美丽！你一定会像辛巴一样，在努力之后寻找到真正的自己！

　　暑假还有一部好看的国产动画片，初二的孩子们，你们知道是哪部吗？对了，《哪吒之魔童降世》！看过电影的孩子都知道，哪吒渴望着"灵珠"的恩赐，却背负起"魔丸"的宿命，本应是灵珠英雄的哪吒却成了混世大魔王。哪吒在偏见中成长，被鄙视、被孤立、被排斥、被镇压，可即便这样，他却说"不认命就是哪吒的命"！有着一颗做英雄的心的哪吒生而孤独，却从不认命；逆天而行，若命运不公，便要和它斗到底，无论到了什么境地，无论遇到什么样的困难，都会成功地踏过去。哪吒的成长之路是一条自我认识之路，艰苦而漫长。初二的孩子们，透过这部电影我想告诉你们一句话："改造真正的自己！"初二正值青春最美的时候，生命正在像花儿一样开放。花开的声响过后，美丽的足迹已留在了生命旅途中。毫无疑问，旅途中镌刻着哀伤、忧愁、迷惘，但更多的是憧憬、奋斗、坚持……当日历一页页翻过时，流走的痕迹里是否有你的努力与无悔？在这承上启下的关键学期，初二的孩子们，请怀揣梦想，以梦想作为前行的助推器，让自己初中生涯的过渡期变得更为顺利。中考在望，全力加速，让自己的努力化作最丰硕的果实。请永远把梦想放心上。记住哪吒的话："我命由我不由天！"

　　初三的孩子们，"人生就像射箭，梦想就像箭靶子，连箭靶子都找不到在哪儿，你每天拉弓有什么用啊"。这句话你们听着耳熟吗？暑假里如果看过《银河补习班》的同学一定知道这是一句贯串始终的经典台词。是啊，如果

教育随笔篇

你连人生目标都没有，你每天拉弓有什么用？到了初三，想必每个孩子都有了自己的"箭靶子"，既然树立了箭靶子，就要把手中的弓拉紧了。既然我们选择了中考，我们就没有理由退缩。中考的战鼓已经擂响，离中考仅剩下不到一年的时间，是到了淬火亮剑叱咤沙场展雄风的时刻了，是到了扬鞭策马百米冲刺闯雄关的时刻了。如果说三年的学习生活是一次长跑，那么现在已经到了加速的时候了，终点就在目光所及之处。这时，可以看到前面那一道道关切的目光，可以听到周围那一声声助威的呐喊。面对中考冲刺，同学们首先要明确自己的目标，其次是保持良好的心态和掌握科学的学习方法，最后还要拥有强大的内心。初三的孩子们，以奋进去拼搏、去书写青春岁月最绚丽的一章，去翻开辉煌人生最精彩的一页吧！正如影片里所说的："真正的人生难题不会像考卷那样会自动跳出A、B、C、D四个选项，有且只有一个标准答案，而是会有E、F、G、H、I、J、K的岔路，甚至能开出X、Y、Z的脑洞。"确定目标，勇往直前，你就会成为你想成为的样子！

　　实中的孩子们，相信自己，努力的你最美丽！所以你们要多鼓励自己："成绩单上的分数暂时不如意没关系，只要我努力，就是一名好学生！""基础不好没关系，只要我每天都有进步，就是一种成功！""我的生活是充满阳光的，努力的我最美丽！"这样自信地度过每一天，你会越来越体验到：我的人生是非常有价值的，我是最棒的！

　　老师们，同学们，努力的你最美丽，因为只有努力，才能站得更高，看得更远，做得更好；才会上下齐心，共同努力，创造新辉煌，才会使学校更有活力，更有实力，更有质量，更有影响。

　　最后，祝同学们快乐学习、幸福成长！

　　祝老师们身体健康、工作愉快、幸福生活！

　　谢谢大家！

2019年9月2日

实中德育天地

—— 德育导师于蓉萍2007年3—7月"德育手记"特刊

写在前面的话：

当秋菊班主任让我当权锋的导师时，我不由一愣，开学仅两个星期，我对他印象已特别深刻了：每天欠交作业的名单上都有他的大名，上课总是趴在桌子上……翻翻他的升学成绩更是为其担心，总分才130.5分，全班倒数第一。

对于他的进步，我想用一句话形容："前途是光明的，道路是曲折的。"

第1周至第4周：

（1）谈心。

（2）确立学习目标。

（3）表态。

（4）观察学习情况。

（5）观察课堂状态。

第5周：

找权锋填好基本情况登记表后，我和他好好谈了谈。其实他的问题主要是学习基础差，成绩非常糟糕，最大的原因是懒惰，学习没有目标、没有动力，不想学，成绩差就更加不想学，恶性循环。

权锋品质不错，单纯、善良，态度很好，我和他明确导师关系后，对他说这一年将尽最大努力帮助他将成绩提高，他很乐意接受，并表示尽量学好。我告诉他让他记住一句话，"我努力了，所以无怨无悔"。

"教育就是培养习惯。"

教育应当促进每个人的全面发展，即身心、智力、敏感性、审美意识、个人责任感、精神价值等方面的发展。教育应该使每个人借助青少年时期所受的教育，能够形成一种独立自主的、富有批判精神的思想意识，以及培养自己的判断能力，以便由他自己确定在人生的各种情况下他认为应该做的事情。

第6周：

语文课上，权锋的学习状态明显好多了，能够抬起头来听课，主动记笔记，最令我感动的是有一节课他因看不清黑板上的字，借旁边同学的眼镜戴。

国庆放假回家，语文作业没有完成，他说不记得了，其实还是懒惰造成的。他说会补回来的，结果他并没有补回来。

我跟他谈了诚信。"一个人要想赢得他人的信任，一定要守信用。"

"既然答应了别人，为什么不能做到？"

"先相信你自己，然后别人才会相信你。"

没有谁必须要成为富人或伟人，也没有谁必须要成为一个聪明的人，但是，每个人必须要做一个诚实的人。

言必行，行必果。

第7周：

对他上课的表现给予及时的肯定和表扬。作业偶尔欠交，我问他原因，他说不知道有什么作业，如果知道，他肯定会做。作业质量不好，我问他原因，他说很多字不会写，而且确实有很多题目不会做。从他的回答中，我可以肯定他是独立完成作业的。

和他谈话后了解到，他之所以不知道有什么作业，是因为上课没有很认真地听老师布置作业，而且心思还没有完全放在学习上。

学习不专注。

专注指一个人的注意力高度集中于某一事物的能力。注意力的集中与否直接关系到一个人的某项工作或事业是否能取得成功。

每个人的注意品质都是不一样的，有些人注意广度比较好，有些人注意稳定性比较好，有些则是注意分配和注意转移比较好，这些差异都是因人而异的。良好的注意品质要求我们能够主动迅速地转移注意力。

第8周：

为了激发学生的背书兴趣，班上成立了语文背书小组。本以为学生在自由组合小组时会排斥权锋，可是有一个小组很主动地邀请权锋加入。针对这一点，我找权锋谈话："俊彪他们主动帮助你，你应该怎么做呢？"他答应好好背书。我让家铎帮助权锋。

我发现他真的积极地在背书。

让他参与学习小组感受到集体学习的乐趣，学会与他人合作。

萧伯纳说过："你有一个苹果，我有一个苹果，彼此交换，每个人只有一个苹果。你有一种思想，我有一种思想，彼此交换，每个人就有了两种思想。"

合作是现代人的一项基本素质与品质，如果一个人不能与人真诚合作，他就不可能成功。

第9周：

检查上周的背书数目，发现权锋一首也没背。问他情况，他说不想去组长那里背，于是我让他去班长那里背，他答应了。

从这一点发现权锋学习的主动性还不是特别强，要从被动走向主动还需要一个过程。

如何让权锋从消极被动地学习转变为积极主动地学习呢？

正确的教育观念是教学改革的先导。我们要更新教育观念，而实施素质教育的一个重要方面就是要改变传统的师生关系模式，建立一种新型的教学观：教——教会学生学习；学——学会如何学习。教师要从知识和技能的传授者转变为学生学习的指导者、管理者和推动者，要尊重学生的主体性和能动性。智慧的教师应该让学生主动学习。

第10周：

权锋在语文课上的学习积极性明显提高了，虽然偶尔会走神，但我会开玩笑地提醒他："小蜜蜂，在干什么？春天还没到哦。""小蜜蜂，认真点。"……他会笑着认真听起课来。

课后让他来办公室，他的笑容、他的话明显比以前多了。显然，我对他的昵称起到了好的效果。

我想让他信任我，真正起到帮助他提高学习的作用，还必须让他接受我，让我们的关系变得融洽，变得亲切一点。

师生关系的和谐首先体现在心灵的和谐上。"学生对教师给予他们的好感，他们是会用爱来报答教师的爱的。"教师对学生的好感和爱，可以说是构筑师生和谐心灵的两个重要的交点。

心灵的和谐是师生间有不需要语言就能感受到的一种默契，是从一个点头或一个微笑里就能感受到的一种温馨，一种心灵的轻松。

第11周：

周四、周五就要期中考试了，我找权锋谈了谈。他很不自信，对考试没有把握。针对他的心理状态我告诉他不要在还没有上战场的时候就退缩，也不要想结果如何。他已经在努力了，应该坚持下去。

我教他要学会自我激励。

"凡是成功的人，都是经过长期的计划和小心安排的。"

"当你看到多少人跑在你前面的时候，不妨再看看又有多少人跟在你的身后。"

自我暗示和激励要用正面积极的语言，如说"我一定能成功"，而不说"我不可能失败"；说"学习对我来说很容易"，不说"学习并不难"。因为前者在你自己的大脑中种下的是成功的因子，潜意识会指挥你去"成功"；而后者种下的是失败的因子，大脑的潜意识会指挥你给自己设置"失败"的栏杆。绝不能低估消极心态的排斥力量，它能阻止人生的幸运，不让你受益。如果你相信你能读得快、记得快，你就可以读得快、记得快。健康的、积极的暗示能帮助你自己，也能阻止有害的、消极的暗示。

第12周：

期中考试成绩出来了，权锋的语文成绩61分，尽管还是不及格，但是有所进步，而且值得欣慰的是，他整份试卷答得满满的，就这一点，我表扬了他，而且是在课堂上特地表扬，他很高兴。趁热打铁，我找他总结了这次考试情况，并对下一步的学习提出要求，他态度特别好，对我提出的要求也很认真地答应会做好。

我说："现在还要靠勤奋，唯有勤奋才能使你超越自我。"

孩子的意志和毅力总是不如成人，为了让孩子养成勤奋的习惯，父母、老师不妨采用循循善诱的办法——有步骤地引导孩子去学习。引导孩子勤奋学习应该怀着一种平常心，不要急于求成，否则会适得其反。

第13周：

权锋的学习态度好了很多，可是基础太差，意志力不强导致他不肯在学习上花太多时间。周六检查背诵，全班就他一个人不过关。针对这一点，我跟他好好谈了谈。他的态度依旧特别好。

其实他内心也知道自己存在的问题，可一旦需要付诸行动，就缺乏恒心与毅力，而且没有动力，没有学习的欲望。

"要做到坚韧不拔，最要紧的是坚持到底。"

第14周：

科任教师反映权锋上课虽然能认真听课，但作业基本不做，或者即使做了，也是态度极差。问他原因，他总说"忘了"，或者说"不会做"。经过我的了解，的确如他所说，理科的大多数作业他都不会做，实在要他做，也只能是抄其他同学的。

听他这么一说，我也觉得很无奈，有种束手无策的感觉。怎么办？找同学帮他？可连老师的辅导都起不到多大作用，更何况同学呢？他的基础太差了，他能坚持认真上课就已经很不错了。

第15周：

学习上的问题是权锋的主要问题，对于语文这一学科，我只能对他降低要求，要求他古诗文背诵这方面一定要下功夫，作文不能放弃，这两块能拿分，中考就不会拉分太厉害，他自己也有信心。

第16周：

本周我在（14）班有一节公开课，同学们非常认真地配合，权锋的积极性也很高，还主动向我提出上课要提一个问题，说要表现一下。

在公开课上，权锋真的很认真地提了一个问题。

课后，我就他的表现表扬了他，他显得特别开心。

及时表扬犹如春风。

第17周：

最近各科任教师说权锋上课能认真听课了，特别是在讲一些浅显的知识时，他还会举手回答。语文课上，我也特别设计了一些较简单的题目，把发言的机会给权锋这种成绩稍微差些的学生。果然，权锋在课堂上的表现好了很多，能够跟上我的教学思路了。

第18周：

最近，语文复习古诗和文言文，对于这些内容，我对学生的要求很高，基本要求每个学生都要过关。权锋尽管上课能认真听课，但是检测后发现效果非常差。针对这一现象，我对权锋提出了一定的要求。因为他基础差，所以学习起来感觉很困难。一难，他就有畏难情绪，会退缩。

对于权锋的实际情况，我降低了对他的要求，真正在他身上体现了因人施教。

教育随笔篇

第19周：

元旦3天假回来后的第一天，白天上课权锋一个劲儿地犯困，我提醒了他好几次。晚上晚修的时候，他又趴在桌子上睡觉，我叫他到办公室，一问才知道，放假这几天他都是玩电脑到凌晨一两点。

对此，我不知应该用什么样的方式才能达到最好的效果。对于这类孩子，我们与其狂风暴雨式的指责，还不如宽容式的批评。

宽容式的批评：在特定的环境下，宽容也是一种行之有效的教育方法。因为宽容就像人们在重压之下，走进满眼绿色、无边无际的大草原一样，让人舒畅，而它从不吝惜自己的绿色；宽容就像春天一样，给大地以滋润，给空气以芬芳，给生活以智慧，给意志以成长。

第20周：

期末复习将至，老师、学生都进入了紧张的复习中，权锋也摩拳擦掌，状态不错，几次专题复习小测验他都有所进步，我见机表扬并鼓励他，还告诉他一些有效的复习方法。

自主复习的时候，发现他很认真。

课后找他聊了聊，不管考试成绩怎么样，至少自己努力了就不会后悔。

第21周：

本周一考试，考前我鼓励权锋，并答应如果他取得进步，会给他一些小礼物。他很开心。

考前我询问了他，了解到他很担心自己的成绩仍然是一塌糊涂。我及时给予了他考试焦虑的辅导，并且帮助他建立了合理的考试期望。

感悟：

做了权锋一年的导师，看到了他点点滴滴的进步，欣慰之余更是觉得，要让学生重新开始，必须从"心"入手，要在学生心灵中寻找曙光，点亮学生的心灵之光！

开展"读写结合"研究，提升教材利用价值

当前的语文教学存在两种现象：一是教师在进行阅读教学的时候不提作文教学；二是在进行作文教学的时候又不提阅读教学。大多数语文教师都习惯将作文课作为作文教学的主阵地，忽略了学生最容易接触、模仿的写作资源——教材中的课文。阅读教学与写作教学两相分离，导致学生不能很好地将课文学习中获取的写作知识运用到写作中去，教师在进行习作指导时也不注重与所教课文进行联系。

目前写作教学存在"四无"状况（无习作序列、无指导策略、无习作教材、无教学模式），导致写作教学"高耗低效"。读写结合在操作上存在随意性和无序化，没有依据单元课文篇目找到有价值的读写结合点，更不用说开展序列化训练了。因此，利用现行教材寻找读写最佳结合点，建立有效可行的读写结合点序列化就显得尤为重要了。2011年版的《义务教育语文课程标准》对读写结合有了明确的要求："要重视写作教学与阅读教学、口语交际教学之间的联系，善于将读与写、说与写有机结合，相互促进。"显然，修订后的语文课程标准倡导以读促写和读写结合，这是对语文教育传统经验的重新传承，是对一线语文教育工作者呼吁的一种积极回应。同时语文课程标准还提出："教师应认真钻研教材，正确理解、把握教材内容，创造性地使用教材；积极开发、合理利用课程资源……"可见，课程改革呼唤教材的变革，也呼唤对教材的创造性使用。

在此背景下，我申请了一个课题"初中语文'读写结合点'的序列化实践研究"，并获得东莞市基础教育科研"十二五"规划2013年度立项。本课题旨在在阅读、写作两方面找到交融的内容，以现行教材为范本，探究读写结合点；把研究的落脚点放在"读写结合点的序列化"上，从实践中探索提高读写结合实效性的策略和方法；通过研究，拓宽初中学生语文学习的空间，发挥校本研究的优势，注重解决学生在读写教学中的困惑和问题。

一、确定教学核心内容，寻找最佳读写结合点

自王荣生教授提出"教什么比怎么教更重要"的思想，"语文教学内容的确定"也成了近年来语文教研活动聚焦的主题。语文教材的每篇选文都具有自身的完整性，教学内容的选择也比较灵活，导致教师在选择教学内容时非常迷茫，我们常常困惑于教学内容的不确定。如一篇课文，既可以教文本内容，也可以教文本形式。就拿朱自清的《背影》来说，不同的教师对教学内容的处理会存在很大差异，有的重在对文章结构的梳理，有的会对选材进行概括分析，有的会把重点放在人物描写上，还有的会注重语言赏析。可见语文教学内容的确定存在很大的差异。王荣生教授在《听王荣生教授评课》一书中提出，语文课"好课"的最低标准是：

（1）教师对自己的教学内容有意识，即知道自己想教什么，在教什么，并且知道自己为什么教这些内容。

（2）一堂课的教学内容相对集中因而使学生学得相对透彻。

基于此，我们课题组达成共识：通过确定教学内容寻找最佳读写结合点，也就是利用课文作为读写结合的载体，设计与课文有联系的写的内容，从而达到以读促写、以写带读的教学目的。

初一备课组组长李秋美老师在执教《竹影》一课时将课文中的"我"和小伙伴们在月下描竹影的内容作为教学重点。教学中，教师通过找"趣事"、品"趣句"环节，引导学生感受童趣，感受作者对儿时生活的难忘与怀念之情。教师引导学生赏析、体验，并适时加以归纳、提升，从而帮助学生找出文本最有价值的核心内容"写出童心童趣"。在教学环节结束之际，教师留了一个作业："用一段文字写出你童年生活中最难忘的一个游戏。"这一作业的设计立足于课堂教学内容，教师能够从文本中探寻最有价值的教学内容，用揣摩、品味、阅读的方法确立最佳结合点。

本课题的另一位成员苏智莉老师在执教《列夫·托尔斯泰》时，抓住了这篇文章最突出的教学内容——"人物外貌描写，以形写神"。苏老师通过研读文本，提炼最适宜的教学内容，进行了读写结合的互动训练，让学生在读中悟写，在写中悟法。因为紧扣基于教材和课堂的读写结合点，从而使课堂教学效果达到了最优。

福建师范大学中文系教授孙绍振先生认为，当下作文教学无效和低效甚

至反效的一个主要原因是文本解读与写作脱离。而我们有了本课题作为抓手，在研读文本，确定教学核心内容时，就有了读写结合这一明确的方向。初一的课题组成员在集体备课时围绕单元目标、课文目标确定教学核心内容，寻找最佳结合点。以七年级下册第四单元为例，《社戏》的景物描写，《安塞腰鼓》的场景描写，《竹影》的心理描写，《观舞记》的动作、神态描写，《口技》的场面描写等读写结合点，就是课题组成员通过研读文本后确定的教学核心内容。

课题组成员立足课堂，以语文课本中的文章为载体，从写的角度来审视解读文本。在读与写两个方面找到抓手，确定教学核心内容，设计"写"的训练，使阅读、写作、思维训练三者融为一体，形成以读促写的读写指导策略，做到了读写相长。按照学段设计序列性较强的读写结合点，通过多次强化，实现读写结合的最优化，使学生的思维得到发展，能力得到提升。

二、整合教材资源，构建读写结合点序列

"学生在不同的学习阶段，读写结合点应该是不一样的，只有科学建立读写结合点的序列，使读写结合点有序、有度，避免重复与遗漏，才能有效提高语文教学效率和质量。"因此，我们按照学段设计序列性较强的读写结合点，形成序列，引导学生有步骤、有目的、有坡度地进行读写结合训练。编制好科学训练的阶梯序列，使学生的思维得到发展，能力得到提升。现阶段的课题研究主要是以年级为单位，在初中三个年级中确定研究序列，就写什么，如何准备，如何指导，怎样写，如何评价，怎样修改等确立案例，制定好序列训练体系。

那么如何建构科学的读写结合训练序列呢？我们认为必须进行教材整合。特级教师王君曾说过："没有哪门学科比语文更为迫切地要求教师具有整合的能力，因为没有哪门学科的教材比语文教材更需要整合。"

何谓整合教材资源？整合教材资源就是要求教师对教材资源充分认识和利用，也就是在分析某几篇课文组合的规律和特点的基础之上，深入教材去寻找有价值的训练点，使习作指导有条不紊、层层推进。

怎样整合教材资源，构建读写结合点序列？课题组已经着手深度研读文本，通过确定教学内容寻找读写结合点。而随着课题研究的不断深入，分年级的相关读写结合训练序列已初步建立起来。这样在避免重复的同时进行逐步完

教育随笔篇

善，目的是通过校本教研的优势，规范阅读和写作课堂教学中的读写结合操作流程和策略，提高阅读和写作教学的效率，从而提升学生的语文能力及素养。

我在3月份的一次教研活动中执教"学会插叙手法的运用"一课，这正是基于本课题的研究而开发出来的一个课例。我先是以初一课文《爸爸的花儿落了》引路，接着逐步引出插叙的特点、作用及运用。在此过程中，将经典课文《羚羊木雕》《心声》《从百草园到三味书屋》等结合起来进行插叙方法运用的指导。《爸爸的花儿落了》是学生非常熟悉的一篇课文，文章的插叙手法运用得非常精彩。将学生熟悉的课文生成课堂所要的作文教学资源，可以激发学生的学习欲望；让学生了解文章的"好处"，才能让学生真正吸收并转化为对写作有用的东西。有机整合教材资源，把教材作为写作技法资源，对阅读文本教学价值进行二次开发，这也是读写结合的精髓所在。

课题组成员黄晓君老师在参加教学能手比赛时，设计了一个课例"'动'在细微处"，她首先通过让学生欣赏《范进中举》中胡屠户吹捧逢迎的视频和原文，引出动作细节描写的含义和作用；接着通过分析《背影》《从百草园到三味书屋》《水浒》中动作细节描写的精彩片段，总结出动作细节描写的方法；最后让学生运用动作细节描写的方法修改《学游泳》的片段，促使他们真正掌握这种方法。这一教学设计思路清晰，教学环节逻辑严谨、方法明确、可操作性强，注重对教材的二次开发，紧扣经典文本分析动作细节描写的方法。以读带写，以写促读，读写结合是语文素养整体发展的重要途径。而读写结合、以读促写，又需要"悟文析法"，也就是通过阅读来了解文章写法的精妙之处。教材经过整合，可以促进学习内容最优化，教师会获得更为巧妙的读写结合切入点，也更有利于我们初步建立读写结合点序列。

随着课题研究的推进，目前在建立初步读写结合点序列化方面，课题组主要依据东莞市语文教研室提供的教学规划对初一、初二年级做出相应的要求。比如，初一年级主要整合有关写事的教材资源：选取典型小事件、小物件、小细节，写出事件的波澜，叙事中的细节描写、景物描写等。而初二主要整合写人方面的教材资源（外貌描写、神态描写、心理描写、语言描写、动作描写），用一件事写一个人，用几件事写一个人，在叙事中穿插议论、抒情等。教师将针对这些结合点挖掘和整合教材资源，形成读写结合的最佳教学角度。

在课题研究的推进过程中，我们需要充分发挥能动性，自觉参与读写结合的校本教研，积极探索读写结合的知识与能力点的序列，使读写结合教学更加科学有序。

三、依据读写结合点序列，开展读写活动

构建好读写结合点序列之后，我们将继续落实读写活动的开展。语文课程标准明确提出，把握教科书各单元的阅读目标，并在确定写作目标时尽可能地照应该单元的阅读目标及阅读内容。所以，我们首先要坚持以教材为依据，遵循语文的学习规律和学生的认知规律，编制好科学训练的阶梯序列，从而获得最优的教学效果。我们会从以下几个方面来开展读写活动。

1. 分解目标，化整为零

分解目标，化整为零就是根据课文的表达特点、学生的实际、单元主题和课后"研讨与练习"等来确定读写结合的阶段目标，渗透某个要点和某种写作技能。

2. 精心设计，有效组织

精心设计，有效组织就是要以现行语文教材为载体，结合有关文本精心设计读写结合点，从章法、段式、句式、语言、结构、写作方法与技巧等方面有计划地进行研究，从而提高初中读写结合的有序性、针对性，提高阅读材料文本对学生作文的示范、引导作用。

3. 具体模拟，掌握方法

具体模拟，掌握方法就是以某些课文为范本，让学生模拟仿写，真正掌握具体结合点的实际运用。一节课训练一个结合点：文笔优美的课文，就重点提炼语言表达的优美形式，积累优美词语、句子；写作方法巧妙的课文，就重点提炼写作技法；故事性强的课文，则可训练学生复述，归纳主要内容；人物描写传神的课文，就抓住关键词句去体会人物形象和情感……

4. 落笔成文，精细训练

落笔成文，精细训练就是将总体规划进行具体化，通过阅读的具体文本搭建读写桥梁的语言点，使阅读与写作结合起来，引导学生有步骤、有目的、有坡度地进行读写结合训练。经过精细化训练，点就会成为线，线就能构成面，读与写之间就会成为一种"共生"关系。

综上所述，我们开展的读写活动以教材的深度开发为主线，以课堂为阵地，以语文实践为引领，促成教学核心内容的确定，促成教材资源的整合。而

教育随笔 篇

我校语文教研组在开展校本教研过程中以课题为抓手，以读写结合点进行巧妙连珠，可以开拓出教材的无限疆界，教材的利用价值也会逐渐提升。

参考文献：

［1］李本友.中美两国读写结合路径建构的比较研究［J］.课程·教材·教法，2012（10）.

［2］中华人民共和国教育部.义务教育语文课程标准（2011年版）［M］.北京：北京师范大学出版社，2012.

［3］王荣生.听王荣生教授评课［M］.上海：华东师范大学出版社，2007.

阳光思维创特色　内化力量促行动

——如何打造我的"阳光班级"

教育一线的教师都知道，安排班主任是校领导最头痛的一件事，班主任工作是许多教师不愿意承担的。众所周知，班主任工作琐碎、无序、工作量大、突发事件多且难以自我发展……这一系列窘境使一线教师"谈班主任色变"。而在我14年的教育生涯中有9年时间担任班主任，这9年里有不少辛酸苦辣，遇到过一个又一个问题，但我认为，班级工作是琐碎的，班级的管理是动态的，只有在班级管理中注入源源不断的智慧之泉，才能打造有灵气有活力的班级。我始终认为三流的班主任是保姆，二流的班主任是教练，一流的班主任应该是榜样，是学生的精神导师。优秀的班主任可以运用自己的教育智慧创设一个特色班级，为学生建设一个精神家园。在多年的班主任工作中我一直相信再熟悉的地方也会有美丽的风景，面对班级事务的繁杂零碎，只要用心经营，一定会打造出有特色的班级，一定会在"熟悉的地方"欣赏"美丽的风景"。

在这一年担任班主任期间，我以"阳光思维"打造班级文化，我认为学生学习的过程就是生活的过程，教育应该是让学生把学习当作一种美好的礼物来享受，而不是把它看成一种折磨甚至摧残。特别是初中生，更应该在他们心中植入阳光、向上、积极等正能量。基于"情感治班，精神立人"的阳光思维，我着重从以下几方面打造"阳光班级"。

一、制定成长目标

初一的学生刚入初中校园，中小的衔接过渡会让他们有诸多不适应，为了尽快让他们适应新的环境并对自己的成长有具体的规划，我首先从这几个方面来规划班级发展：

（1）爱的教育——爱祖国、爱集体、爱亲人、爱他人、爱自己。

（2）男孩教育——阳光、自强、自律、大度、担当、坚韧。

（3）女孩教育——阳光、自爱、刻苦、宽容、从容、智慧。

（4）规则意识——敬畏规则，遵守规则。

（5）集体意识——心怀集体，大局观念。

（6）学习意识——自主、专心、上进、竞争。

在这个总的班级规划纲要之下，我又为学生制定了"阳光少年'十字'成长目标"：德优、学佳、开朗、自信、奋进。我告诉他们"男儿当自强""女孩当自爱"，告诉他们"热爱生活、充满激情"的少年才会充满阳光。

有了这样切实可行的班级规划及学生的成长目标，阳光班级的雏形初步显露。

二、设立阳光班委

我在设立班干部团队时采用的是层级管理式班委会，使班干部组成三级管理网络：班级总管—部门主管（学习部、纪律部、宣传部、生活部、卫生部）—各部门具体执行者。这样的管理方式使人人参与管理，人人接受管理。同时在班级内部采取人人有事做、事事有人做的精细化管理方式，也就是把班上所有公共事务，通过承包制分工到每个人头上，明确责任、分工合作。苏霍姆林斯基说过："只有在集体中每个成员都积极参与教育的情况下，才有可能产生真正的主动性、创造性和首创精神。"魏书生老师在他的《班主任工作漫谈》中也提及："全员参与，相互制衡。在我的班中，学生人人都是管理者，人人又都是被管理者，管理因时而动，权力彼此制约，而教育则处于一个驾驭、服务的位置上。如此管理，教师如何不轻松？"在这样一个阳光班委的架构下，班主任就可以从烦琐的事务性工作中脱身，同时又最大限度地培养学生的自主管理能力。所以，班主任在对待班级的事务性工作时要大胆放手，把具体事务安排给班干部，根据班干部的能力特长来明确分工，建立层次分明的管理体系，最大限度地调动学生的积极性，引导学生参与班级管理，逐步锻炼和培养学生的自我教育和自我管理能力。

阳光班委一设立，学生的主观能动性便得到了最大限度的发挥，班务公开、管理民主，班委成员也运用阳光思维进行班级管理。

三、创建阳光环境

我们都知道，当你进入五星级酒店时，你的言行举止会不由自主地变得优雅起来，动作轻缓了，声调降低了，这其实就是想让自己的行为与所处的环境匹配。而我们班级的环境文化也应该让学生的表现与之匹配。苏霍姆林斯基说过："集体主义教育的实践，首先在于激励学生自由地、自觉地实现集体目标。"班级文化是班级的精神和灵魂，建设班集体要将学生心目中的班集体"物化"。我就是通过班级文化建设营造阳光环境的。我将班级命名为"阳光4班"，为了突出"阳光"主题，我利用教室张贴栏来做文章。在教室外墙的中心位置，我写了这样一段话："阳光一（4），胸怀大志；快乐一（4），灿若旭日。这是一个阳光班级，这是一个创新班级，这是一个能让憧憬快快长高的班级，这是一个能让梦想开花结果的班级。向上吧，阳光初一（4）班！"教室外墙前门处有"阳光集结令"和"本周记事"的张贴栏。"阳光集结令"是我针对每月对学生的要求自编的"三字经"，如"四班人，心要齐；正能量，传班级；守规则，懂礼仪；讲卫生，懂文明；爱学习，争先进；守职责，会管理；班级事，装心里；莫旁观，争主动；会交友，能宽容……""本周记事"是我每周给学生、家长写的一封信，内容涉及当周的班级事务总结、对学生的勉励鼓舞、对家长的家教共勉等。在教室的前后黑板上方分别写着"向上的成长，才能与阳光对接！""阳光当引线，蓄积了满腔力量的种子才会开出美丽的花"。在教室的左前方留有"阳光班务"张贴栏及"阳光金句"留言栏。"阳光班务"主要是张贴一些学校通知，"阳光金句"是学生轮流写的原创勉励语。教室右侧有"阳光公约"张贴栏和"阳光少年之魅力之星"张贴栏。"阳光公约"是我们班的特色班规，"阳光少年之魅力之星"张贴栏张贴每月评选出的优秀学生的照片。教室后方两侧分别是"阳光苑"和"阳光风采"。"阳光苑"用来张贴一些美文，"阳光风采"张贴班级活动照片。

教室无处不在的"阳光文化"无疑是对学生最好的浸润和内化。曾经看过这样一个故事：18世纪，法国有个哲学家叫丹尼斯·狄德罗。有一天，朋友送给丹尼斯一件质地精良、做工考究的睡袍，丹尼斯非常喜欢。可他穿着华贵的睡袍在书房走来走去时，总觉得家具不是破旧不堪，就是风格不对，地毯的针脚也粗得吓人。于是，为了与睡袍配套，旧的东西先后更换，书房终于与睡袍在同一个档次了，可他却觉得很不舒服，因为"自己居然被一件睡袍胁迫了"。于是丹尼斯就把这种感觉写成一篇文章叫《与旧睡袍别离之后的烦恼》。200年后，美国哈佛大学经济学家朱丽叶·施罗尔在《过度消费的美国人》一书中，提出了一个新概念——"狄德罗效应"，或叫"配套效应"。"狄德罗效应"就是当我们处于某一优雅的环境中时，会自觉调节自身的行为从而与身处的环境匹配，继而达到塑造良好自我形象的心理期待。班级何尝不是，如果它呈现出阳光、向上、温馨、富有正能量的氛围，那身处其中的学生也会相应地表现得积极、健康和阳光，以便与身处的环境匹配。

四、创建特色文化

班级特色文化是一个优秀班级的生命力。积极构建阳光向上、富有特色的班级文化，能满足学生发展的内在需求，使班级充满浓浓的文化气息和特色文化。我在构建班级特色文化方面主要从以下几方面入手。

1. 建设班级精神

我以"阳光（4）班"为班级命名，打造"阳光"主题文化，从而达到内化班级力量，建立班级精神的目的。我让学生自己制作班徽并自由评选，最后定稿（图1）。确定好班徽之后，学生根据自己的理解对班徽进行了解读："阳光（4）班的班徽承载着我们对未来的憧憬，简单的图形在我们眼中有了不同的解读，希望我们班的阳光少年用自己的行动来诠释班徽所赋予的意义，从而真正实现我们的成长目标——我们是健康向上的

图1　班徽

阳光学子，我们是富有凝聚力的阳光班级！""班徽由两个圆形组成，好似我们（4）班的学生被随时随地关心、关爱我们的老师保护着。圆圈外是一圈黄色的边，而两个圆圈的中间是红色的，像太阳照耀着我们班，所以班徽下方有'阳光4班'四个字。班徽正中间的图形像一艘帆船，我猜它一定是代表我们（4）班会一帆风顺。帆船左边的图形像一个'4'字，代表我们（4）班。帆船下面的曲线像是波涛汹涌的海浪，象征着希望我们（4）班在面临危险、困难的时候，能渡过难关。在此，我希望这个班徽能带给我们（4）班正能量，并使我们（4）班人生活幸福、美好、快乐！"通过这些解读，班徽已然成了一个凝聚班级文化的图腾。设计好班徽的同时我们又设计了班旗（图2），

28

同时又有了班歌、班级口号、班服等。

图2　班旗

当这些物化的特色文化逐渐植入学生心灵时，班级的精神文明就建立起来了；有了这样的班级精神文明，学生的整体精神面貌也逐渐积极向上起来。

2. 制定阳光制度

我们常说"没有规矩不成方圆"，于是很多班主任一开始就制定了一系列班规，试图以诸多条条框框来约束学生，从而达到建设班风的目的。而我认为，初中学生还是未成年人，对制度是怀有抵触心理的，过于冰冷的规章制度不一定能取得好的效果。班级"法治化"的管理应该更趋向一种无痕、渗透的管理，我们要做的更重要的事情是唤醒学生"人"的意识，让他们真切地感受遵守纪律的美好和破坏纪律的丑陋，最后唤醒他们的人性之美，这才是最高的"制度"境界。

基于此，我在班级建立之初就制定了"阳光公约"（图3）。魏书生老师说："我们不能把学生当作没有思想、没有情感的被动的受管理者，而应该把他们当作有思想、有意志、有情感的主动发展的个体。成功管理的前提是尊重他们的意愿，尊重他们的人格，把他们当作实实在在的'人'，而不是驯服物。"苏霍姆林斯基也说过："休将少年的心灵空荡荡，要在少年的心灵里确立起对某种神圣的和不可违背的原则的深刻信念，对某种唯一正确并与真理相符的原则的深刻信念。要让这些唯一正确的道德真理成为少年明亮的路灯，成为向他指引正确道路的星辰。"所以，我认为就像柏拉图教育他的学生一样，与其强硬地拔掉杂草，不如种上庄稼。教育，就是要滋养美好温暖的人性，教育就是要让美德占据少年的心灵。

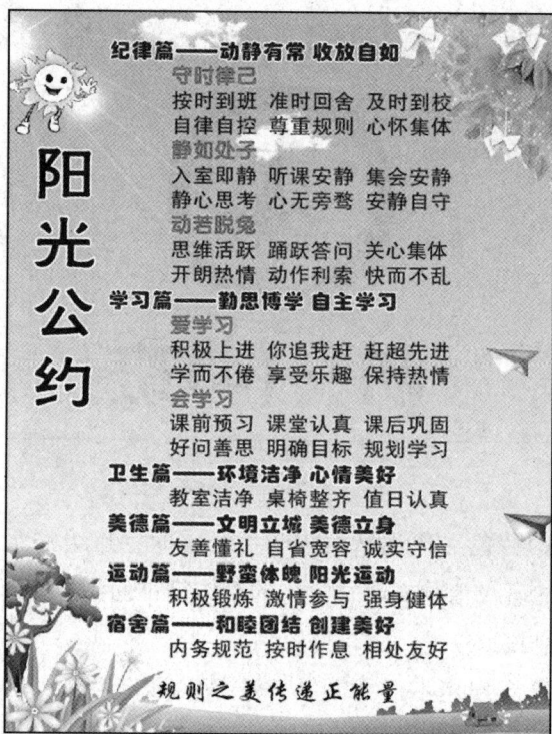

图3　阳光公约

除了用"阳光公约"来传递正能量，对于违纪学生我还采用了开具"阳光（4）班违纪处罚单"的方式。初中生的心智还未成熟，违纪现象屡有发生，如果单纯地采用扣分、罚抄、罚站等手段不见得有好的效果。大家都知道机动车驾驶员最害怕是收到交通处罚单，当因违章收到罚单后驾驶员就一定会心生畏惧，会谨慎守法驾驶。我的学生如果违反了"阳光公约"的某一项要求也会收到如下"罚单"。

附：

阳光（4）班违纪处罚单

（　　）同学：

你于（　　）月（　　）日星期（　　）违反了"阳光公约"之（　　）篇，具体情况如下：_____。

接到此处罚单起24小时内可以提出申诉，申诉有效则取消处罚；申诉无效则按以下处罚措施进行处罚！

处罚措施：＿＿＿＿＿＿＿＿＿＿＿＿＿＿＿＿＿＿＿＿＿＿＿。

处罚执行者：

班主任审批：

家长知情签名：

（　　　）年（　　　）月（　　　）日

违纪的学生一旦收到"违纪处罚单"，行为就会有所收敛，显然罚单的震慑力超出了最初的预想。除此之外，我还颁布了"男子汉承诺书""教室安静日承诺书""班干部承诺书"等制度。

"制度化"的德育是有力度的，但只有艺术化的、有温度的制度才能真正走进学生内心，才能唤醒和培养学生的公民意识，才能真正让学生阳光起来。

3. 建设活动文化

班级活动是班级文化建设的有效途径之一，班级活动会为学生提供非常好的教育场景。我的班级活动主要有三类：一是主题班会，二是主题活动，三是家长微课堂。班会课是德育的"自留地"，能充分发挥集体的智慧和力量，让个人在集体活动中受教育、受熏陶，从而提高综合素质。主题班会对学生思想的进步、优良品行的形成和良好班风的建立起到了不可低估的作用。我会在学期初建立"主题班会预排表"，同时将组织主题班会的权力下放给学生，这也为学生提供了很好的锻炼机会。在这一学年中，我们班举行过"我就是我""阳光公约在我心""阳光下的守护""阅读丰盈灵魂""男生，有话说你说"等近20个主题班会，这些主题班会对营造"阳光班级"起到了很好的推动作用。主题活动主要有班亲活动，这是由班亲会组织的活动，如"郊野亲子运动会""元旦感恩""集体生日会""感念师恩"等；还有节日、纪念日活动，如"新学期抢红包""我的年味我的菜""暑假旅游分享"等。家长微课堂主要是家长结合自己的专业和特长进班为学生授课，如一位医生家长带来了一节"青春花季"课，一位西点师家长带来了一节"花式点心制作"课，一位公务员家长带来了一节"法制在我心"课。把家长资源引进班级也是"阳光班级"的一大特色。一年下来，这些活动的教育效果非常显著。

"内化于心，外化于行。"有了班级精神的浸润，班级力量逐渐内化，

教育随笔篇

学生行动逐渐凸显，当学生被贴上了"阳光"标签后，整个班级便洋溢着向上的活力。在阳光思维的驱动下，班级特色愈发彰显出来，班级精神愈加强大，阳光少年的成长目标也逐渐实现。

班主任工作的麻烦和修炼都来自和学生的深度接触。这个过程，考验着班主任的耐心、恒心和智慧。子曰："道不远人，人之为道而远人，不可以为道。"在教育过程中，我们会遇到一个又一个问题，但我坚信，每个问题都是一个新的已知条件；我更坚信，解决问题的办法就在那个问题的不远处，正所谓"道不远人"。如果能怀着教育的赤子之心，运用教育的智慧，就一定可以走在教育的阳光大道上！

参考文献：

［1］张万祥.德育智慧源何处［M］.北京：中国轻工业出版社，2010.

［2］王晓春.做一个专业的班主任［M］.上海：华东师范大学出版社，2008.

［3］魏书生.班主任工作漫谈［M］.桂林：漓江出版社，2002.

春风化雨育桃李　润物无声沁芳馨

2001年的夏天，一个初出茅庐的大学生带着一颗茫然又忐忑的心来到了一所崭新的学校，从此她与这所学校结下了深厚的感情；从此，她心中的梦想在这所美丽的学校发芽、开花、结果；从此，她经常自豪地说，她和长安实验中学一起成长。

从教13年，其中8年担任班主任工作，2年担任语文科组长工作。作为党员教师，她拥护中国共产党的领导，师德高尚，恪守教师职业道德，热爱教育事业。她本着"春风化雨育桃李，无须扬鞭自奋蹄"的原则，精于教学、勤于育人。

一、细心育人，勤于实践，班级管理出色，成绩突出

于蓉萍老师的班级管理卓有成效，在促进学生健康成长和综合素质发展等方面，她能起指导者和引路人的作用，她在学生中有极高的威望和号召力。她具有较强的教育教学能力和丰富的教学经验，有扎实的教学基本功，业务水平高，教学艺术精湛。

于蓉萍老师在担任班主任期间，在班级管理中树立"精神立人，情感治班"的班级管理理念，努力培养"求知、砺志、活泼、团结"的班集体。在班级管理中，她用"本周记事"打造班级文化。实中是寄宿制学校，家校联系存在一定的客观制约，而"本周记事"便是让家长了解班级情况的最好媒介。通常在学生回家之前她会将班级一周的大致情况汇总在记事上。"本周记事"既是家校沟通的媒介，又是学生成长的航标，她常常用充满感情的话语给学生带来思想的震撼。她工作极其讲究艺术性，尽可能培养班级管理人才，充分发挥学生的积极性和培养学生自主管理班级的热情，让学生做班级管理的主人翁。在她的管理下，培养出了一大批思想表现好、学习成绩优异、组织能力强、工作务实的班干部。于蓉萍老师坚信以情感与智慧打造班级文化方可彰显教

教育随笔

33

育艺术。

2004年9月，于蓉萍老师刚刚结束产假回到学校开始新的学期工作，学校找到她，让她接手初二的实验班。人们都说"后妈难做"，"后班主任"的难度同样很大，况且于蓉萍老师的风格与前任班主任的风格大相径庭，学生以先入为主的思维习惯抵触于蓉萍老师的接任，在工作上难度之大、压力之大是可想而知的。一边是襁褓中的幼女，一边是个性迥异的五十多个学生，鱼和熊掌想要兼得，就需要具备一定的教育智慧。于蓉萍老师欣然并毅然接受了重任，在她一系列的班级管理新措施之下，学生从心里接受并认可了这位"后班主任"。2005年的暑假，还在老家休假的于蓉萍老师以为自己可以暂时卸去班主任工作，把更多的时间用在对女儿的照顾上，可梁木广副校长的一个电话又把于蓉萍老师召回来了，说要她继续承担初三班主任的工作。家人说："孩子还小，你就跟领导好好说说，让你缓一年，明年再做。"朋友说："学校那么多人，为什么就盯着你不放？"她也犹豫了："干脆不回去，干脆装病得了……"可权衡再三后，她还是按时回到了学校，还是什么都没说，又挑起了新的担子。就这样，她开始了连续9年的初三教学工作。在这9年当中，在重压之下她连续两届担任重点班班主任，接受过被领导定为"重灾区"的班级，不说临危受命，可总是义无反顾地挑起重担，问心无愧地践行着一个教育者的使命。

陶行知先生说过：教育是心心相印的活动，唯独从心里发出来的，才能打动内心的深处。每当接手一个新班级，于蓉萍老师都会全面了解学生，她特别注重对学生情商的培养。对优秀生，她不仅关心他们的学习成绩，更重视他们的心理素质教育。她所带的毕业班每年都会涌现出许多优秀生，共培养了数十名市、镇或学校的优秀学生干部，为东莞市重点中学输送了上百名品学兼优的尖子生。她不仅重视培养尖子生，对待后进生同样倾注了爱心与耐心。她始终坚信"真心能叫石头落泪，实意能叫枯木发芽"，她以一颗真诚的心去感化后进生。在此过程中，她将实际做法与理论结合起来，撰写了德育论文《在学生心灵中寻找曙光》并获得中国教育学会论文评选一等奖。她认为以真诚与爱心浇灌学生的心灵，才能开出绚丽之花。

任班主任期间，于蓉萍老师所带的班级每个学期都能获得学校"先进班级""优秀团支部"等称号。因工作出色，任班主任期间她每个学期都被评为学校"优秀班主任"，2009年被评为"东莞市优秀班主任"，2011年被评为

"长安镇优秀班主任"，2012年被评为"长安镇名教师"。

二、潜心教学，精雕教艺，教学风格独特，成绩显著

教学上，于蓉萍老师有着系统扎实的教育理论和专业知识，更有着13年的初中语文教学实践和多年的中考备考经验。任教期间，她在工作上兢兢业业，随着课程改革的不断深入，她大胆地在课堂中引入新思路、新方法，解决课上的问题。每次走进课堂她都充满了感动和期待，在与学生的交流、碰撞中，她尽情地放飞自己编织了多年的教学梦想，尽量创设一种良好的学习情境，让学生享受学习语文的快乐。

为了不断提升自己，她不断学习专业知识。任职以来，她积极参加上级部门及学校组织的各种继续教育培训，先后参加了省中小学心理健康教育"C级"培训、市教育局组织的首批初中语文骨干教师培训、省中小学教师教育技术能力建设项目中级培训（被评为"优秀学员"）、省英特尔未来教育项目专题课程《基于项目的学习》培训（被评为"优秀学员"）、"21世纪课堂评价"培训、公需培训、校本教研培训等。不断地学习、深厚的专业知识底蕴使她的教学基本功扎实、教学理念水平高，完全能胜任中学语文科的循环教学。

多年来，她一直担任毕业班的把关教师，培优辅差效果显著，中考成绩各项指标名列年级前茅，平均分、合格率、优秀率远远超出市平均水平，为学校完成中考任务做出了重要贡献。她还积极辅导学生参加现场作文比赛及各类学科竞赛，多次获"指导老师"称号。

三、专心教研，严谨治学，专业成长迅速，追求卓越

作为骨干教师，于蓉萍老师注重提升自己的专业素养，重视培养教科研能力。在语文科组长工作方面，她认真组织教研活动，引领教师专业发展，积极组织语文活动。她笔耕不辍，积极撰写论文，2008年，德育论文《在学生心灵中寻找曙光》获中国教育学会论文评选一等奖；2010年，教学论文《让语文教学绽放流行魅力》获中国教育学会论文评选二等奖，同年参加由中国教育电视台举办的说课比赛获二等奖；2011年，教学设计《蒹葭》获东莞市二等奖、省三等奖；2012年，教学论文《"微笑曲线"理论下语文有效教学的思考与实践》获市二等奖并发表在《柳州师专学报》（2012年第5期）上，同年

德育论文《精神立人 情感治班——用"本周记事"打造班级文化》获镇一等奖；2013年，德育论文获省二等奖，师德征文获东莞市二等奖，教学论文《选点突破 切入赏析——浅谈中考文学作品品味语言题的指导策略》发表在《读写算》（2013年第28期）上；2014年，论文《开展"读写结合"研究，提升教材利用价值》获全国校本研究教育教学一等奖，同年获市优课比赛一等奖、微课比赛二等奖，复习课教学设计在2014年初中语文复习课教学研讨评选活动中获一等奖。她还积极参与课题研究：2006年参与国家级课题"教育信息技术与体验教育整合的有效研究"；2007年参与市立项课题"提高初中语文实践效果的策略研究"；2011年参与市立项课题"均衡分班条件下的初中语文分层教学研究"；2009年、2012年申报校级小课题，基于课题研究的论文《让语文教学绽放流行魅力》获中国教育学会论义评选二等奖。她注重教学实践研究，每学期上一节公开示范课：2010年9月，在全校做了《有效教学之我见》的经验介绍；2011年4月，面向全市同行执教公开课《文学作品复习》；2013年5月，送课到帮扶学校广荣中学，面向外校同行执教公开课《中考现代文阅读指导》，2014年3月10日，作为东莞市唯一的代表在佛山市举行的广东省研讨会上就文学作品的专题复习进行了经验交流，3月26日作为名师工作室跟岗学员送课到帮扶学校广荣中学面向外校同行执教公开课《中考作文复习指导》；2013年主持申报的课题"初中语文'读写结合点'的序列化实践研究"通过东莞市基础教育科研"十二五"规划课题立项。她多次参加中考评卷，并于2013年获"优秀评卷员"。2014年作为省骨干教师，她参加了省骨干教师培训。因教科研上的突出成绩，2010年她被评为学校"教科研先进个人"，2011年被评为"长安镇教育科研先进个人"，2009年被聘为"语文科组长助理"，2012年9月被聘为"语文科组长"，2013年3月被评为"优秀科组长"。此外，她积极参加继续教育培训学习活动，两次获得省教育培训"优秀学员"称号。

四、良师益友、守望学生，做学生的精神导师

在学生眼里，她威严却不失温柔，霸气却不失幽默，她以教育的热忱给予学生知识的传输、精神的引领。于是在学生的文字里有了这样生动的描绘：

"萍姐，她确实是一个铮铮铁娘子，那股气势、魄力足以地动山摇。从开学初次接触，她体贴地帮学生减轻课业负担，那种温暖、关心足以洋溢心

中。她的课堂充满活力，犹如其人。她能够用一堂课的时间给学生灌输做人的道理，批斥学生的错误，犹如仗义侠。萍姐何柔，萍姐何烈。在学生心中独树一帜的她，铿锵教学，犹如阳光暖了学生冰冷一角，犹如冰冷岩石激励学生前进。"

"她任劳任怨，既是父亲，又是母亲。面对学生的违纪，她耐心教导；面对学生的成就，她大声表扬。几个月以来，她时时刻刻关心着每一个学生，关注每一个孩子的成长。她教会孩子感恩、做人。她解开孩子内心的困惑与不安。她是三（4）班孩子们的老师、家长，甚至是保姆。"

"她教导那么多的孩子，是为了他们的未来。她关心那么多的孩子，是为了他们的身心。她手上的粉笔，蕴含着智慧与辛劳；她身后的尺子，充斥着爱与关心。她是不知疲倦的教官，要把学生一个一个带到'终点'，看着他们一个个走上'颁奖台'。"

"她以最美的姿态出现在我们面前，殊不知她为了我们没有时间照顾二年级的女儿，每当女儿想让母亲去校门口接她时，哪怕只有短短两个红绿灯的距离她也没时间；每当女儿想让母亲去开一次家长会时，她都因为工作不能去！她就以这样的敬业走过了整整七年，送走了一批又一批学生却没有时间去管家事！你说她不负责吗？不，她很负责，她为的是几十、几百、几千个孩子的未来，她说她是教过的学生的母亲！她是当之无愧的最美母亲！"

"两袖清风，一心为徒。狮子吼下温柔的关心，看似无情却有情。不曾被重视的'本周记事'，是她温柔的内心；让学生畏惧的严厉言语，是她在天使面孔前加的魔鬼面具。她的一点一滴，总在引领学生步入正轨，而她却会在最后无声地带着微笑离开。"

"良师，良苦用心的老师，她是那么不容易。哪个老师不想教出优秀的学生呢？天下有多少父母不为儿女着想呢？她的存在是我们认真学习的动力。在教书的职业中，她任劳任怨，用青春的朝气去感化我们，用她的力量去改变我们。"

"萍姐，一位普通的人民教师，一个从小就怀揣着教师梦的平凡人。三尺讲台上，她无怨无悔。可是，她却总是刺痛着，心系女儿，却总难以兑现如那一个个稚幼的愿望。她对学生尽职尽责，有时却因学生而受伤。一次次班级活动牵引的是殷殷期盼。折翼的天使，却仍能光芒四射，她看起来无比坚强，其实她的内心比谁都柔软。忘却的允诺，不是淡漠，而是至深的亲情；严厉的

教育随笔篇

吼声，不是悔恨，而是浓厚的师生情；深情的眼神，似冬日曙光，为我们指出明路。她是我们的眼，使前进的路不再迷茫。"

"萍姐是三（3）班众多老师中最受欢迎的老师，她确确实实能让学生将上课的压力转化为动力。她是个潮人，比回南天还潮的人，她总能追得上潮流。她性格似风又似火，火爆得就像火辣的红玫瑰。女人生来就是羞答答的粉玫瑰，萍姐也不例外，不过她是二者的结合体。她每天上课时的打扮是个亮点，她总能让语文课充满生机与活力，比起老师这个称呼，她更像一位姐姐，让学生愿意亲近的大姐姐。在教育事业上工作了十多年，她把最美的时光送给了学生，她是多么伟大，多么可爱！羞答答的玫瑰火辣辣地开，她用在学生身上的时间比用在自己女儿身上的还多。她一直坚守在初三学子人生第一大抉择的重要关口，为学生指明道路。她的关心无微不至，她的爱护细致入微，她是我们最好的老师！我们的最潮萍姐！"

"她，是（4）班的'女王'，带领着我们探究奇妙的语文世界。她走在潮流的尖端，言语中带着一丝霸气。偶尔来句网络语，逗得大家开怀大笑。她是一个神奇的人物，传递给我们阳光正能量，在她的带领下，我们走向成功的彼岸。她前一秒是天使，后一秒便是恶魔，但遇见她，是我们一生中最宝贵的财富。她，是（4）班的领头人，那细小的水花掀起巨浪，威严却不失温柔；细语绵声中又能听出不可思议的霸气。课堂上，她谆谆教导；任务上，她一丝不苟；能力上，她举重若轻。或许，她严格；或许，她严厉。但正是有了这些，才有了（4）班的今天；正是有了这些，才会有（4）班的明天。她，就是（4）班孩子的萍姐！"

她用自己的教育热情启迪学生的思想，用自己的人生智慧净化学生的心灵，在自己的教育"半亩方塘"中执守自己的教育梦想。

春蚕化生，德天为高，于蓉萍老师愿做一只春蚕，潜心躬耕直至丝方尽；愿做一根蜡烛，德高为范直至灰湮灭。"春风化雨育桃李，润物无声沁芳馨"是于蓉萍老师毕生的教育追求！

心中有梦，且行且追求

一、儿时梦想，终得所愿

出生于教师之家，从小在耳濡目染中对教师职业有了刻骨铭心的热爱。儿时玩过家家总是在妈妈的教室里扮演老师角色，高考填志愿时所有的志愿都填的师范类院校，如愿以偿，拿到大学通知书的那一刻我异常平静，仿佛这早已注定。2001年的夏天，初出茅庐的我带着一颗茫然忐忑的心来到了一所崭新的学校，从此与这所学校结下了深厚的感情；从此，我心中的梦想在这所美丽的学校发芽、开花、结果；从此，我经常自豪地说，我和这所学校一起成长。

二、教育在线，放飞心灵

带着儿时最纯真的梦想，带着朦胧的追求，带着满腔的热情，2001年我来到了长安实验中学，走向了由知识、情感、理想、信念汇成的三尺讲台，迈向了人生梦想的舞台。一直以来我都对父母从事的教师职业满怀敬意："小时候我以为你很神气，说上一句话也惊天动地""长大后我要成为你"是我不变的理想。可真正走上三尺讲台，我才发现教师一点也不神气。"醉后方知酒味浓，为师方知为师难。"初涉教坛，我才发现几节课的背后是无休止的备课、查资料、做练习。我开始怀疑，开始动摇。可是，正当我茫然失措的时候，我得到了许多人的鼓励和帮助，作为一名年轻教师，我觉得自己特别幸运。在语文科组我得到了众多前辈的指导，工作的第二年我就参加了一个镇课题组，在课题研究的指引下，我教的实验班取得了丰硕的成果，一大批学生参加作文竞赛获奖。因教育教学成绩突出，我自己也获得了很多荣誉，各种证书已是厚厚的一摞。十余年来，我得到了太多太多的鼓励和肯定，得到了太多太多的帮助和爱护。纸短话长，难表心意。拙文陋字，不达深情。唯一的回报就是将自己激情燃烧的岁月挥洒给教育，让自己的心灵在教育梦想中放飞。

三、角色转型，视野开阔

在学校十余年的工作中我一直被定位为优秀班主任，也曾在2009年被评为"东莞市优秀班主任"。2012年的夏天接到领导的电话，要我担任语文科组长。万般推脱之下怀着忐忑之情我做了30位语文科组的"头儿"及初三备课组组长。

刚开始做科组长我如坐针毡，每周的科组会议前夕我都会失眠，我想只有不断增强自己的专业技能，才能引领科组跨上新的台阶。日常教学之余，我大量阅读专业书籍、杂志，积极参加各种研讨会和观摩课。渐渐地，我在观念上有所改变，理论上有所提高，知识上有所积淀，教学技艺也有所增长。同时我又把所学的教学理念咀嚼、消化，内化为自己的教学思想，指导自己的教学实践，并更好地在语文教学教研中发挥"领头羊"的作用。作为新任语文科组长，我认真组织教研活动，引领教师专业发展，积极组织语文活动。短短一年的时间，我先后组织三个年级举行了"有声语言魅力展示""走进名著天地，对话名著角色""经典名著读后感展评""我是辩手·谁与争锋"等活动，组织全校学生参加"新人杯"校园文学大赛，带领"鹭苑"文学社参加2012年东莞市中学生文学社展评活动并获得"标兵文学社"称号。2013年，我申报的东莞市课题立项并顺利通过，自此，我便在教研组以课题为抓手、以教研为生命、以课堂为阵地、以学生为载体，全面推进课堂改革，提高学生的创新能力。两年内，我们每学期的语文统考成绩都居于市级领先位置，特别是初三中考成绩位居同类学校首位。

可正当自己在科组长的位置上渐行渐佳时，又一个选择摆在了我的面前……

四、华丽转身，追求卓越

2014年5月的一天，校长一个电话把我叫到办公室，他拿给我一份文件并且告诉我，现在有一个机遇摆在我面前，希望我好好抓住。我一看，文件上赫然写着"关于建立市级中小学名班主任工作室评选首批中小学名班主任工作室主持人的通知"。我心中一惊，这似乎跟自己不搭界了：我现在以教研为主，特别是近一年时间在市语文教研员的鼎力培养下，我对语文专业的热爱更深了一层，想在专业道路上走得更远更深，甚至动过这辈子也许都不会做班主任的念头。可这个突如其来的选择摆在面前时，在校长动之以情晓之以理地劝说后，我开始动摇了。校长让我回去想一想再回复他。也许是机遇诱人，也许是这一选择激起了我对8年班主任工作的万般感慨，第二天我告诉校长，我可以参加申报，如果被批准，那我就服从安排。

也许是命中注定，也许是天道酬勤，当6月底公示结果出来后，我成了东莞市首批名班主任工作室主持人之一（初中仅3名）。那一刻尽管我对自己正在行进的语文专业之路有着万般不舍，可我想，无论我的身份怎样改变，我首先是一名语文教师，其次才是名班主任。

我的工作室挂牌已有三个多月了，对于这份新的挑战，我深感责任之重大、任务之艰巨、担子之沉重。这项工作刚刚开始，前面会充满挑战。梁启超说过，人生须知负责任的苦处，才能知道尽责任的乐趣。我想，只有体验责任的重大，才能不断追求卓越。

教育事业是我最初的梦想，成为一名优秀教师的梦想也像一粒种子一样在我心里逐渐生根、发芽、开花。尽管教育工作从来不会一帆风顺（它更像是一场修行，即使有所获，也当"动心忍性"，才会"曾益其所不能"），但是在这个过程中，我收获了同事的肯定、家长的褒扬、学生的感恩，无数的感动汇集成满满的幸福。自己正与每一位有志于教育事业的人一样，坚持自己最初的梦想——桃李满天下。不忘初心，方得始终。在未来的教育之路上，我也将继续以幸福的心做幸福的教育，不断追求教育的幸福感，我将深情地演绎我的教育人生。

人生有梦不觉寒，从教16年，教书育人已成了我生活的重点，在下一个16年，我将继续实现我的教育梦想：做一个"心中有梦"的教师，并在实践中努力把美梦变为现实，在追求卓越中不断实现自身的成长。

五、真实做人，扎实做事

我的同事如是说："如果说教育是'半亩方塘'，那么于蓉萍老师就是在不断地输入'源头活水'；如果说教育是'田园菜畦'，那么于蓉萍老师就一定是'晨兴理荒秽'。跟她同事14年，作为年长她近二十岁的前辈，我目睹了她在实中的成长，见证了她从一个青涩的讲坛新手成长为一名教学骨干、一名名班主任工作室主持人的历程。记得她工作的第二年，参加学校教学能手比赛时为了备课，不断钻研教材，不断请教我们这些前辈，一次次磨课，我们都

教育随笔篇

说已经很好了，可她仍然精益求精，不断改进，最后取得了说课第一名、讲课第二名的好成绩。她在教学上追求完美的精神令我们感动。我们科组教师都说只要跟于蓉萍老师在一个备课组就会轻松很多，因为她总会无私地分享自己的教学经验。特别是她做科组长这两年，我们科组教师都感受到了她为人热情、做事用心的工作态度。她是个很有智慧的人，巴尔扎克说：'一个能思想的人，才真是一个力量无边的人。'她工作干脆利落，效率极高：自己能做的事从不会麻烦别人，能够简单做事不会弄得很复杂。她也是个很有灵气和悟性的人，在任何位置都可以做得很好：做班主任时是优秀班主任，做科组长时又令人信服，现在做工作室主持人同样得心应手，真的令人佩服！'大人者，不失其赤子之心者也'，于蓉萍老师怀揣着一颗赤子之心，在教育的一方田地上勤奋耕耘、执着前行，一丝不苟地守望着教育的农田。"

我的学生如是说："在课堂上，她总是充满活力，一步步地把我们带进那神秘的文学世界；她总是那么变化多端，有时严厉，有时温柔，有时严肃，有时又幽默，让我们叹服。黑框眼镜下，藏着的是一颗关切的心；严肃的外表下，藏着的是激情；在她神秘莫测的眼中，藏着的是对事业、对学生的爱。"

"感谢您——于蓉萍老师，我们的良师益友，我们的初三生活能够如此多彩，怎能忘却描绘彩虹的您呢？您勾画出的彩虹桥成为我们通往梦想的美丽之路。这上面，红色的丝带是我们传情的祝福，橙色的气球是我们激情的拼搏，黄色的标语是我们青春的誓言，绿色的树苗是您谆谆的期望，青色的果实是还在成长的梦想，蓝色的天际是我们追寻个性的舞台，紫色的幕帘即将拉开我们新的篇章！您就是我们的彩虹啊！"

"她是天使也是魔鬼，她温柔起来可以将你内心融化，她严厉起来会让你魂魄尽散。她感性起来会像孩子一样流着眼泪诉说，她理智起来循循善诱融化坚冰。她的课堂就像一个魔法城堡，经常充满惊喜。萍姐在学识方面也算是'高人'，独具一格的教育方法令人赞不绝口。各种五花八门的学习方法、诗歌都是萍姐多年来的独门绝技。我想，有这样一位好老师且学且珍惜吧！"

"萍姐除了性格鲜明、直率豪爽，也是一个特别时尚的人，每次她一站在讲台上，我就有一种眼前一亮的感觉，清新淡雅，不庸俗，不华丽。虽然她不是特别漂亮，但她有一种由内而外散发出来的理性和优雅的气质。她是我眼中独一无二的萍姐。"

"萍姐的教学十分有趣，她条理清晰，直奔重点，她并不只是教课文，她更加注重教会我们方法，注重培养我们自身的阅读能力。她总能从一篇枯燥无味的课文内找出许多新奇，所以她的课堂总是充满无穷乐趣。萍姐的教学方式很独特，她从不遮遮掩掩，总是坦率又直接，有时候说的话幽默诙谐，有时候又毫不留情，射中你的小心脏。但正是这种性格，才让我们又敬又爱。"

"于蓉萍老师'思想与美貌并重，感性与理性并存'。在我们心中，她从来都是一个性情中人，敢爱敢恨，从不伪饰、做作：温柔起来温文尔雅，就像徐志摩笔下不胜凉风的水莲花；发起怒来也丝毫不比级长逊色，她常常自称'老娘'。她就像是一个江湖女侠，这样的人，带出去是可以闯荡江湖的。于蓉萍老师教语文，幽默生动，教到某些课文时还会找同学上去表演。初三原本无聊的课让她来教就很有趣。同时她也不是一个'唯分数论'的老师，她经常说在学校不仅要学知识，还要学做人。是她对我们说，男生一定要看武侠小说，这份气概，很多男老师也不如。于蓉萍老师在开学时就制订过一个计划，要我们班'坐二望一'：平时保住老二的位置，中考的时候发力，'一招定乾坤'。我称之为于蓉萍老师版的'隆中对'。整个初三，我们班都是默默无闻，结果中考之后一张榜，（5）班果然稳坐了学校第一把交椅！我不禁感慨，此人真神人也！"

"她能用一周的时间为我们编导一场全班演出的文艺节目，并且获得第一名；她能在几天时间里将松散如沙的早操队伍带上比赛现场，并且获得第一名；她能让全班每个学生在这个阳光班级施展自己的才能；她能让每个家长都紧紧凝聚在这个班级。她有爱，用爱为学生撑起一片蓝天；她有才，用文字书写美丽的篇章；她有情，用情浸润我们的心灵。这就是我们的萍姐：她思想与美貌并重，感性与理性并存。她霸气却不失细腻，她严厉却不失温柔。在我们心中，她从来都是一个性情中人，她敢爱敢恨，从不伪饰，从不做作：温柔起来温文尔雅，发起怒来惊涛骇浪。她就是我们永远的萍姐！"

一路修行，遇见更美丽的自己

修行是一种体验，更是一种状态。张爱玲曾经羡慕一种人生状态——一个小伙子骑自行车下坡，两手张开做一个大撒把，就那么坦荡而冒险地飞驰而下。若干年前读到这个句子时，自己正青春年华，对这种肆无忌惮的张狂不以为然。而脑海中再次浮现这句话时，突然觉得自己早已缺失了这种状态。当我跌跌撞撞地在班主任、科组长、名班主任工作室主持人的角色中兜兜转转时，猛然有了这种"两手放开骑自行车把"的状态，自己内心的活力一下子被点燃了。在很多日子里，我都很忙碌，曾经一边参加广东省语文教学骨干培训，一边组建工作室团队，周围人有为我点赞的，当然也有说我傻的。但我既然做出了选择，哪怕是被扯着头发往上飞，生疼生疼的，我也相信自己一定是飞得更高看得更远了，也许最后还是回归原点，但自己在这个过程中遇见了更美丽的自己。这，足矣！

在教师节座谈会上，我分享了自己过第一个教师节的经历。当时全镇教师在影剧院开会并颁发优秀教师奖。我的同事（当时也是同办公室的一位老师）在台上领奖，我当时虽然坐在观众席上，却也很激动，我在想，要是什么时候我也登上那个领奖台，那就是自己送给自己最好的礼物。第二年的教师节很快到了，庆典更隆重，地点在长安广场，请来了众明星表演。而最后的颁奖环节，我很荣幸地登上了领奖台，那一刻，我却显得很平静，因为我早就知道这一刻会到来！虽然初涉讲坛，可是我找到了职业幸福感，我从来不觉得自己的职业只是一种谋生的方式，我早已将这份职业归属感融入了我的血液。就如一个寓言故事所讲的那样：有一个人经过一个建筑工地，看见工人在忙碌，于是就凑上去问："你在干什么？"第一个人没好气地说："你没看见我在搬砖吗？"第二个人平和地说："我在砌墙。"而第三个人却说："我在盖教堂。"诚然，如果在自己的教师生涯中以盖教堂的心态来教书育人，那么我们就会找到职业归属感和幸福感。

一、褪去浮华求本真，理性从容教语文

语文一直是一个沉重的话题，多少年语文教研都没有把语文从沉重中解放出来，语文教师一直是教师中的苦行僧。我一直以来给自己的定位首先是语文教师，其次才是班主任。选择做语文教师是我的热爱，在语文教学上我从来都怀着敬畏的态度，不敢懈怠。但借着2014年9月省骨干培训的机会，我重新审视了自己的语文教学，发觉自己曾经走过一些误区，曾经随波逐流陷入过"乱花渐欲迷人眼"的困境，曾经一味为了应试而忽略了对学生语文素养的培养。那种戴着镣铐跳舞的感觉让自己曾迷茫过、怀疑过，所幸的是在名师的引领下，在与同伴的交流中，在自己的反思中，逐渐地，我走过了从被动到主动、从懵懂到自觉、从困惑到恍然的螺旋上升的曲线。特别是在参加省骨干培训期间，自己又恰好接手初一，我更是仿若走入"柳暗花明又一村"的明朗。在接受了理论培训之后，我立足自己正在主持的市级课题"初中语文'读写结合点'的序列化实践研究"，力求在语文教学中找到一条能够让自己回归的路。

1. 以阅读之石，攻写作之玉

我的语文教学坚持以我主持的市级课题为抓手，以阅读之石，攻写作之玉，让语文的立足点回到读写上。比如，在上学期以写人为主的作文指导课上，我以课文为范本开发了几个读写结合的课例，将微作文和大作文相结合，让学生了解教材的"好处"，真正吸收并转化为对写作有用的东西。有机整合教材资源，把教材作为写作技法资源，对阅读文本教学价值进行二次开发。我们的教材中有取之不尽的写作资源，如果能够探索出以阅读与写作为主体，读写结合有效整合的策略，那么我们就能够切实提高语文教学质量，能够提高学生的语文能力与语文素养。

我深挖教材中的读写结合点，以写作本位来研读文本，开发了一系列优质课例，如写景单元中的"妙笔生花""绘景悟理"，写人单元中的"如何写好一个人""如何写好群像"，寓言单元中的"寓言新编"等。有了课题这一抓手，有了读写结合这一有效途径，语文教学更具实效，学生的学习热情明显提升，教学效果明显提高了。

2. 重视课前三分钟

从初一开始我就要求学生每人自备一本《世说新语》，利用课前三分钟

教育随笔

让学生讲《世说新语》中的一则故事，积累文言词语。不要小看这三分钟，日积月累，学生读了《世说新语》中的不少篇目，同时积累了大量的文言词语，对他们的文言积累起到了重要作用。

3. 重视课外阅读

语文素养的提高一定是基于海量阅读的。我一直很注重学生的阅读，一个学期下来，我要求学生读完必读的三本必考名著《朝花夕拾》《骆驼祥子》《钢铁是怎样炼成的》，同时还要求学生选读两三部经典名著，另外在班级开展读书漂流活动，一周读一本《读者》。大量的阅读使学生受益匪浅。在阅读的过程中，我指导学生摘抄、做手抄报、交流读书心得等，以多种形式来丰富读书活动。

4. 立足课堂出成效

我极其重视课堂40分钟，力求课堂出效果，不在课后搞疲劳战术。为此，我仔细研究教育心理学，尽最大努力准确把握学生的心理特征和思维特点，积极探索有利于激发学生兴趣、激活学生思维、激励学生探讨的课堂教学方法。我要求学生在课堂上手、口、脑并用，对课堂的核心问题做到全员参与、全员思考，我注重引导学生思维，课堂上采用整体感知—合作探究—反思质疑—拓展延伸的教学模式，根据不同内容精心设计问题，组织课堂教学。师生互动、生生互动、小组间互动、环境互动，在有限的时间内，每一位学生都得到了较为充分的锻炼和表现的机会。教学活动生动灵活，学生在互动中求知，在活动中探索，既轻松地掌握了知识，又潜移默化地培养了能力。学生的整体素质有了质的提高，语文课堂真正焕发出应有的活力。

5. 巧妙利用班主任优势借力语文教学

语文教师担任班主任工作可以相互借力。我就经常借助班主任优势提升学生的语文素养。例如，我会利用班会课开展读书漂流活动，借助微信群让学生进行微信语音播报，培养学生的素材收集能力和语言表达能力，利用微信公众号来推送学生的寒假随笔。所以，班主任的优势有助于语文教学。

一位语文特级教师说过一句话：语文教师应该成为所有学科教师中活得最灿烂、最自信、最美丽、最妖娆的一群人。俯下身来做学问，脚踏实教语文。作为语文教师，自己的教育追求正在路上。不要让自己湮没在纷纭杂乱的语文乱象中，不要让自己迷失在随波逐流中。执守语文本位，既要仰望星空，更要脚踏实地，实实在在地做语文人！叶圣陶先生说过："口头为语，书面为文，文本于语，不可偏指，故合言之。"因此，语文教学一定要凸显语文学科的特点，把握语文学科的特点，摒弃机械或浮华的课堂教学，让语文课使学生真正掌握听说读写的能力，提高语文素养，让我们的语文课"清水出芙蓉，天然去雕饰"，让我们的语文教学褪尽浮华求本真，回归到"看山还是山，看水还是水"的本色境界。

二、躬耕讲台育桃李，掇菁撷华自芳菲

1. 何惧岁月的兵荒马乱

每年新学期，校长最大的烦恼恐怕就是教师推诿做班主任了。班主任的苦和累过来人都知道。所以网上流行这样一个段子："起得比鸡早，睡得比猫头鹰晚，催作业比黄世仁还狠，名声比汉奸还差，赚得比民工还少。"这些话听起来虽然有些夸张，但班主任负担重却是不争的事实。学生搞事情，家长发牢骚，学校派任务……做班主任就是要面对兵荒马乱，就是要解决一地鸡毛。其实每个人的生命状态就是时时刻刻面临兵荒马乱，在这种状态下，有些人没几天就呜呼哀哉了，而有些人却能在乱世中紧握缰绳，驰骋疆场，纵横天下。变得衰弱还是强大，那就要看个人的修为了。

我曾经和学生分享过这样一段话："上学期末我就知道自己骨干培训的最后结业时间是12日到16日，所以期间并没有太刻意去琢磨这件事，只是忙着把上万字的'教学风格'作业、几千字的论文及几张考核表填好。这个过程很辛苦，所幸时间充裕，节奏把握得很好，这些任务也都能保质保量完成。可周六那天坐上去广州的巴士，我的心情骤然糟糕起来，车窗外阳光灿烂得让人嫉妒，行人匆匆，车辆疾驰，而本来可以和家人欢度周末的大好时光却被我消耗在这个培训上。我突然想，到底为了什么，自己为什么要这么辛苦，这么折腾？这真的是自己的初衷吗？为什么很多时候要扯着头发往上飞？这种生疼生疼的感觉真的好受吗？一路上惆怅的情绪无尽地蔓延……第二天坐在二师的教室里，看着分别几个月的学员，听着教授的讲座，几个小时下来，笔记本的内容又充实了许多，伸个懒腰，望向窗外，一棵年岁久远的榕树屹立在荷塘边，此时此景有一种让时间静止的安逸，这种感觉不正是十几年前自己在大学时才拥有的吗？久违的感觉不正是自己在忙碌的日子里时常奢望的吗？这一刻，我突然有一种'岁月静好，现世安稳'的感觉；这一刻，我只想紧紧抓住不放。而先前那种沮丧的感觉也骤然消失了，虽然自己是扯着头发往上飞，可自己的

教育随笔篇

确站得更高看得更远了。"每个人都想寻找属于自己的诗和远方，可是安顿不了眼前的苟且，何谈诗和远方？

2. 熟悉的地方有风景

班主任工作是烦琐和复杂的，时至今日，我们大部分教师都还是"谈班主任色变"。班主任工作的苦和累也是众所皆知的。而我自己从科组长转到班主任，更是有很多人问我感觉如何。要说感觉还真不是一两句就能说清楚的。我只想说，做班主任这一年来我更多的是让自己学会在熟悉的地方找风景，做班主任，面对琐事会埋怨、会抵触，但是你已然如此，与其逃避、埋怨，不如从大处着眼，从小处着手，培养对教育细节的敏感性。我相信只要我们拥有一颗敏于感受的心，面对班级细小零碎、繁杂的琐事，我们如果能够用心采撷、精心经营，便可将"熟悉的地方"点化为"美丽的风景"，我们的教育也可以充满灵性、浪漫与诗意。

拥有这样一亩三分地可以自由经营，可以按照自己的想法去打造班级文化，于是就有了阳光班级；我可以大胆地将权责下放给班干部，于是就有了班级的"一团五部"；我可以把家长请进教室，于是就有了家长微课堂；我可以将班务公开，于是我们的家委会成员俨然成了副班主任；我可以利用网络加强家校合力，于是就有了我们的微信播报和微信公众号推送……我坚信，每个问题和困难都是一个新的已知条件，我更坚信，解决问题的办法就在离问题本身不远之处。班级管理问题也是如此，其解决办法就在不远处，只要我们用心，熟悉的地方一样可以找到美丽的风景。其实班主任工作不是一项仅靠热情和勤奋就能干好的工作，还需要一定的专业技巧和专业智慧。

3. 修炼一种好的心态

世界上没有麻烦，所有麻烦都是修炼，都是机会，班主任工作中的麻烦全都会成为我们反思自己、提升自己、创造自己的契机。而这种契机恰好可以让我们修炼一种好的心态。记得去年骨干培训结业期间是自己最忙的时候，上万字的"教学风格"，几千字的论文，一大堆的考核表再加上班级事务、家庭琐事，有一天晚上坐在电脑旁，我内心突然涌出一种莫名的沮丧，心情骤然糟糕起来，"啪"的一下把鼠标放下躺在床上，想自己到底在忙些什么，忙这些又是为了什么，惆怅的情绪无尽地蔓延，真的想什么都不干了。可是第二天一起床，鸟儿啁啾，阳光灿烂，突然有一种"岁月静好，现世安稳"的感觉。那一刻，只想紧紧抓住不放，而先前那种沮丧的感觉也骤然消失了。虽然自己是扯着头发往上飞，可是忙碌的日子里依然可以寻求内心的安稳，于是在那一周的寄语里，我写给学生的寄语是"绽放精彩，为了遇见美丽的自己！"我想用这句话与学生共勉，告诉他们生活赐予他们的一切挑战都是为了让他们成为更美丽的自己。

我们生活在路上，工作是生活的一部分，除此之外，生活中还有很多美好的东西。一路修行做老师，一路修行做班主任，一路修行做女人！愿我们都做生活的修行者！

教育随笔篇

一所学校，一段历史，两代教育人

在那个动荡的岁月，无数人的热情被磨灭在悠悠的日子中。但是总有一些人有自己的信仰，有自己的追求，将理想化作行动，以坚忍与无私默默地造福一方民众。父亲与众多湮没在历史长河中的平凡人一样，不求回报、不求名利，以自己满腔的热情在平凡的一生中留下浓墨重彩的一笔！而父亲传承于我的是植根于灵魂深处的师者匠心。

——题记

有前辈对我说："你啊，一站在讲台上就好像变了一个人，似乎是为讲台而生，天生就是做老师的料。"我想，这句话是对我最大的褒扬。的确，生于学校，长于学校的我有着深厚的校园情结，血液里流淌着的是父亲母亲留给我的教育情怀。1997年夏天，高考志愿表上从第一批的第一志愿到最后一批的最后志愿，我无一例外地全部填上了师范院校。2001年的夏天，初出茅庐的我带着激情与梦想来到了一所崭新的学校。从此，便与这所学校结下了深厚的感情；从此，心中的梦想在这所美丽的学校发芽、开花、结果；从此，我经常自豪地说："我和这所学校一起成长。"历经18年的从教生涯，回首走过的路，百般感慨之余更是感恩父亲留给我的一颗师者匠心。

父亲每当喝了点小酒，就会打开话匣子，说得最多的就是那所承载了他半生时光的乡村小学。

父亲出生于抗日战争结束的那年，他出生在广西桂林资源县中锋乡岩子头村，家境贫寒，兄弟姐妹不少。父亲未出生之前，爷爷被充当壮丁参加了国民党队伍，外出好多年，后来找到机会和一群老乡逃了回来。爷爷回来的时候，正值20世纪40年代，社会动荡，经济低迷，而一家之主又被抓出去当兵多年，这无疑使捉襟见肘的家庭吃了上顿忧着下顿。但爷爷和许多劳苦农民一样，吃苦耐劳，他上山下河，抓鸟捕鱼，想尽办法让全家不至于挨饿受冻。除此之外，他还有远见，勒紧裤腰带也要送儿子上学。于是父亲有幸读完了初中，上了中专。

父亲中专毕业后便到最基层的生产队工作，做了一名生产队干部。

在担任生产队干部期间，"文化大革命"爆发了。在"文化大革命"期间，当看到当地的唯一一所乡村小学几乎处于"瘫痪"状态时，父亲毅然决然地向组织提出去乡村小学（官田小学）教书。

当时的中锋乡官田小学是一所寄身于村委会一隅的破旧瓦片的木屋，整个官田村的学龄儿童都在这里就读，师资力量几乎都是民办教师，他们就读到初中或高中，因为"文化大革命"而没有继续升学。父亲凭借他在当地老百姓中的声望，当上了这所小学的校长。在"文化大革命"期间，父亲以他的魄力没有让这所小学继续"瘫痪"下去，他组织教师进行业务培训，动员当地农民送学龄儿童上学，组织教师、学生勤工俭学（砍柴、喂猪、种柑橘、种西瓜）。很快这所破败的乡村小学在当地出名了，四里八乡的老百姓都想把孩子送到学校来。因为其他村的百姓都慕名送孩子到官田小学来，很快学校就容纳不下那么多学生了。

看着校舍的破壁残垣，屋梁岌岌可危，三四个学生坐在一条板凳上，父亲觉得学校维持不了多久。在与生产队领导商量之后，父亲做出了一个大胆的决定——兴建学校！1973年，"文化大革命"还没有结束，在知识文化并没有受到重视的这一年，父亲大胆地开始筹建学校！想法简单，可要真正筹办起来却面临很多棘手的问题。学校建在哪里？怎么征地？生产队干部干涉怎么办？一堆问题摆在面前。父亲没有退缩，他召集大队、生产队负责人开会。在众人的支持下，前期准备很顺利，几个生产队都无偿划出土地为新学校提供校址。虽然有了地，但没有资金，在那个年代，是不可能指望上级拨款建校的。父亲没有被困难吓倒，他发动老百姓齐心协力共渡难关。当时整个官田生产队的老百姓都被父亲的无私壮举感动了，他们有力的出力，有钱的出钱，两年的时间，在一块原本荒芜的工地上盖起了一所砖瓦学校，取名为"中锋乡官田完小"。

父亲说那一年的秋季开学时，整个乡的老百姓几乎都齐聚在官田完小，生产队出钱买来鞭炮庆祝新校落成。父亲说到这些时，眼里尽是自豪和满足。1975年秋季学校开学了，父亲继续担任校长，他的口碑和威信成了这所学校的金字招牌，乡亲们拥护，老师们尊重，学生们爱戴。短短几年时间就

教育随笔篇

把官田完小打造成全县教学质量最好的学校，当时连县委班子成员都送子女来学校就读。

父亲在官田完小任校长10年，1985年父亲被调到中锋乡学区担任辅导员，1992年又被调到资源县教育局任股长。父亲无论是担任辅导员还是担任股长，都心系官田完小。母亲也一直在官田完小任教，直到1992年调到县城师范学校任教，而我于1977年出生在这所学校。20年里，我们一家都住在这所学校，这所学校俨然成了我们生命中的第二个"家"。而当地的老百姓直至今天都记得当年的于校长。2014年10月，父亲带着我们一家老小重回官田完小，校舍已经重建，校名也已经更换为"李向群希望小学"。父亲流连于校园内，用粗糙的手抚摸着墙壁，感慨万分。时光飞逝，许多尘事已经掩埋在历史长河中，而这所凝结了父亲心血的官田完小不仅在父亲的心中极具分量，于我们整个家庭而言，它也有着割舍不断的宝贵记忆。

一个人，一所学校，一段历史！往事如烟，历史碎片早已镌刻在已逾古稀的父亲的记忆中，厚重又沉甸！父亲留给我的是浸润在灵魂深处的教师情结，带着儿时最纯真的梦想，带着朦胧的追求，带着满腔的热情，2001年的秋天，我走向了由知识、情感、理想、信念汇成的三尺讲台，迈向了人生梦想的舞台。一直以来我对父母从事的教师职业都满怀敬意，"小时候我以为你很神气，说上一句话也惊天动地""长大后我要成为你"是我不变的理想。可真正走上三尺讲台，我才发现教师一点也不神气。"醉后方知酒味浓，为师方知为师难。"初涉教坛，我才发现几节课的背后是无休止的备课、查资料、做练习。我开始怀疑、开始动摇。可是，正当我茫然失措的时候，我得到了许多人的鼓励和帮助，特别是父亲每周电话里给我的叮嘱与期待更是我的精神动力。不忘初心，牢记父亲的谆谆教导，18年来，我在自己的工作岗位上兢兢业业，毫不懈怠。努力后做出了不菲的成绩，得到了许多的荣誉。春蚕化生，德天为高，我愿与父亲一样做一只春蚕，潜心躬耕直至丝方尽；愿做一根蜡烛，德高为范直至灰湮灭。"春风化雨育桃李，润物无声沁芳馨"将成为父亲留给我的教育追求！

两代教育人，一世教育情，不负父亲，无悔选择，最好的回报就是将自己激情燃烧的岁月挥洒给教育，让自己的心灵在教育梦想中放飞。

图1～图4为我们一家人与李向群希望小学的合影。

图1　一家五口，地点：中锋乡官田完小，摄于1980年

图2　一家五口，地点：李向群希望小学（原中锋乡官田完小），摄于2014年

图3 一家三代，地点：李向群希望小学（原中锋乡官田完小），摄于2014年

图4 父亲，地点：李向群希望小学（原中锋乡官田完小），摄于2014年10月

篇一——每周记事

初相识，携手相望

——为了孩子，我们在一起

亲爱的家长朋友们：

你们好！

芸芸众生中，独有我们相识，这是一种巧合，更是一种缘分。缘聚，寂然欢喜。从今天起，我们缘于初一（4）班，也要相助于初一（4）班。孟子说过，"出入相友，守望相助"，愿我们以一颗安然的心，追梦，向前，用助力伴随孩子成长……

我们还未谋面，今日谨以此信告知家长一些事宜。

请您告诉孩子：如果说小学像一条小溪，那么，初中就是一条大河。在这条大河中获得的自由、知识、思考都将比小学多得多。在这条大河中，是随波逐流还是劈波斩浪，这要取决于您对孩子所灌输的思想及孩子在成长道路上的思考与实践。

第一，孩子要面临的是5天的军训，军训是成长的新起点，也是孩子走入初中大门的第一课。这是孩子与老师、同学熟悉、了解、沟通的重要机会，也是孩子熟悉学校、班级的重要机会；这更是磨炼孩子毅力，使孩子成长的机会。所以，我们家长要重视军训，充分利用好这一机会，要让军训成为孩子初中生活中一份美好的回忆（**当然，若确因孩子身体问题不适合参加军训的，请以家长名义写一份申请签好名让孩子带回来**）。

第二，孩子每周将在学校度过5天的时间，并且开始集体住宿生活，没有了家长的监督，没有了家长的嘘寒问暖，您的孩子能否独自处理生活琐事？您的孩子能否适应集体生活？您的孩子能否独自处理与新同学之间的关系？请您告诉孩子，雏鹰总有飞翔的时候，父母的羽翼不是一辈子庇护他们的地方，想要历练就要高飞，想要成长就要坚强。也请家长朋友放手让孩子学会独立。

第三，关于消费。在学校的消费相对单一，开支主要用在吃饭上。吃饭不再像小学时在家里享受美味佳肴，要自己在学校饭堂打饭。学校的菜系虽然赶不上家宴，但很丰富。仅仅是选择，就是一件头痛的事：既要考虑价钱，又要考虑口味，这需要孩子独自选择。选择何尝不是一种能力呢？请家长朋友规划好孩子一周的费用（依经验，大概每周150元）。钱过少，孩子捉襟见肘会自卑；钱过多，孩子会过度消费（买饮料、吃夜宵、跟同学买游戏卡等），甚至滋生其他不好的事端。所以，家长朋友要适当给孩子灌输正确的消费观。

第四，关于交友。初中同学是孩子以前小学的好几倍。一个年级就有18个班。学习的科目增加了，老师也多了。孩子的身边将是比以前热闹得多的各式人群。谁会成为孩子的好朋友？孩子能够成为谁的好朋友？朋友，是一个人成长过程中非常重要的人。随着交际圈的扩大，孩子能顺利拥有优质的朋友圈吗？孩子能否选择最佳益友？对于孩子交往的朋友，家长要关注，尽管不主张用有色眼镜看待行为不端的孩子，但"近朱者赤，近墨者黑"是先辈留下的古训，必然有可取之处。

第五，关于时间。孩子一周5天在校，但并不等于5天的时间都是用来学习的，可自由支配的时间还是很多的。如果您的孩子是一个不善于规划时间的人，那么请告诉他（她），要想在初中阶段取得好成绩，必须学会合理支配时间。初中学习的难度肯定不会小于小学。仅考试的科目就有语文、数学、英语、政治、生物、地理、历史、体育、信息技术9门。初中的竞争也肯定比小学激烈：全年级近千人的竞争。这些都会让孩子的生活和学习更加充满动力和乐趣。正因如此，如何分配学习时间就成了头等大事，如晚修时做完老师布置的作业后，是无所事事等待下课还是有计划地进行复习、预习？初中阶段不再是老师手把手地"喂食"了，孩子必须在学习上自己学会"断奶"。从老师督促着学习变成自己主动学习。如何安排自由支配的时间，将决定着学习质量。

第六，关于成绩。小学成绩优秀只代表小学阶段优秀，绝不代表初中阶段优秀。以往每科九十几分的辉煌成绩也许只能成为过去式，初中多姿多彩的学科是激发了孩子学习的热情，还是让孩子无所适从？面对优势科目如何保持？面对棘手的弱势科目又如何加强？每月一次的自查考试孩子又如何应对？这些突如其来的学习上的变化可能是孩子最大的困惑，除了老师在学校给予知

每周记事篇

识上、方法上的指引，还请家长关注孩子在学习成绩上的波动，做好与科任教师的沟通。

第七，关于阅读。进入初中，孩子亟待更多阅读的滋养。正在长大的身体和心灵都渴望从各种各样的经典中去汲取养料。疯狂地阅读，是一个幸福的中学生最幸福的体验。那么，孩子将如何选择书籍？这个问题，除了作为语文老师及班主任的我给予指导，还需要家长朋友的关注。我希望我们初一（4）班的孩子能够在自由阅读中感受成长的美好和快乐。

第八，关于体育。体育成绩早已纳入中考分数，甚至有望纳入高考分数。进入中学后孩子就进入了身体发育的高峰期。体育锻炼既是自己身体的需要，也是每学期期末考试项目之一，更是三年后中考的项目之一。毛主席说：野蛮其体魄，充盈其灵魂。

第九，关于生理及心理。初中是孩子的生理发育阶段，伴随着生理变化的就是心理的波动，敏感、自我、情绪化、憧憬、焦虑甚至暴躁、叛逆等交织的矛盾和激烈振荡的内心世界，使他们的人生观、价值观渐生雏形。初中阶段的孩子对自我的好奇和对外在世界的好奇将会交融、纠缠、斗争、突破……快乐和痛苦将会一样多，迷茫和恍然将会一样多，停滞和顿悟将会一样多。而这个时候，父母要做的就是关注、倾听、伴随、指引，这需要我们给予他们智慧的牵引。

第十，我要说的也是我最想说的就是关于情商。现如今，很多人认为高智商不一定成功，但情商高往往影响一生。我的治班理念是"情感治班，精神立人"，始终将"做人"立于"做学问"之前，培养孩子的情商将贯穿我接下来的班级管理——团队精神及班级荣誉感、良好的心理素质、良好的人际关系、公民责任意识、尊师爱友、自理自律能力等。我始终坚信情商是可以培养的，品质是可以塑造的，也请家长朋友传递更多的正能量给孩子。而当下最需要传递给孩子的就是"亲其师"，唯有此，才能"信其道"。

家长朋友们，虽然我们还未相识，但从今天开始，我们有了共同的守护，那就是孩子！为了孩子，希望我们的心在一起，希望我们的理念一致，希望我们且行且努力！在接下来至少两年的日子里，我们将陪伴着孩子成长，守望着孩子成长。让我们相信成长的力量，让我们相信成长必然是幸福的！

从这里走向成长

——写在军训后

【阳光心语】

一只蝴蝶，在毛毛虫的心里飞行。

【阳光寄语】

尊敬的家长朋友：

5天的军训结束了，5天的日子里，孩子们过得充实而有意义，家长朋友们或许过得忐忑而又牵挂。无论怎样，5天的军训生活已化作圆满的成果，5天的军训生活即将成为孩子们一笔宝贵的财富，军训也将成为孩子们成长的阶梯。5天的军训苦并快乐着，训练场上留下了他们的汗水，也洒下了他们的笑声。骄阳烈日，昂首挺立；站立军姿，岿然不动；内务训练，有条不紊；队列操练，步伐规范；关心照顾，团结友爱；口号齐声，威震校园……我想，如果孩子现在还是毛毛虫，那么一定有一只蝴蝶在他们的心里飞行了。那就让我们一起为他们祝福吧！

当年的快乐男声冠军李炜曾说过，成长不是衣服越穿越小，裤子越穿越短，而是心跟着梦想越来越大。请家长朋友们以严格要求和暖心鼓励伴随孩子成长！

明天回到学校就将进入正式的学习阶段了，家长朋友们对孩子又有怎样的期待呢？台湾作家龙应台曾写给儿子安德烈一段话："孩子，我要求你读书用功，不是因为我要你跟别人比成绩，而是因为，我希望你将来拥有选择的权利，选择有意义、有时间的工作，而不是被迫谋生。当你的工作在你心中有意义时，你就有成就感。当你的工作给你时间，不剥夺你的生活时，你就有尊严。成就感和尊严，给你快乐。"（推荐家长阅读龙应台的作品，如《亲爱的安德烈》《目送》等）我想，这段话说出了我们家长的心声。不管你对孩子的期待怎样，请你明确告诉孩子学习的意义。要告诉孩子，脚下的步伐要始终跟随学习的节奏，力求每一步都踩在鼓点上，随着韵律而行！

今天孩子回家后，请询问他在新学校各方面的情况，家长的关注度会决定孩子的态度，因为你的关注，因为你的在乎，孩子才会更优秀！

每周记事篇

在今后的日子里，希望家长多与老师联系，孩子的成长进步有赖于我们的紧密联系。刚升入初中，孩子们想要尽快适应，需要您的大力配合和支持。

亲爱的孩子们：

从8月28日下午你们踏进（4）班教室的那一刻起，你们便开始了初中之旅，在这个旅途中，萍姐及科任老师将带领你们一路前行。不管前路是荆棘密布还是大道平坦，我们"既然选择了远方，便只顾风雨兼程"。

5天的军训，看得出你们已经开始融入（4）班这个阳光集体，已经开始显现出面对未来的从容笃定，我相信你们有足够的勇气去接受一切未知的挑战。

初一是什么，没有人能给你明确的答案，你只能用心去体验，我只想告诉你，初一的学习生活一定是你青春岁月中最激昂的序曲。孩子，请敞开心怀拥抱初一吧！你一定会收获成长的美丽！军训虽然苦，但正如孟子所说，只有"先苦其心志"，方能"增益其所不能"；只有经过"苦"的洗礼，才能铸就钢铁般的意志。丰富多彩的军训生活让你们得到了全面锻炼，使你们获得了新的人生境界，有了更广阔的视角。请记住这个平凡的5天，让这5天成为你们成长历程中光辉的一页，照亮你们以后的人生道路。

第1周记事

【阳光寄语】

规则之美传递正能量。

【阳光心语】

尊敬的家长朋友：

孩子正式步入初中了，你们的心中是喜悦还是担忧，抑或是牵挂？你们也许在想：孩子能适应初中生活吗？孩子的表现令老师满意吗？孩子的住宿生活怎么样？孩子能处理与同学之间的关系吗？孩子一日三餐能正常吃吗？孩子的衣服洗得干净吗？太多太多的忧虑萦绕在心头。的确，要成为一名合格的初中生，并不像转变称谓这么简单，因为毕竟初中不是小学的简单继续，而是一种螺旋式上升。可我们必须清楚："所谓父女母子一场，只不过意味着你和他的缘分就是今生今世不断地在目送他的背影渐行渐远。你站在小路的这一端，看着他逐渐消失在小路转弯的地方，而且，他用背影默默地告诉你，不用追。"所以，孩子成长的过程中我们既要放手，又要守护、关怀和引导。相信我们（4）班的家长能以一种阳光思维传递正能量。

第一周我的班级管理重心主要是引导孩子适应新生活，培养班干部团队及养成孩子各方面的规范意识。时间虽短，但班上个别孩子的能力已经崭露头角，还有部分沉稳好学、踏实上进的孩子，另外还有热心集体、礼貌懂事的孩子（将在家长会一一给予表扬）。

在接下来的班级管理中我将进行一系列的整顿，也希望家长予以支持配合。

无规矩不成方圆，我希望孩子们在成长的过程中能遵守规则，感受规则之美带来的正能量！

2014年9月5日

第2周记事

【阳光寄语】

花开彼岸，请乘舟前行。

【阳光心语】

尊敬的家长朋友：

昨天的家长会已经结束，我将自己接下来的班级管理理念和班级规划粗略地向家长做了说明，希望家长朋友对此提出宝贵意见。也许今后在对孩子的教育上可能会存在一些分歧，但无论怎样，我相信我们会求同存异，因为我们的目标是一致的。在这里我送一段话给家长朋友们："凭什么教育是快乐的？我实在想不通，教育怎么一定是快乐的？教育里面一定有痛苦的成分，这是不言而喻的。我们凭什么对注定将要接替我们的子孙让步，我想不明白……我觉得教育不能再一味让步，我们对孩子要真的负责任。不要迎合社会上一些似是而非的说法，什么素质教育，什么应试教育。应试是最基本的素质。人类社会没有绝对的公平，美国也不公平，中国也不公平。现在几乎可以说唯一的一条

每周记事 篇

公平线就是高考了。如果说按照所谓的素质来招生，那么，中国的平民子弟有多少能进北大、清华？一个孩子连公平竞争都竞争不过人家，还说素质很高，谁会相信？所以，不要迎合社会上一些所谓的专家的话。"（钱文忠《教育，请别再以爱的名义对孩子让步》）

孩子们的学习、生活逐渐走上正轨，目前班级情况基本正常。良好的班风、学风正在慢慢形成，但随着对新环境的适应，部分孩子的陋习也逐渐显露：不喜欢阅读、不安静、不重视副科、上课搞小动作、讲小话、不注重个人卫生等，也请家长针对这些情况给予孩子正确的引导。

2014年9月12日

第3周记事

【阳光心语】

动静有常，收放自如。

【阳光寄语】

亲爱的孩子们：

此刻我在广州的某个宾馆里给你们写下本周的记事。这一周我在学校的时间只有两天半，可我无时无刻不在关注你们的动态：副班主任说这一周上课状态不如（3）班了，实习老师说（4）班孩子很活泼但放开后就收不住了，黄老师说（4）班的孩子稍显浮躁，体育老师说相对其他授课班级，（4）班的纪律的确不理想，还有宣传小组成员做事拖拉，宿舍个别同学违纪、不搞卫生、个别男生之间闹小矛盾、晚修纪律后半段不安静、保洁区扣分……噢，这些就是你们在我不在时呈现给我的"礼物"。我突然自私地想，就让培训时间更长一点吧，这样我就不用回去处理一大堆头痛的烦事了。可是，一周之后我又将回去面对你们。唉，情何以堪啊！也许你们认为萍姐在庸人自扰，也许你们认为这只是鸡毛蒜皮的小事，可一个班级要走向一种理想化怎能容下这些不和谐的因素呢？孩子们，你们到底想要一个怎样的集体？难道你们不知道好的集体可以成就优秀的个体？一个有规则意识、敬畏规则的人才是被集体尊重的人、被集体悦纳的人！你们听过石头汤的故事吗？下次萍姐讲给你们听。

你们可以放眼看看班上那些成绩比你们优秀的小伙伴，他们并不比你们智商高，可他们为什么走在前列？因为他们身上有着优秀的品质：心怀目标、做事踏实、不随心所欲。

萍姐拟定的"阳光公约"的"纪律篇"第一点就是"动静有常，收放自如"。都说聪明的孩子都是活泼好动的，可是真正聪明的孩子不是忘乎所以、为所欲为，他一定不会轻易让人揪住自己的小尾巴，他会在收放自如中享受思维的灵动、心灵的安静！萍姐并没有以成年人的标准来要求你们，仅希望你们在课堂上能够做到"动若脱兔、静如处子"。现在萍姐再给你们提出以下几点要求：

（1）班干部及各负责人要时刻记住自己的职责，不懈怠、不推卸责任。

（2）课堂上，老师讲课时专心听课，认真记笔记，回答问题时不集体乱答，一定要举手回答。

（3）体育课上迅速保持安静，认真学广播操，动作规范，不交头接耳。

（4）晚修完成作业后自觉预习、复习或阅读。

（5）把自己当成实实在在的"（4）班人"，心怀集体、友善相处。

2014年9月19日

第4周记事

【阳光心语】

成长伴随着风雨雷电，阳光，是最重要的！

【阳光寄语】

家长朋友：

周末好！

因本人参加省骨干教师培训，近两周都在外学习，班级事务及教学任务交给副班主任吴老师和两位实习老师负责。这是工作以来我第一次如此长时间在外学习，一方面收获了专业的理论知识，让我的语文教学之路更上一层楼；而另一方面又牵挂着我们（4）班，孩子们的学习、生活、住宿、人际等各方面都还处于一个适应期，势必需要正确的引导。所以，这两周我既要致力于专业提升，又要牵挂班级事务，充实忙碌而又揪心！值得庆幸的是，副班主任的敬业及实习老师的用心、细心使我们班的各项常规工作都落到了实处，孩子们的学习态度也可圈可点，尽管这两周也暴露出了不少问题：

（1）太过浮躁，过分活跃。

（2）注意力不集中，容易受干扰。

（3）做事拖拉，责任心不强，互相推诿。

（4）值日动作慢且不认真。

（5）宿舍个别男生的内务卫生、纪律都存在不同程度的问题。

（6）个别孩子行为习惯很差（如随地吐痰、擤鼻涕、座位卫生差、书籍乱堆放等）。

　　而正因为暴露了这些问题，才使我接下来的班级管理有了抓手。一个集体要想良性发展就必须建立起班级规则，一个成长中的孩子要想不断进步，不断提升，就必须不断改进。也许我们家长在小学阶段忽略了对孩子行为习惯的引导和约束，而小学阶段的学习要求和目标与初中不同，孩子的成绩不会因为行为习惯而产生太大影响。可一旦到了初中，孩子的成绩会因为非智力因素的不同而产生巨大的差异，这一点希望家长们重视，在质问孩子成绩为什么不好的同时请关注一下孩子的行为习惯、品德修养、意志品质等。智力因素只是一种潜在的智慧能力，必须在实践中将其转化为智慧行为。在这一转化过程中，非智力因素起着重要的作用。

2014年9月26日

第5周记事

——国庆长假，假期快乐，学习充实

【阳光心语】

快车与慢车的区别不在于谁跑得快，而在于谁停的次数少。

【阳光寄语】

孩子们，从8月28日到今天，我们一起度过了32天。32天于初中三年而言只不过弹指一挥间，可就在这稍纵即逝间，我们足以感受到初中与小学的不同：学业重、时间紧、测验多、老师严、竞争强……或许有人早已迅速调整心态、找准目标、努力奋发，因此他们已经成了班级的“先行者”，如严顺、凯乐、粤月、娅蕾、紫瑶、灵智、心怡、诗慧、嘉钦、李慧、婉瑜、泽旭、珺幼等；或许还有人原地踯躅，留恋过去的玩乐、贪恋周围的诱惑、抱怨现在的苦累，因此他们亦步亦趋，终将成为班级的“落伍者”。“先行者”请一路向前，你们终会感受“前方背影越来越少，后面笑脸越来越多”；“落伍者”请立即行动，你们终将感受“无限风光在险峰”的美好与成就。

一个月来，老师们感受到了（4）班逐渐形成的良好班风、积极向上的学风，也熟识了一批学习认真、情商高、懂事的同学，这无不体现了一个“天天向上、斗志昂扬、力争上游”的阳光团队正在形成。希望每个（4）班人都好好加油，你们日后一定会为曾经拥有这样一个集体而感到光荣。

萍姐还想提醒某些同学，你们身上有着阻碍你们前进的坏习惯，这些坏习惯往往在你们意志薄弱时干扰你们的学习，阻止你们进步。知道吗？习惯决定成败！你们必须通过强大的内心或借助有效的外力来打败它们！在这里我不想点名提醒你们了，我知道有着坏习惯的孩子都是聪明的孩子，但萍姐告诉你们，聪明的孩子最容易使自己的左脚绊到自己的右脚。萍姐还想告诉你们，小聪明长着小尾巴，极容易被人揪住，好自为之吧！

在这里，萍姐还想教给你们一些学习方法。

1. 学习方法：从传授性到理解性

学会：多提问、多思考、多总结。进入初中后，学生的学习由直观的、感性的、零碎的知识点变成了更为完整、系统的知识体系，并更加突出能力要求。因此，要求你们在学习方法上相应地做出调整。到了初中，要求学生对知识充分理解，并学会用思维去分析这些知识点。初中科目增多，每个老师的讲课时间都是规定好的，老师必然要改变授课方式。因此，要培养多提问、多思考、多总结的学习习惯。

2. 学习要求：从指令性到计划性

学会：预习，提高学习主动性。初中要求学生自觉主动并且有计划地学习。学习态度要实现从“要我学”到“我要学”的转变。

3. 学习行为：从随意性到目标性

（建议这次回去后专门准备一个本子作为学习计划本）学会：做一周学

习安排。进入初中后，由于学习内容和学科的变化，原来的学习方法和习惯要随之改变。原本可能通过短计划就能实现的学习任务和目标，到了初中后则要有一个"长安排"的计划，才能实现。

4. 学习时间：从短时性到长时性

现在小学生的学习时间安排基本上是"4+2"，即在学校花4个小时学习，在家花2个小时学习。而升入初中后，学习时间就要变成"5+2"，即在校学习5天，在家学习、娱乐2天。

5. 学习内容：从单纯性到多样化

学会：别偏科，多看看基础科学。小学和初中面临的任务和学科学习的内容差异很大。到了初中，多了生物、历史、地理等几大学科，而且知识系统性比较强，需要课后花时间去消化，不然很容易导致成绩下降。

孩子们，萍姐领着你们前行，不管前路平坦还是崎岖，只希望你们少摔跤，只希望你们即使摔倒也能勇敢前行，希望你们阳光成长！

2014年10月3日

第6周记事

【阳光寄语】

今日举轻若重，他日定能举重若轻。

【阳光心语】

家长朋友：

又到周末了，在键盘上敲击这些文字时心里思忖着说些什么。我不知道有多少家长朋友能静下心来阅读这些文字，有多少孩子能在第一时间将《本周记事》（以下简称《记事》）交到父母手上。周末让孩子带一张《记事》回家是我多年前做班主任时形成的习惯。在那些年里，有家长郑重其事地保管着我写的《记事》并在多年后跟我提及，也有家长在见面时愕然问我："还有这东西？"更多的家长是责怪孩子"临上学前才给我签名，所以根本没来得及看"……不管是哪种情况，我想，我要坚持做一件事就不要先筹谋它的价值到底有多大，哪怕只有一个家长认真地捧着它阅读，我也知足了。我也坚信，通过这些文字的记录与呈现，孩子们终有一天会明白老师的良苦用心。

所以，家长朋友们，请告诉孩子坚持的意义，请在家庭教育的过程中不断注入正能量，不断传递正确指引，你的付出、你的重视、你的方法一定会在孩子身上体现出来。

本周最大的问题就是"假期综合征"，表现之一是作业糟糕：语文，有洁琳、灏文、博文、宜东、乐禧、志宇、燊弘；数学，有宜东、志宇、梓恒、珺幼、增杰、心怡、纪枫；英语，有颖欣、昊强、虹华、珏嘉、羽洋、乐禧、力图、镇聪、灏文；生物，有乐禧、虹华、梓恒、博文；政治十余人没听清老师的要求，没有完成默写任务。这些孩子有明显偷懒的，有不会做就不做的，还有直接抄答案的，也有没听清要求的。表现之二是昏昏欲睡、状态不佳，来校两天还有同学明显不在学习状态。表现之三是放假的松弛导致对学习的懈怠、对学习的畏难。经了解，有出现"假期综合征"的同学，要么整个假期在外游玩，作息不规律；要么闲在家，家长没做到必要的监管。综上所述，提醒家长朋友，假期或周末不要让孩子过度闲玩，要对孩子进行适当的监管。孩子毕竟只有十二三岁，自我管理能力并不强，从开学以来周末作业糟糕的孩子身上可以看出家长对孩子的监督不到位，也请部分家长引起重视：学校教育是不能取代家庭教育的！

而要特别表扬的是一些孩子身上折射出家庭教育的到位：凯乐、严顺、粤月、海迪、娅蕾、紫瑶、灵智、蔡心怡、李慧、婉瑜、健乐、诗慧、泽旭、昊强、俊喻等。

家长朋友，不知你们有没有听过这样一句话："小学重态度，中学重品行，高中重品质。"初中阶段合理的引导和到位的监管是非常有必要的，教育没有回头路可走！请您在百忙之中抽空陪陪孩子，过问一下孩子，对孩子有所要求。

我们在静等花开的同时不要忘了给花儿适当的浇灌培育！

亲爱的孩子们：

第六周已经结束了，想必你们已经适应了初中生活。新鲜好奇感在逐渐消失，茫然无助感也随着时间流逝，新入学的豪情壮志也渐渐淡化，于是出现这样的面貌：好学善学者心无旁骛，努力认真，力争先锋；厌学惧学者心无目标，消极懒惰，得过且过！孩子们，人生最大的遗憾在于坚持了不该坚持的，放弃了不该放弃的。正值花季的你们可否在心中为自己的人生确立目标？可否为目标付诸实际行动？父母、老师只是你们成长岁月中的助力者，在漫长的人生岁月中需要你们迈开脚步奋力前行。加油，孩子们！

目前班级情况之优点：

（1）大部分班干部很给力，关心集体。

（2）优秀生学习主动。

（3）大部分同学有正义感，能传递正能量，敢于指出同学的不足。

缺点：

（1）学习上有畏难情绪，对难题避之不理，对老师布置的作业有抱怨情绪。

（2）有抄作业、小测试作弊现象。

（3）做事不认真，潦草了事，如教室、宿舍值日。

（4）个别男生过度调皮，捉弄同学遭人厌烦。

我们阳光（4）班的孩子，萍姐相信你们会在成长的道路上一路奔跑，一路明媚！

2014年10月11日

第7周记事

【阳光寄语】

阳光拨开乌云，方能朗照大地。

【阳光心语】

阳光少年们：

月考刚刚落下帷幕，你们的心情也许各不相同。从成绩看，21人的班级排名有不同程度的进步，显然你们已经适应了初中的生活，你们珍惜这个优秀的班集体带给你们的这份动力，于是开始努力了；另外18人却有不同程度的退步，也许你们还没能迅速适应这繁忙而又充实的生活，也许你们还被自身的陋习所牵绊。优者胜、劣者汰，这是不争的事实！你们还记得萍姐写给你们的寄语吗？前列者记住："前面的背影越少，后面的笑容越多。"居中者记住："'想要'和'得到'中间需要的是'做到'。""优秀者不是比你聪明，而是比你更勤奋。"暂时落后者要记住："再不奋力追赶，连望其项背都做不到了。"落后者要记住："只要不放弃，前方总有你的位置。"我希望一路领先、一路进步的同学"无须扬鞭自奋蹄"，更希望暂时居后的同学"勤以补拙，后来居上"。

考试过后，我们最应该静下心来想一想从考试中得到了什么，如知识点的掌握有无缺漏，知识的理解是否准确，课堂知识是否过关，审题是否细致，做题是否规范，时间分配是否合理，等等。另外，反思自己上一个月的学习状态和踏实程度，思考自己上课、作业是否真正高效和到位。我们从这些环节入手弥补上一阶段的疏漏之处，并做好下一个月的冲刺准备。第一次自查仅仅拉开了初中学习的序曲，只是上一阶段学习的检验和总结，我们不能有丝毫的松懈，调整状态，昂首向前。另外，提醒成绩理想的同学，只有在鲜花和成绩中一直保持清醒的头脑并始终如一努力拼搏的人才会成为真正的强者。

孩子们，老师在第五周曾送给你们一句话，"快车与慢车的区别不在于谁跑得快，而在于谁停的次数少"。也就是说，快车与慢车在行驶时的速度是相同的，只是因为快车在中途的站台上停的次数少，所以它到达终点所用的时间短。我们在初中的学习中要让自己成为一列快车，不做懦弱的退缩，不做无益的彷徨，抓紧点滴时间学习，真正让"想到"和"得到"中间的"做到"落到实处，那么，我们一定会在每一次考试前做到成竹在胸。

孩子们，周三广播操比赛的那一幕还深深印刻在你们的脑海中吧？在比赛前萍姐心里很忐忑，因为你们的表现的确不是很理想，离我心中的目标还有一段距离，只得"临时抱佛脚"。于是我用了几节课的时间帮你们训练、纠正动作、安排队形、规范步伐、设计口号、奖励刺激，渐渐地，我看到了一个阳光蓬勃、朝气向上的队伍在形成。功夫不负有心人，比赛那一刻，你们踏着整齐的步伐向主席台走过来，"阳光少年，斗志冲天；鹏霄万里，所向披靡"的口号声震彻校园，你们的每个节拍动作都规范优美，你们的精气神感染了每一位老师，主席台上的老师悄悄地向我竖起了大拇指。那一刻，萍姐的眼眶微微润湿，我当时就想，一等奖非我们莫属了！最后宣布是第一名时，我内心充满了自豪与欢悦，我相信那一刻我们47名同学的内心也是如此，这个"第一"足以证明我们阳光（4）班所绽放出来的精彩是绚丽的，是夺目的！

孩子们，激动愉悦过后，你们是否还沉浸在当天的激动兴奋之中？成功只是代表你们曾经的努力与实力，并不会一直成为你们制胜的法宝，也不能成

每周记事 篇

为你们津津乐道炫耀的谈资。你们必须静下心来面对学习、面对生活，依然要按部就班地进行学校生活。

盘点本周：

（1）开展"男子汉工程"，挑战陋习。

（2）整顿晚修纪律，制定"十分钟修炼"。

（3）积极备赛广播操，获得第一名。

（4）有同学作业懈怠，有抄答案现象。

（5）女生宿舍内务卫生需加强，男生纪律需加强。

（6）个别同学企图走捷径，考试作弊。

（7）班干部渐入状态，但要提高管理艺术。

（8）同学之间的相处不懂方式，玩笑过度伤害对方。

（9）课堂效率不高，作业质量不理想。

（10）故意针对同学，有无中生有现象。

（11）集体凝聚力在加强。

综上所述，我们在不断修正不足，但也不断暴露问题。问题出现不可怕，只要我们敢于面对、勇于改正，我们就会不断走向完善。

最后，萍姐最想说的就是，我们（4）班的孩子还是比较浮躁，难以沉住气。知道吗？种子向下的根越深，向上的枝就越长！只有你沉得住气，不张狂、不躁动，才能收获更多的美好。加油，奔跑吧，少年！

2014年10月17日

第8周记事

【阳光寄语】
纵然你是岩下的小花，也有探出头亲吻阳光的权利！

【阳光心语】
阳光少年们：

又是一周结束时，盘点本周班务，零零碎碎，按部就班，无波澜、无起伏。生活亦是如此，平淡平凡，可细细咀嚼，又能品出其中的酸甜。

今年的"体艺文化科技节"在本周开幕了，这个活动将持续到元旦前。近两个月的系列活动丰富多样、精彩纷呈，为同学们提供了展示才艺、突破自我的平台。面对一个个接踵而至的活动，你是跃跃欲试还是望而却步？你是展示自我还是冷眼旁观？参与者将会在这个舞台上绽放美丽，旁观者只会唏嘘飘过。丘吉尔说过："每个人都是昆虫，但我确信，我只是一个萤火虫。"是的，翩翩飞舞于花丛中的彩蝶固然光彩耀人，但我们也不用妄自菲薄，即使渺小如萤火虫，也照样有属于自己的光亮，哪怕很微弱，但同样能照亮黑暗。孩子们，在初中生活的舞台上，在阳光（4）班的舞台上，有属于你们每个人的角色，要抓住机会去表现自我，"我的舞台我做主"。

　　本周很遗憾的是，面对各科任老师抛出的橄榄枝，你们表现漠然，并不为之动心。孩子们，你们是不自信还是不屑一顾？如果是不自信，那么萍姐告诉你们，连试都没试过，怎么知道结果怎样？怎么知道你的潜能有多大？怎么知道别人就比你强？在任何机会面前都要勇于迈出第一步，未来的道路还很长很长，今天的这个小圈子就是提供锻炼你、磨炼你的机会，真正内心强大的人敢于直面一切挑战！如果你是不屑一顾，那么萍姐更要告诉你，以一颗麻木淡漠的心去面对身边的机遇与挑战的人，是受人鄙夷的！十一二岁的少年，如花的年龄，就应该像花儿一样绽放，昂首迎接阳光与风雨，要对一切事物充满热情，要敢于并勇于向前冲！

　　所以，孩子们，当生活向我们伸出热情的双手、张开温暖的怀抱时，我们应该以同样的热情投入其中，不管品尝到的是甘甜还是酸涩。你要知道，这就是生活的味道！我们不要做生活的懦夫，我们要做生活的勇士。

　　本周盘点：

（1）班级总管工作负责，但工作能力还需加强。

（2）个别孩子的班级服务意识强，涌现出一批认真的小管家。

（3）课堂表现有待加强，少做观望者，多做参与者。

（4）参加活动不积极，对自我期望太低。

（5）学习缺乏主动性，大部分人以完成任务为目标，自我要求不严格。

（6）个别孩子的礼貌有待加强，见到老师要问好。

2014年10月24日

每周记事

第9周记事

向日葵知道太阳是它的方向，所以花实并茂！

【阳光心语】

今天是10月的最后一天了，眨眼的工夫，你们的初中生活已过去了两个月。两个月的日子里，你们收获了什么？是学习生活的充实，还是集体住宿的融洽？是自理能力的提升，还是自我习惯的修正？总之，两个月的初中生活已经让你们切切实实地感受到了成长的迫切，在这个充满挑战的校园里，无处不充满促使你成长的力量：竭力摆脱小学的依赖，努力改变自我的陋习，主动融入集体生活，奋力迎接学习的压力……一切的一切，不再是随心所欲，不再是得过且过。

随着新知识的不断输入，我们的群体明显出现了两极分化。部分同学的学习已经暴露出严重的问题，成绩惨不忍睹，作业不忍直视，小测无法过关，课堂注意力无法集中，知识能力难以提升……我不知道你们是怎样看待自己的学习的，我也不知道对于这些你们的家长是如何要求你们的。

不少家长要么一脸怨气地说，"孩子就是不听自己的话，叫他做作业也不听"；要么一脸无奈地说，"小学开始就是这样，怎么说都不听"；或者是求助式地说，"孩子不听我们的，就听老师的，老师你要严一点"。诸如此类的话我经常听到，我无法对此做任何是非对错的论断，但我想对家长们说，学习成绩的差距归根结底是学习习惯的差距，而学习习惯的养成却与自小的习惯养成教育息息相关。今天孩子们身上的一切表现其实无不折射出我们家长在孩子教育方面的成与败。当然，今天谈成与败有点为时太早，但我们家长必须要引起重视了，我们也许无法培养出跻身年级前列的优秀孩子，但我们可以培养出习惯好、品行好、能上进、懂得爱的孩子。面对十一二岁的孩子，每个家长不能只是抱怨，只是无奈，只是求助，我们自己应该与孩子一起成长，我们自己应该与孩子一起上进！在今天的QQ群里我放上了海迪妈妈写的每周评语，字字句句无不透露出一位母亲对孩子的鼓励、要求与反思。我们不能一路牵着孩子前进，但我们可以关注孩子、引领孩子，同时用自己的行动去感染孩子。希望我们的家长更多地用阳光思维去启发孩子！我们班有许多有智慧的家长，希望你们彼此交流、彼此探讨。凯乐妈妈的"今日分享"中包含许多智慧，粤月妈妈对孩子的要求与教育值得我们借鉴，严顺父母对孩子的用心培养值得我们反思自己……在优秀的孩子身上一定会发现他们父母言传身教的可贵之处。孩子才上初一，一切皆有可能！当用你的行动去唤醒孩子的自我驱动力时，你会发现孩子身上原来有这么多可能性。

孩子们，期中考试很快就到了，你们将以怎样一种姿态去迎接期中自查〔这一次自查科目将增加到8科（含体育）〕？每一个阳光少年都应该正视这次自查，要永远记住，过程的努力远比结果重要，只有真正重视了，你的能量才能发挥出来。萍姐跟你们说过，哪怕你是岩底的小花也应该有冲破重阻的勇气。下个星期回来，我希望你们以一种积极的状态投入到学习中，希望你们用心去享受认真学习的乐趣。

本周盘点：

（1）社会实践收获快乐。

（2）班干部特别给力。

（3）个别同学明显进步。

（4）女生宿舍内务卫生给个赞。

（5）某个孩子饭堂违纪需反省。

2014年10月31日

第10周记事

【阳光寄语】

有所得是低级的快乐，有所求是高级的快乐。

【阳光心语】

不管你是否愿意，我们就这样悄无声息地踏入了11月的大门。跨进11月，不仅有对10月的回望，也有对11月的憧憬。而第一场冬雨也在11月的第一个周末下起来了，淅淅沥沥，很不透彻，但着实带来些许凉意。季节的更替是那么自然，而我们的成长又是那么不经意。孩子们，这个星期萍姐带着你们开了"自我大剖析"的班会，面对萍姐抛出去的问题，你们在纸上做出回答，不管是由衷的还是不甘愿的，萍姐都希望作为集体的一分子，作为成长中的你们，在前行的过程中不断矫正自己的方向，永远懂得朝着明媚的方向出发。萍姐也告诉你们，我们（4）班的每个孩子都应该懂得以一种怎样的姿态投入到学习和生活中。萍姐也在用自己的态度告诉你们，向上才能最接近阳光。

课堂上老师们的评价永远不是（4）班最好，体育课上永远有那么几个男生调皮捣蛋并且不以为然，读书的声音总是让人怀疑这就是活跃的（4）班……班会过后，我看到了你们的变化：早读的声音响亮了，体育课后课代表在黑板上表扬了几个"调皮鬼"，课堂上争先恐后地举手生怕被老师忽视……哦，孩子们，原来你们只是不知道自己的向上空间在哪里，你们只是不知道踊跃积极会产生这么多的正能量。孩子们，今后你们或许还会不断地让萍姐失望，但我相信，（4）班的孩子一定有足够的勇气去挑战心中的"敌人"。因为我知道你们有多么希望自己身处一个向上的集体。

就拿本周的两个小细节来说吧，10月份五项评比统计后发现第7周扣分了，昊强有点慌了，他问我怎样才可以查扣分原因，我告诉他可以求助炯亨和梓恒。提示了炯亨和梓恒之后，他俩心急火燎地找到当周的检查组长，写好申请、签好名、纠正扣分，整个过程，萍姐没有代劳，最后看到炯亨和梓恒开心地告诉我搞定了的时候，我仿佛看到了他们心中奔腾的热血，那一腔为集体服务的热血。周四早上浩廷上楼一看见我就说保洁区扣分了，他委屈地说，又不是我们班的地方，但他们就是要扣分，浩廷的眼泪都快要流出来了。自从萍姐委任他负责保洁区之后，他的自信心增强了，他感受到了自己对集体的重要，而此刻却因为自己的束手无策而感到特别委屈。最后又是珺幼和诗慧去处理好了。从这两个细节可以看出我们在守护着集体的荣耀，我们感受到集体赐予我们的力量。所以，孩子们，在这个阳光（4）班，每一个人都是主角，每一个人都应该以主人翁的姿态来守护（4）班！

下周就要期中考试了，昨晚我在QQ群里向家长做了一个小调查，发现你们基本上都将各科的书本带回去复习了，这的确让人欣慰。初中的期中考试不同于小学，它是一场很正式的自查，各年级交换出题、改卷，座位也将与高年级交叉，目的是通过一场正规的考试来检验大家半个学期的学习情况。我们都知道，最后成绩的公布必定有个高低好差，但不管结果怎样，孩子们，态度是没有高低之分的，面对考试我们要以举轻若重的态度去对待。萍姐记得一个前辈告诉过自己：一流的态度会让三流的能力成为一流的水平，三流的态度却会让一流的能力沦为三流的水平。所以萍姐从来不敢怠慢自己的工作，于是也得到了一些认可。其实萍姐知道自己不过是三流的能力，只是因为一流的态度才获得别人的认可。孩子们，此刻你与爸爸或妈妈在读着这些文字的时候，想必心中也应该暗暗铆劲：期中考试之前应该以一流的态度去面对。

另外，我还想说说关于你们同学关系的问题。半个学期的磨合，你们在这个群体生活中逐渐形成了一些小圈子，厚此薄彼的现象很明显地出现了。我们不否认每个人都有自己的择友标准，我们不否认每个人对待周围人有亲疏远近，但我们也要清醒地认识到，一个团队如同一辆车，少了任何一个零件都会存在安全隐患。你不会保养它，它就会对你"使性子"，关键时刻说不定还会"掉链子"，所以，我们在亲疏远近的同时要注意维护好车子，让它随时可以高速行驶。聪明的孩子们，你们一定懂得。

温馨提示：天气变冷，注意加衣保暖，宿舍被子适时更换。

2014年11月8日

第11周记事

【阳光寄语】

让我们的青葱岁月多一份沉甸甸的回忆！

【阳光心语】

学期过半，本周结束了期中考试。在这周的备考过程中，我发现大部分同学都表现出一种认真积极的备考状态，这让我很欣慰。特别是一些同学在复习的过程中学会了整理归纳，笔记记得满满的，知识点归纳的也很详细。我想，如果保持这种良好的学习习惯，那你在学习的道路上一定会越走越顺利。可遗憾的是，还有少部分同学还是不能做学习的主人，面对自主复习有点无所适从、心不静、手不动、眼发呆，完全是神游状态。从语文成绩来看，7个70分以下的同学，这半个学期以来，无论是行为习惯还是学习态度都是令人担忧的，果不其然，这次考试就淋漓尽致地暴露了自身的问题。而以严顺、娅蕾、粤月、凯乐、陈心怡、蔡心怡、诗慧、紫瑶、昊强、海迪、珺幼、灵智、婉瑜、健乐、坤穗、文希、雅娴、李慧等为代表的同学却能在学习上表现出一种积极向上的状态。其中的一些孩子非常明确自己需要什么，明确自己要怎样努力。他们能主动地支配学习、驾驭学习。他们之所以成绩优异，并不是因为他们的智商高人一等，而是因为他们能游刃有余地成为学习的主人。萍姐不止一次地叫大家去观察身边这些优秀的同学，向他们学习，甚至借鉴乃至模仿他们学习的方式，可有些同学总是不以为然。尽管我们知道在一个集体当中一定有优劣好差之分，你们不可能成为别人，不可能都成为佼佼者，但是孩子们，我们必须有一种姿态，一种向上的姿态。在这种姿态之下，我们这些暂时落后的孩子就可以超越自己。

考试结束后，老师们加班加点阅卷，今天期中考试成绩基本上都出来了，我们班目前知道的科目整体上是很不错的。萍姐希望我们这个班级成为"实中好班级"。这个"好"字不仅是成绩好，更应该是各方面都优秀，因此萍姐可能较其他班主任更严格，对你们的要求会更高，我期待我们（4）班的同学有朝一日身上贴上许多优秀的标签：阳光、积极、健康、懂礼、责任……你们知道吗？向上的少年无论走到哪里都会绽放出一种光芒，这种光芒就叫"正能量"。

学期过半，下周回来揭晓成绩之后必然是有人欢喜有人忧，必然有不少同学暗自铆劲，暗自发力，但我也知道，三分钟热度之后必然也会有同学现出原形，依然我行我素。就这样周而复始、循序往复，优秀的依然优秀，落后的依然落后。因为我知道6年的小学生活已经使很多孩子的学习品性、行为品性根深蒂固，改变它仅靠三分钟热度是不够的，一定需要付出努力，一定需要与自我抗争，一定需要不断挑战意志。所以当我们懈怠时请你向身边的同学、老师、家长借力，借力向上，借力飞翔。

萍姐准备下个星期给每个孩子制定个人成长规划手册，在这个成长规划手册里将会为每个孩子量身制定发展目标，希望在目标的引领和动力的驱使下，每个孩子的未来会更加明媚！

期中考试之后会有学校一年一度的校运会，会有家长会。校运会是一个彰显集体力量的盛会，我期待我们班的每一位运动员为荣誉而战，我希望每一位非运动员为集体助力。家长会也将是一个中期汇报小结的见面会，我希望我们的家长会不流于形式，而是真正成为一个能够解决一些实际问题的见面会。所以，请家长朋友在本周的作业登记本上填好以下内容。

家长会调查表：
（1）你希望家长会有哪些流程？
（2）你希望在家长会上班主任介绍哪些方面的情况？
（3）你希望科任老师讲话吗？讲些什么？
（4）你希望家长代表发言吗？你想从其他家长那里听些什么？
（5）你希望孩子发言吗？你想从孩子那里听些什么？
（6）你对家长会有些什么建议？

2014年11月15日

第12周记事

【阳光寄语】

把追求开成牵牛花，踩着荆棘一路向上攀爬。

【阳光心语】

晚上，静坐在电脑前，已经快11点了，很累很疲倦，很想偷偷懒，本周的记事就不写了，可是一周的事情在脑海中过一遍，才觉得非写不可。这一周很充实、很忙碌、很感动、很欣慰，太多的细节汇聚在一起让我无法懈怠，让我无法不一一记录下来。

周一开始各科成绩就陆续出来了，孩子们有人欢喜有人忧，喜不自禁的就第一时间向家长报喜，稍不如意的也有小失落、小伤感，退步明显的面对成绩难过之极，各种心情在孩子们的脸上表现出来。大部分孩子在这一刻似乎明白初中阶段学习成绩产生的效应如此毫无遮掩地呈现在眼前，也终于明白班级排名、年级排名是如此残酷而又如此坦荡，不管自己接不接受，它就这样让自己直面！我们班语文、数学、政治全年级第一，英语第三，历史第五，生物、地理排在年级后列，总分第一，这样的排名呈现在我们面前时，孩子们雀跃的同时也不得不反思自己的不足，对新科目的不适应、不重视、不主动导致的后果惨烈地告诉我们一个事实：有所为才有所得。而从个人成绩来看，全年级前100名我们班有9名同学，而前200名才12名同学，这意味着我们的成绩有脱节现象。200名至300名的同学或多或少暴露了学习上的不足，当然也意味着潜力十

77

每周记事篇

足！近30个孩子的年级排名有不同程度的进步，这也告诉我们一个事实：集体的强大会带来个人的进步！期中的自查全方位地反映了我们半期的学习情况，客观地评价了我们的优势与不足，聪明的孩子一定懂得：故步自封、不思进取只能越走越慢，孜孜以求、不断进取终会一飞冲天！萍姐也反复强调标兵导行的作用，班上优秀的孩子一定会给我们指引，给我们榜样。知道这句话吗？"同行的人比你到达的方向更重要！与天鹅为伴，势必越飞越高；和麻雀为伍，只能混迹蓬蒿！"孩子们，请珍惜这个集体、珍惜这些标兵给你们带来的正能量！

周三，我们校运会的重头戏20×50米接力开场了，我们的参赛队员个个摩拳擦掌、志在必得。尽管我们的运动不是最强的，但我们相信团结就会产生奇迹，所以我们每个人都做好了万全的准备。可事与愿违，力图的第一棒就出现了状况，最后当然与名次无缘。那一刻我仿佛在空气中嗅到了你们的失落与沮丧，你们虽然没有当面指责力图，但小心思却明显地写在了脸上。力图很尴尬、很难过、很内疚，眼泪在眼眶里滚动，萍姐安慰力图的那一刻，他的眼泪已经要夺眶而出了。其实那一刻，我觉得名次已经不重要了，因为我感受到比名次更重要的东西，那就是每个人对集体荣誉的在乎与追求。

校运会紧锣密鼓准备的同时，我们的家长后援团也在忙碌着。燊弘家长设计班徽，泽旭妈妈订购班服，海迪妈妈准备班服图案印制的同时也没忘了给我们准备美味的夜宵和可爱的玩具。为了让我们在期中考试之后有个愉悦的亲子活动，我们的家长在筹划着班亲活动，准备着聚餐美食……于是我们有了校运会上最抢眼夺目的班服，我们有了今天班亲活动中最强大的阵容，我们有了属于我们阳光（4）班最温馨最快乐的回忆！当然，我还要提一个话题，我们有些孩子对班服的设计有点自己的小看法，我听到了这样的声音："我们班的班服是最丑的。"其实那一刻，萍姐很想发火，但我什么都没说，因为你们有自己的审美观，你们认为班服应该自己做主，这无可厚非，但萍姐要告诉你们，当我们站在一起时，身前的那一道"阳光"连在一起是那么耀眼，当你们背后的文字呈现在众人面前时，有多少老师和学生在赞叹。当这件班服穿在身上时，你们可知道背后凝聚了家长多少心血，班徽的设计结合了你们的设计，再加上燊弘妈妈的不断助力及美术老师的建议最后才定型。再来说说你们嗤之以鼻的图案，我和海迪妈妈在QQ上进行了数十次的沟通，海迪妈妈的工厂进行了7次丝印打底，将颜色不断进行调整才有了最后的成品。这些我本来不想告诉你们，可现在我必须告诉你们，这不是一件普通的班服，它的图案上的每一个细节都承载着我们的愿景。孩子们，在我们理所当然接受或者勉为其难接受的同时都别忘了心怀感恩。

今天的阳光如我们的心情一般明媚，在强大的班亲会的组织下，我们拥有了第一次集体活动：孩子们的集体生日、老师们的受赠鲜花、超级大厨的美食、无偿赞助的玩具、快乐无比的游戏，每个环节都恨不得将全景塞进手机、塞进记忆。我相信，今天的每一个细节都值得我们久久回味，也请我们的孩子以感恩之心去品味今天的美好。

最后我想说的就是我们的校运会。校运会前尽管我已经做好了心理准备，可最后18分的成绩着实让我的小心脏稍稍震颤了一下，运动会前报名的踊跃与最后的成绩的确有点不匹配，运动会的成绩与我们的文化成绩更是相差甚远。我绝对相信我们每一个参赛的同学都竭尽全力为荣誉而战，可在其他班的绝对优势之下我们是那么微不足道，所以在绝境中拼下铜牌的力图、昊强、毅林，以及第七名的文希、第六名的宜东绝对是我们（4）班的英雄。每个运动员都是好样的！我们在为校运会成绩沮丧的同时真的要好好为我们的体育加油了，且不说中考体育成绩占的分量有多重，就说加强体育锻炼的好处都是终身受益的。

毛泽东在湖南读书的时候因为看到一位好友患病去世，深感有一个好身体是多么重要，于是开始坚持冬天用冷水擦身、冬泳，下雨天到山上攀登，沐风栉雨，磨炼筋骨，并在第一次公开发表的文章中提出"文明其精神，野蛮其体魄"的主张。毛泽东始终将体育排在第一位。他提出了"体者，载知识之车而寓道德之舍也""德智皆寄于体，无体是无德智也"，体育"占第一之位置"等著名论断。从这位伟人的身体力行及个人主张中我们可以发现他对体育是极其重视的。所以，孩子们，我们还有什么理由坐视不理，我们还有什么理由在大课间绕校道跑步时插手散步或装模作样，我们还有什么理由在体育课上跑两圈就怨声载道？行动起来吧，孩子们，欲文明其精神，必野蛮其体魄！

温馨提示：

（1）请同学们写好今天活动的报道（语文成绩前10名）或日记。

（2）请今天拍照的家长将照片传到QQ群相册。

（3）请家长下周三准时参加家长会。

（4）请让孩子周日下午6点40分前到校。

2014年11月22日

每
周
记
事
篇

第13周记事

起风了，我们的青春即将铿锵开场！

【阳光心语】

门前老树长新芽，院里枯木又开花，校园秋去冬已来，时间都去哪儿了，还没好好感受学期就过半，转眼就只剩下对时间匆匆而过的感叹。下周回来就是12月份了，"子在川上曰：逝者如斯夫，不舍昼夜"。时不我待，时间从来不会因为你的懈怠而有任何停留。我们经常在耳边听到父母师长对我们强调时间的重要性，可付诸行动时，我们却时常"明日复明日，明日何其多"。殊不知，当我们陷入一个"消磨时间—时间不够—懊悔感叹"的怪圈时，自己已经失去了对时间的掌控，已然成了时间的奴隶。孩子们，当你们有一天陷入失去时间的惶恐时，你们也许已经失去了对人生的掌控。所以，你们一定要主动支配时间，做好每天、每周的时间分配表。

很多同学会说，我有许多作业要做，我每天都很忙，我来来往往，我匆匆忙忙，从宿舍到课室又从课室到饭堂，忙忙忙。可是自认为"忙忙忙"，其实是"盲盲盲"，盲得已经没有主张，盲得已经失去方向，许多知识已忘，许多书本与笔记开了又合，合了又开，如此慌张，如此低效，"盲"得分不清欢喜和忧伤，"盲"得分不清主次，成绩却还是老样子。孩子们，萍姐告诉你们，任何一个优秀者，他（她）的成功都不是一蹴而就的，他（她）一定有自己管理时间的技巧。

首先，我们要建立有效的学习环境：①尽量保持桌面整洁；②只留学习中经常用的用品并且容易取得；③每一件物品应摆放在固定的位置；④把各科的资料分好类；⑤把不再需要的东西坚决扔掉。有这样一句话：管理好书桌才能管理好时间。

其次，要有具体可检验的目标：要知道，风不会偏爱没有目的港的人。比如，有哪些科目是自己觉得发挥正常的或不正常的，有哪些科目是自己感到发展的空间已很有限的，有哪些科目是自己现在必须且可以开始努力并进一步提高的，等等。针对这些情况，你就应该行动起来，制订具体可行的计划。计划要根据自己每天可支配的时间来制订，不要好高骛远，要切实可行。记住，如果你没有认真做计划，那么实际上你正计划着失败。

最后，要不定期检验自己计划的实施情况。很多人都说，我有计划啊，可我为什么还是没有任何成效，还是不进步？这是因为我们缺乏对计划实施情况的检验，我们的执行是盲目的，结果就是低效或无效的。我们要通过具体的手段检验自己的计划是否取得成效，比如，你今天计划写一篇日记，那就要将日记请老师指导一下，看看下一次日记如何提高。今天你计划做多少道题，可方法对不对，思路对不对，只有不断请教老师、同学才会事半功倍，否则只是做无用功。

孩子们，行动起来吧！正值花样少年的你们有什么理由坐视时间流逝。你们一定要主动支配时间，做好每天、每周的时间分配表，以实际行动来落实自己的计划。

半个多学期以来，经过几次活动，班级凝聚力逐渐加强，出现了一群热爱班级、集体观念强的孩子，在他们的带动下，（4）班一定会成为一个更加团结、更加进取的集体。不容忽视的是，期中考试以来的几周大部分孩子心比较散；学习状态不甚理想，课堂效率比较差，多数同学心不在焉，学习效果不理想；部分孩子比较浮躁，上课讲话，影响周围同学。望孩子们迅速将心思放在学习上，明白孰轻孰重。

另外，上次提到的体育，孩子们切不可不以为然。本周开始，请家长帮助孩子制订体育训练计划，周末在家适当运动。再过三四周就要期末体考了，本次考试只考跑步（女生800米，男生1000米），分值30分。在此萍姐附一首打油诗送给你们：此时不练何时练？莫到他日泪涟涟！咬紧牙关勤做功，体考捷报喜笑颜！

2014年11月28日

每周记事篇

第14周记事

【阳光寄语】

河水在曲折前进中唱歌，是因为它遵循河道的指引。

【阳光心语】

孩子们，今天下午萍姐很激动地说了一番话，缘由是几个同学最近的课前演讲都罢工了，还扬言：扣分就扣分！不敢演讲也许有自己的原因，说清楚倒也罢了，因为确实有些孩子能力有限。可这番话着实让人恼火，对于扣分无所谓，对于奖惩无所谓，对于自己的成绩好坏无所谓，对于表扬批评无所谓……对任何事情都无所谓是非常可怕的一件事。我尚不要求你们争强斗胜，但对事物保持基本的热情还是需要的。十几岁的孩子就对任何事情抱着无所谓的态度，这样的人生还有什么意义？超然物外需要时间的修炼，需要岁月的打磨，这种状态绝对不是十几岁的孩子该表现出来的。你们需要的是对万物保持极大的热忱，对一切挑战要敢于突破。课堂有无数的机会等待你们去表现，你们的求学生涯有无数的未知等待你们去解答，你们的人生有无数的障碍等待你们去跨越。你们只有抱着举轻若重的态度去面对，你们的人生才不至于碌碌无为！孩子们，抬头看看我们的标语"向上生长，才能与阳光对接！"愿你们保持高昂的激情。

上周的周末作业很糟糕，很多孩子对于一些弹性作业抱着极其不认真的态度，如政治的默写总有一些人应付式地对待，语文阅读总有一些人不当一回事，英语的打印自默也是草草对付……总有一些孩子对周末作业的要求是不清楚的，在老师布置作业时选择性倾听；也总有一些孩子周末忘了带书本或作业本回去。诸如此类的问题时至今日还是没有解决，到底是什么原因？答案其实已经很明显了，不就是学习态度出现问题了吗？有些孩子总有辩解的理由，殊不知这些辩解是多么苍白无力，只不过为你的懈怠徒增一些"垂死挣扎"而已。还有一些孩子说周末作业多，并以此作为没做完作业的理由。作业多与少永远是个相对的命题，作为学生，你们永远逃不过做作业的宿命，与其带着抵触心理消极对待，还不如坦然乐观地面对。作业的难与易也永远是个伪命题，你是什么程度的学生，你需要什么难易度的作业，你需要怎样的作业才能提高自己的成绩，这不是绝对能解决的问题。但某种相对程度却可以解决，如你可以向老师提出你的作业要求，甚至你可以提出换作业的要求（我做这个作业有难度，能否换一个与我学习能力匹配的作业）。总之，你们不要成为作业的奴隶，而要让作业为己所用。

这个星期开始，我们后面的黑板成了"警示阁"，好多同学的名字赫然出现在上面，甚至有些同学的名字还出现了好几次：要么是当天的学习任务没有完成，要么是上课不守纪律，要么是小测作弊。我不知道这些同学的名字出现在"警示阁"时他们有何感想。个别同学的学习惰性和行为陋习从小学就已形成，时至今日依然存在。身体在成长的同时为什么不让自己的思想随之成长？当同伴的脚步越迈越快时，有朝一日，你可能连他们的背影都看不到了，更别说去追赶了。大人的苦口婆心总是只在心中荡起一点点涟漪而已，倏忽就不见了。我真希望你们在改变，在自我完善。

萍姐很欣慰的是，我们班以部分优秀生为领头羊的班委团队正在强大，你们不需要萍姐任何提醒，可以将卫生、纪律、班级常规做得井然有序，总会在小黑板、大黑板上见到你们写的提醒、表扬与批评，点点滴滴无不体现你们对班级的关注，无不体现你们对班级荣誉的捍卫。都说每个孩子都是一朵花，我相信你们就是盛开得最美的那朵花，你们当中某些孩子不仅有可喜的成绩，更有较高的情商，我真想对你们说并希望你们记住：你们是一朵花，你们若盛开，清风自来！愿你们如林清玄笔下的百合花，"不管别人怎么欣赏，要谨记：我们全心全意默默地开花，以花来证明自己的存在"。

好吧，今天就写到这儿，周末安好！

2014年12月5日

第16周记事

【阳光寄语】
青春不怕失败，就怕自弃。青春需要常怀阳光。

【阳光心语】
周一，我们上了一节班会课，主题是"青春不怕失败，就怕自弃。青春需要常怀阳光"。老师希望通过这次班会，让你们懂得正值青春年少的你们，要有梦想、有冲劲！人生最可怕的不是被困难打败，而是困难还没出手，你自己先认输了。人的一生，最需要学习而且是一辈子都在学习的是如何为人。愿感恩的阳光能一直照射到同学们的心中，使你们的人生不会冰冷，温暖常在！充满阳光的孩子们，老师很希望你们能真正做一个生活的有心人，用心去感受身边每一个人对你们的付出，感恩父母、感恩师长、感恩同学朋友……这次班会的理念，会一直贯彻在老师日常教学与管理的点滴之中，希望你们都成为有理想、懂感恩的好孩子。

周一的早上，就有6位同学迟到。体育课有部分同学不遵守课堂纪律，吵吵闹闹。晚修时部分同学擅自走来走去，影响其他同学自习。个别同学不认真完成作业，马虎对待。特别指出，黄灏文不仅在生物课上违反课堂纪律被老师点名批评，而且在英语课上严重扰乱课堂秩序。对此，老师还是想和各位同学说，青春最怕的是自弃。自己都不能严于律己，自暴自弃，你的青春将如何释放出光彩？每个人都会有心中仰慕、崇拜的人，当我们仰慕、崇拜一个人的时候，不该仅仅停留在仰慕、崇拜的程度，若可以，为什么不把仰慕的对象作为自己学习的对象呢？他们获得的或多或少的成功，都是在无数次坚持后所成就的。是的，天气渐冷，也许同学们的惰性就显现出来了，赖床不想起来，导致早读课迟到。老师理解。但是，亲爱的同学们，我们不能因为一点寒冷，就无视学校纪律，不按时上课啊！不能因为一点小困难就自弃啊！老师每天都以身作则，每天早上7点到校，陪大家一起抵抗寒冷坚持学习，陪大家一起慢慢成长。我相信，我们阳光（4）班的孩子是可以做到的：抵御寒冷，准时到校。同时我也很欣慰，在严抓了两天纪律后，后面两天，各位同学都能准时到班进行早读，希望同学们能继续坚持。一日之计在于晨。各位同学，加油啊！无规矩不成方圆，任何一个团体、组织，都需要有一定的规矩才能有序运行。那些违反纪律、影响课堂秩序的同学，希望你们好好想想，你们的这些举动对于那些认真遵守规矩、认真学习的同学而言，是不公平的，你们的行为严重影响到其他同学的学习生活了。下周，老师将继续和大家一起抵抗寒冷早起学习，一起坚守我们阳光（4）班的阳光公约，对于违反纪律的同学会更加严抓，对于有进步和表现优秀的同学予以表扬。

男生宿舍值日速度慢，不仅有同学因此迟到，罗家杰和谢镇聪两位同学还因为一些小矛盾大打出手。两位同学，课余时间和晚自修，老师都独自找你们聊了很多，希望能真正打开你们的心结。你们知道吗？你们笑着握手言和的一刻是最美的！同处一个班级、一个宿舍，同学们，我们需要友好相处，相亲相爱！阳光（4）班的同学们，请你们相信，日后你们继续求学的路上或者踏入社会之路，你们现在一起日夜学习生活的同学会是你们很多年后的好朋友。要多大的缘分才能让你们在茫茫人海中有缘相聚相识？愿你们且行且珍惜。人无完人，对于同学的某个不小心的冒犯，同学们要能以宽容之心来对待；我们要做一个生活的有心人，真正用心去感受同学之间的关爱。你们看，我们班的李慧同学，有好吃的东西可以很大方地和同学分享；炯亨同学不舒服去医务室，也有同学很热心地陪同；班级的扫把被风吹倒了，浩廷同学也悄悄地积极捡起，摆好……要相信，很多同学都是充满爱心的，同学们都是常怀阳光的，愿你们能用心体会。

最后，特别感谢这一周来每日白天忙碌不已，晚上仍坚持参与班级晚修管理的各位家长。你们的支持是阳光（4）班进步的最大动力。我相信，在家长、老师、同学的共同努力下，我们阳光（4）班会更上一层楼，每一个孩子都能健康成人成才！

2014年12月20日

附：

班干部小结

——班级总体情况（第16周）

班干小结：（严顺）

这一周萍姐不在，同学们表现得比上一次萍姐出去时要好，除了个别男生有打架现象，都是因为一些小事情。但总结起来却又是很严重的大事。

（1）学习不够积极主动，老师在课堂上要求做笔记时才做笔记，不会主动地做笔记。

（2）不会好好利用时间，有些同学晚修时做完作业就开始无所事事，不会复习已学的课程或预习要学的知识。月考临近，期末考也快来了，希望同学们好好利用时间。

（3）上课回答问题不积极，一些无关紧要的问题却能滔滔不绝讲上一大堆。同学之间交流时讲话要经思考再出口，不然很容易引起矛盾。

总结到这里，有一些琐碎的事情希望同学们能自我反省，认识到自己的

每周记事篇

错误。继续努力！

班干小结：（陈健乐）

这一周萍姐外出学习，大家的态度明显松懈了许多。

1. 不足

（1）早上迟到人数较多，男生宿舍值日较慢，早读较沉寂，读书声音不够响亮。

（2）做操不够认真，大课间不够活跃。

（3）上课时部分同学喜欢起哄，举手不够积极，容易走神。

（4）数学中午一练纪律不好，部分人有应付心理。

（5）晚修不会控制时间，做完作业后无所事事，部分人不经值日班长允许就随意进出课室。

（6）男生宿舍某些同学闹矛盾打架。

（4）晚修收作业时较吵。

2. 进步

（1）学风和班风逐渐形成。

（2）同学之间团结意识越来越强。

班干小结：（桑弘）

星期四20号同学和43号同学发生矛盾打架，33号同学历史课抄答案，34号同学上课不认真。对于这些事情，我想说，学习是你们自己的事，并不是为了谁，前途也是你们自己的，把握好现在的学习机会，不要等失去后才后悔。出门在外靠朋友，十年后，你的人生少不了身边的同学，请珍惜现在的友谊。

班干小结：（珺幼）

星期一的时候，避免不了有一些同学有"星期一综合征"。

（1）部分同学很懒散，做什么事情都提不起劲。

（2）男生宿舍做值日很慢，很晚才到教室。

（3）部分同学经常迟到。

星期一表现较好的有：

（1）晚修后半部分不再像以前一样，做完作业后无所事事、讲话的情况已经减少了。

（2）晚修收作业时安静了许多。

需批评的有：

43号同学早读和中午两次迟到，45号同学把扫把扔到外面的窗台上，35号同学把同学的本子也扔到了外面的窗台上。

班干小结：（雅娴）

这个星期三，同学们表现都不错，特别表扬一下男生，星期三没有一个迟到，反倒是39号同学迟到。要批评黄灏文，英语课上起哄，扰乱课堂纪律，影响其他同学。

班干小结：（晓敏）

星期五这天，因为口语考试，大部分同学来得比较早。但是，他们来了之后没有早读，只有少部分人在开口朗读英语，非得要值日班长吼几声才有部分人吭声。其中，黄灏文、蔡毅林、李羽洋、孙力图等同学十分不认真。重点批评黄灏文同学，嘻嘻哈哈，打打闹闹，还在早读时间吃东西。

早上上课时，精神风貌很好，大部分人都十分认真，没多少人开小差。而中午的时候就不好了，中午一来到教室并不认真写午练。其中，罗海迪、蔡宜东、谢镇聪等同学一直讲话，又要值日班长发威才行，特别批评黄灏文同学，老是在闲逛，对待午练很不认真。

下午上课时，许多同学一直在抱怨作业多，其中向珏嘉同学叫得最大声。而且某些同学竟然在上课的时候偷偷赶作业，不听综合课，十分不尊重老师。有些坐在前面的同学都很大胆，就连许多尖子生都在补作业，总共记了有24个同学，在此我就不点名了。

总结起来就这么多，这是值日班长晓敏对星期五的小结，在此也衷心地道一声"老师您辛苦了"。

门钥匙管理员本周汇报：（楚晨）

这一周大门没有出现漏锁的现象，但是经常会有钥匙漏在教室里面的事情发生，所幸没有造成什么大事。除了……

那一天，值日班长将钥匙交给黄泽旭保管，大家下去上体育课了，我和黄泽旭一起下去，他用食指钩住钥匙像摩天轮一样转。

我说："你这样甩，要是不小心把钥匙甩到下水道里，那可怎么办？"

话音刚落，钥匙像着了魔一样，从他手里飞了出去。落在别的地方还好，可这一飞，竟然朝着下水井的方向飞了过去！

"Oh, my god！"我吼道。

黄泽旭飞身而出，要去抓钥匙，可已经晚了。钥匙在方形井盖上弹了

每周记事篇

87

弹，我以为它会留在井盖上，可我想错了，钥匙已经落入井中，可钥匙绳还在井盖上。黄泽旭连忙改变目标，转而去抓钥匙绳，可终究慢了一拍，钥匙已落入井中。

"No！！！"我向他咆哮道。"你这乌鸦嘴！"他说。

此后几天，前门未开……

第二件事发生在星期五的中午。

"我把钥匙落在教室里了！"这下惨了，前门钥匙已经掉了，后门钥匙又在教室里，怎么进去呀！我盯着放在我桌子上的钥匙，它离我不过两张课桌远，这种事已经发生过好几次了，我气得七窍生烟。我拿起扫把，从窗户里伸进去，想去够钥匙，可够不起来。

我又拿起一个扫把，想像筷子一样把它夹出来，可是夹了几次都没夹上来。最后夹上来了，可又不小心掉到地上去了，旁边的同学发出不耐烦的声音。现在我还能够到那钥匙，可夹住就很困难了。试了几次，谁都夹不起来。我就改用扫把头夹，可扫把头太软，夹起来又掉了，我费了九牛二虎之力总算夹起来了，我坚持不了多久，于是让它先降落在第一列同学的椅子上，用手去够，够不到，用扫把把它拨近了一点，这才够到，人群中爆发出一阵欢呼声。

这就是这周我精彩的经历。萍姐，你觉得精彩吗？

劳动本周小结：（洁琳）

本周卫生总的来说还不错，值日生每天值日都很认真，值日组长也很认真。可就在今天早上发生了一件很不好的事情。今天早上值日组长陈婉瑜叫李灵智扫地，但李灵智不想扫，我希望不要再出现这种现象！

卫生本周小结：（灵智）

这周，卫生方面保持良好，五项评比中没有扣分。只是个别同学座位周围总是有垃圾，有的同学甚至将垃圾扔到地上。不过这种现象比较少，只是同学们还不会主动捡起地上的垃圾，总是等值日生去扫，或推说不是自己的垃圾。值日班长表现很好，能主动、妥当地管理好值日生，安排各个值日生按时值日。清洁工具处的卫生保持良好，不会有人丢一些零零碎碎的垃圾在垃圾铲中，比上周进步了，希望继续保持。

希望好的现象保持，坏的现象不再出现。

保洁区本周小结：（李浩楠）

这周保洁区是从女生宿舍509做起，整体情况还是良好的，没有被检查到有垃圾，说明同学们自己都非常努力地去做好保洁区这一部分的保洁工作了，也多亏了邓浩庭的帮助，在萍姐出差的时候，也能保持良好的卫生。当然也有不好的一面，每天晚上都要去提醒她们去保洁区，不说，她们也不知道去，甚至谁也不知道谁去，有点混乱，没有好好安排。总的来说，还是挺好的。

值日本周小结：（婉瑜）

本周的值日不是很理想。下午放学和晚修结束后，值日生总是抱怨说："他们没扫干净怎么拖地？""怎么又是我们干？"同学们，其实为班级搞卫生是很光荣的一件事，希望这种情况以后不再出现。

班干小结：（唐昊强）

这个星期，我们班上的作业完成状况还算可以。大部分同学都认真地完成了当天的作业，每天只有一两个人没交作业。不过周末作业不认真的同学有很多，老师多次强调作业是自己的事情，要认真完成。所以请某些同学端正自己的学习态度，好面临即将到来的期末考。

宿舍情况小结

207舍长小结：（唐昊强）

本周207宿舍中许多人被生活老师罚扫地，原因是违反纪律。例如，早上赖床、打铃后讲话等。宿舍卫生还算可以，不过被子就叠得五花八门了。有的被子甚至连"馒头"都称不上，可以说是"蛋卷"。不过，值得高兴的是早上打扫卫生的效率和质量都提高了。

209舍长小结：（黄灏文）

最近因为天气变冷了，很多同学都是等老师来叫才起床，包括我也是，因为太冷了，根本没有离开被窝的勇气，就算眼睛睁开了，也不愿意起床，所以导致做值日的同学上早读迟到。以后我会起带头作用，监督宿舍的同学，大家一起克服天气造成的困难。

我们以前可能因为习惯，所以天天被老师骂，现在比以前好很多了，就算有事也是一点小事，所以知错就改这才是一个好宿舍。

希望大家放多点心在宿舍，搞好宿舍卫生。最后祝大家身体健康，最近冷了，多穿衣服。

509舍长小结：（陈心怡）

（1）内务整齐，床上用品摆放整齐。

每周记事篇

（2）卫生打理得好。

（3）洗澡效率高。

（4）即使天凉，还是早睡早起。

（5）无特殊病例。

（6）和睦友爱相处。

（7）本周加分，无扣分现象。

（8）总结：本周表现不错，再接再厉。

610舍长小结：（陈诗慧）

本周的表现作为舍长我不是很满意，内务方面尤其是星期四，有三个同学检查出了问题，如蚊帐掉下来、夹子没夹好等。希望下周不要再出现这些问题。

在纪律方面这周表现不错，打铃后同学们能自觉安静下来，这点值得表扬，希望下周能继续保持这种状态。

卫生没有太多问题，望同学们再接再厉，继续加油。

各科学习小结

语文本周小结：（诗慧）

本周萍姐出差，语文各方面大家表现得都还不错，组长收作业速度较快，作业质量也还好，部分同学除外（甚至用敷衍的态度对待）。

语文早读时，没有同学嬉闹，这点较好，就是整体齐读声音太小，老师、班干部说了之后才大声了一点儿，但过不了一会儿，声音又降了下去。

每次练字时，都有部分同学拖拖拉拉，等老师来了才拿出练字本练字。

语文课时，大家很守纪律，并且积极地做笔记，让老师非常欣慰，这点值得表扬。这是本周的语文课情况。

最后祝萍姐今晚睡个好觉，下周外出学习时能顺风顺水。

数学本周小结：（健乐）

本周的数学作业有部分同学不认真对待，空了几道题不做。午练效率低，有部分同学没做完。上数学课有个别同学不认真听讲，在讲话。课前读书声音很小，乱七八糟，很多同学不愿意开口。但大部分同学表现良好，都能认真完成作业。希望个别同学能端正学习态度。

英语本周小结：（婉瑜）

这个星期表现得还不错，能按时交作业，不过在发作业时，如果不是科代表把作业放在第一个位置传下去，大部分同学都不愿意去发作业，只有一两个同学愿意发，这点需要改进，希望以后会有更多的同学主动来发作业。

政治本周小结：（珺幼）

这周的作业大多数是默写，有一部分同学是以应付的心态来完成的，不过关就不过关，不过关名字被登记在黑板上的同学大多都不找科代表背书，政治课就算是罚站也无所谓，希望改进。

在政治课上，有一些同学专门捣乱，使课堂纪律不好，影响老师上课，导致课上不完。希望此类事情不再发生。

地理本周小结：（俊瑜）

课堂上没有什么重大违纪现象，只有一小部分同学上课开小差，并被老师批评，如黄灏文、李羽洋等。

作业方面，质量不错，只有一位同学大部分题目空着没做。收作业时，还有个别组要科代表催收。

课前领读不错，大家都能大声朗读。

希望下周能有所改进。

历史本周小结：（蔡心怡）

本周同学们的状态明显比以前要好得多，这非常值得表扬。以前上课时，同学们都是一问三不知，要么答错，要么没人吭声。但是这周的课，老师上得十分满意，可见同学们已经进入了状态。正是由于这样，同学们的默写三下五除二就搞定了，正确率也很高。希望同学们能保持住！

再说作业方面。成绩中上游的同学都能把全部题目完成，字迹也十分工整；而成绩稍差的同学却以"不会"为借口不做，没有动脑筋。甚至还有同学说"网上有答案，去网上搜"。偶尔全班都要交作业时，很多同学在抱怨。希望你们改正！

生物本周小结：（邵紫瑶）

无特大违纪现象，但是黄灏文上生物课扰乱秩序，被生物老师点名批评。一小部分同学没有按时完成布置的作业，上课时也不认真听讲，不改正作业。

星期四生物课上课前，无法快速进入上课状态，吵吵闹闹，科代表领读时，也只有一两个人出声，有的甚至直至老师来到教室才拿出书本。

体育本周小结：（洁琳）

这周的体育课让我感觉较差。特别要批评的是谢镇聪、李羽洋、黄灏文、向珏嘉、罗家杰、罗海迪，这些同学上课讲话，还有老师叫跑步的时候总有几个女生会说为什么男生跑内道女生要跑外道，总之对老师的意见很多，而且还有个别同学喜欢给体育老师起外号。希望下周的体育课不再出现这种现象。

第17周记事

【阳光寄语】

树苗如果因为怕痛而拒绝修剪，那就永远不会成材。

【阳光心语】

天气越来越冷了，最近孩子们的精神状态不佳，早读课有些同学昏昏欲睡，没有读书声，在本班课室里却只听到其他班的琅琅读书声……孩子们，一日之计在于晨啊！学校要求大家坚持早起，坚持晨读，除了掌握知识，更多的是通过这日复一日的坚持，培养大家的自觉性和毅力。蜗牛靠着毅力才能成功到达安全的彼岸。孩子们，你们日后也需要这份毅力到达你们的人生彼岸，切莫贪图一时的安逸而停滞了前进的步伐。行百里者半九十，我们从开学至今已经坚持了16周，切莫在临近期末的时候松懈懒散了！

孩子们，你们是一棵棵具有活力的小树苗，代表了祖国未来的希望，肩负着家人、老师的期望，你们若不能茁壮成长、成人成才，身后将是莫大的可惜可叹！在成长的过程中，你们将会遇到各种困难险阻，会遇到来自外界的为了你们更好成才的"修剪"。而在这个过程中，兴许会有一些小树苗坚守不住自己的根，在风吹雨打中歪来倒去；兴许会有一些小树苗因为怕痛而拒绝"修剪"，待长成大树后，空余羡慕（羡慕那些当年接受了"修剪"的参天大树的茁壮威风）……萍姐出差两周的时间里，我们班的纪律稍有松懈，个别同学还多次在课堂上违纪，受到科任老师的批评。天气冷、困、贪玩等原因不应该成为同学们违纪、放纵自己的借口啊！校规、班规是树苗成长过程中的"修剪"，是为了让你们成为苍翠挺拔的大树而对你们成长过程中参差不齐的部分进行"修剪"。然而，可惜的是，我们班上的一些小树苗因为怕痛而拒绝了"修剪"……

总的来说，我们班的女生都是比较乖巧可爱的。在班上遵守班规，学习任务也能很认真地完成。在访问宿舍的过程中，老师发现你们的内务都做得非常好，还受到生活老师的表扬；宿舍里，你们大都相处融洽，相亲相爱。不过，生活老师提出了建议：宿舍纪律有待加强，希望我们班的女生能够在晚上打铃后动作迅速一点，安静入睡。孩子们，充足的睡眠是第二天学习质量的保证啊！个别在打铃后拖拖拉拉、吃东西、做滑稽动作逗笑的同学，你们不仅严重影响了其他同学休息，自己的休息也没有保障，进而第二天早上起不来，上课昏昏欲睡。这是恶性循环，长期下去，学习跟不上，考试考不好挫败自信心，更加学不起劲；从我们现阶段较为沉重的学习任务来看，没有充足的睡眠更会影响自己的身体健康。是的，也许有小树苗会想：为什么我睡不睡觉学校也要管我？还管得那么严？这就是老师开头一直强调的，是一种为了你们成长的"修剪"！我不仅希望大家能好好作息，养成健康的生活习惯，更希望这种规律的要求能潜移默化地成为同学们内心深处的自觉自律，以后终身受用。老师当年也是实中的学生，我很感谢实中这样的管理制度，因为多年后的今天，老师已经习惯了这个规律性作息，每天老师可以坚持5点多起来，从家里赶到学校，陪着你们早读；晚上，在学校看着你们晚修，辅导你们，下课回家后也很自觉地休息；即使是在本科和以后的研究生道路上，老师也很感谢学校当年的"修剪"，使我个人能够自觉学习、自觉做学术。这份自觉与坚持的毅力是当年为了我更好成长的"修剪"锻炼成的。树苗们，如果你们因为怕痛而拒绝"修剪"，你可能会与成才之路失之交臂。

而我们班部分男生的心理年龄还是很小，你们管不住自己，喜欢上课说话吵闹，老师少一时半刻强调提醒，便不自觉又违纪了。孩子们，每一次看到你们花样百出的违纪行为，老师可惜可叹啊！作为一名男子汉，你们自己都不能管好自己，何以管好你们的未来？何以实现雄赳赳、气昂昂的理想？记得你们跟老师谈过的你们的理想吗？工程师、大老板、编程人员、医生、名牌大学……这些理想都是好的，可是，如果你们总是以"差不多"的心态来要求自己，你们的理想实现程度也是"差不多"——最后，你也许只能进入一所"差不多"的高中、"差不多"的大学，成为一个"差不多"的人，过着"差不多"的生活……这，难道就是你们想要的生活吗？想一想老师课上课下给你们

每周记事篇

的鼓励：青春是可以逆袭的，人生处处在改变！男子汉该有男子汉的气概，老师希望你们在阳光（4）班的大集体中健康成长，不仅学会学习，更学会做人。同时，在周围人有益的"修剪"下，真正成为一个顶天立地的男子汉，不要因为怕痛而拒绝"修剪"，拒绝成长的逆流。你们都是可以成为参天大树的树苗！

最后，我特别提醒同学们记住老师课上课下跟你们讲过很多次的，回家多陪陪爸妈，多陪陪家人，多一份暖心温馨的问候与关心。希望大家能记住老师一开始就不断传递给你们的一句话：做一个生活的有心人，学会感恩，且行且珍惜！

2014年12月27日

附：

班干部小结

班干小结：（陈健乐）

这个星期相比上一个星期来说好了许多。特别是在纪律方面，上课不仅没有人起哄，而且课间也安静了许多。早上迟到的人几乎没有，除了43号同学。男生宿舍纪律、值日等方面都好了许多，希望保持。同学们也学会珍惜时间了，晚上几乎看不到坐着没事干的人了，大家终于懂得时间的可贵了。大家都已经进入复习阶段，在剩下的短暂时间里，我希望大家能保持这股干劲，继续努力。

班干小结：（珺幼）

这周星期一表现不错，每个同学都做得很好，唯有一点需要改进，就是同学们不注意个人座位周围的卫生，时常看见纸屑，希望改进。

班干小结：（唐昊强）

这个星期，我们班上的周末作业情况并不算好，比上个星期还要糟糕，仅地理和历史没认真完成的就有10个人，语文甚至检查出20多人不认真。相信萍姐不希望一回来又要处理一大堆不过关的作业，所以请同学们认真完成。

政治本周小结：（珺幼）

这周的政治作业大多数同学都完成得很认真，只有几个同学偷工减料，大题才写几个字，希望这周作业有改进。

劳动本周小结：（洁琳）

本周卫生总的来说比较差，值日组长很被动，质量比较差，除了蔡宜东其他值日生都不想搞卫生。

门钥匙管理员本周汇报：（夏楚晨）

这一周，后门出现了x把钥匙，这几把钥匙搅得我天昏地暗。有时候，钥匙在值日班长手上，倏忽又跑到罗博文那儿，唐昊强又拿着一把钥匙，向珏嘉又把从我这么拿过来的钥匙给了李羽洋，我反而没钥匙了。

周五，我健忘的毛病又犯了，可我这次没钥匙开不了门，怎么办呀？这可恶的门，凝结了我多少心酸血泪，当锁被剪断的那一瞬间，我不但没有愧疚，反而有一种巨大的满足感：每次去拿作业时，都是它在拦着我；因为它，我们又有多少个午读被关在外面。紧箍咒被打破了，我感到一种前所未有的快乐。我换了一把新锁。真爽！

这次我得到一个教训：钥匙周末一定要在我手上，不能转借他人，以免被复制。谁借钥匙一定要登记，在这期间教室里谁丢了东西就找他（她）负责。

My mother said："If I can do it well，I can do everything well too."

班干本周小结：（邓粤月）

本周进行第三次月考，大部分同学都在很认真地复习，迟到的现象也明显减少了，只是缺乏纪律性，晚修时有部分同学在做与该时段不相符的事情，如在语文时段做生物的周末作业。在进行月考检测时，有的同学没有认真对待，做完题目后无所事事，甚至有和别人交头接耳的现象。本周大家的表现还是很不错的，希望日后我班能更加完美。

体育本周小结：（昊强）

这一周体育课的纪律还好，与上星期对比好了很多，但还是有几个同学上课讲话（还未统计）。

卫生本周小结：（洁琳）

本周同学们的地面卫生有了好转，纸屑少了一些，但值日生很被动，要么随便收拾几下就走，要么干脆不收拾，要值日组长来催。尤其是扫地、拖地的值日生，因为放假而丢下值日直接回家，星期五放学时，值日组长比值日生走得还快。

语文本周小结：（娅蕾）

本周之前的星期天收作业的时候有一些拖拉，问题是组长讲话，组员不配合，还有一些人为圣诞礼物忙这忙那，教室一片混乱，好在后来复习时大家都很认真，比较安静。

每周记事

周末假期回来写的语文作业也有些乱，质量还行，就是很多写错本子的，可能是因为屏幕上写的是在日记本上写，但QQ群里写的是在读书笔记本上写，还有部分同学没写阳光寄语。

这周有圣诞活动，所以星期四那天部分同学特别激动，但好在开心过后大家都收了心，努力准备第二天的月考，最后祝大家考个好分数！

地理本周小结：（俊瑜）

这个星期周末作业很不认真，尤其是罗博文，填空题就写"不会"，选择题也乱写。星期四上课，由于前一节课用来交换圣诞节礼物，许多人收不了心，特别是黄灏文，故意破坏纪律。

数学本周小结：（健乐）

本周的数学作业大部分同学都认真完成了，只是有个别同学不认真对待。午练效率有待提高，上数学课有个别同学不认真听讲，在讲话。课前读书声音很小，很多同学不愿意开口，但大部分同学表现良好，希望个别同学能端正学习态度。

第18周记事

【阳光寄语】

生命本是一场漂泊的漫旅，遇见你们是一场美丽的意外！

【阳光心语】

时间过得真快，2014年的时光轴仿佛还在眼前，2015年就已经破门而入了。跨进2015年的大门就意味着拥有一个崭新的开始。我们没有必要为逝去的时光而唏嘘感慨，我们没有理由为失去的时间而懊悔沮丧。我们有充分的可能为即将到来的新年而展望，而努力，让我们在川流不息的时光中，神采飞扬！

"生命本是一场漂泊的漫旅，遇见你们是一场美丽的意外！"我珍惜着生命中每一个相遇的人，因为每一个生命的过客都是前世500年的回眸换来的尘缘。（4）班的阳光少年们，你们要学会珍惜，学会呵护生命中每一个伴随你左右的人。人生如流星，相对于浩瀚无限的宇宙来说，根本就是一个瞬间。

可就是这个瞬间，值得珍惜付出的有太多太多了。

这学期，我们班总共来了4位实习老师，不一样的风格，不一样的处世态度，从她们身上，可以学到很多东西。孩子们，你们是幸运的，要学会把这份幸运转化为前行的财富。

萍姐外出学习两周，这两周的学习于我而言是充实而忙碌的，每天伴着深圳的晨曦出发，华灯初上才回到住处，前所未有的紧张、高强度的专业输入让我的身体几乎陷入疲软状态，但也让我特别珍惜这难得的研修机会（这是多少人梦寐以求的机会）。我想这也许是我最后一次长时间外出研修的机会了，所以在精神上我始终保持亢奋状态，我如饥似渴地去汲取，我迫不及待地去吸纳，就好像在沙漠里行走的人见到了一汪清泉。孩子们，你们也许想象不到这种状态。我很感激为我提供这次机会的伯乐！

孩子们，这两周外出也让我看到了你们身上的可贵之处，老师们说你们能按部就班地遵守班级规则，说班干部的能力大放异彩，说责任心强的孩子特别能维护班级利益，说你们的情商很高……这一切都让我很欣慰。因为我始终坚信萍姐带出的孩子一定有其光彩之处。当然，也让我看到了你们身上存在的不足：缺乏自主学习的能力，缺乏上进心，对自己的学习目标不明确，没有很强的竞争意识，需要有人不断鞭策、不断驱赶才向前……因此，在周末作业中暴露出了问题，在这次月考中暴露出了问题，那么多的人对待自己的学习是如此不负责任，这是一件多么让人心痛的事情。

孩子们，你们太顺利了，在以往的日子里，你们可以理所当然地享受父母给你的包办，顺利得让你们忘了原来生活中有一些事情是父母无法代劳的，如学习。而今，初中生活已经历了近一个学期，你们的学习和生活暴露出太多因为不主动而酿成的恶果，要知道"苦其心志"才能"增益其所不能"，从来都是有所付出才有所收获，抱着侥幸心理是不会让一个人逆袭的。

父母说得太多了，老师们也告诫你们太多了，萍姐一直在强调一种为人处世的态度，对待自己，对待人生要有一种向上的态度，而唯有这种向上的态度才会让你的人生变得丰盈。

元旦过后回校仅有3个星期，16天的上课时间，萍姐需要你们拿出一种态度对这一个学期的学习做一个完美的交代。尽管最后的成绩必然有好坏高低之分，但只要超越你自己，你就可以告诉自己：我努力了，所以我有所收获！

每周记事篇

在此，提出以下要求：

（1）从这几天开始，周末在家尽量不要接触电子产品，放弃娱乐节目，按时作息，调整状态。

（2）为期末复习做好计划，定好每门学科的考试目标。

（3）清楚自己的学科优劣，有针对性地进行加强和提升。

（4）要准备好笔记本，复习过程中对知识做好整理归纳，对错题做好归类。

（5）在校期间，上课提高效率，保证课堂质量；要多问老师，及时解决疑难问题。

（6）确定好班级竞争对象，要有追赶目标，要有上进意识。

相信我们（4）班的孩子是充满正能量的，相信在成长的过程中你们知道有所得是基于有所付出。

最后我特别想感谢我们班的家长，是你们让这个班级充满阳光与爱心，是你们让我感受到无尽的温暖和感动，向所有为班级服务的家长致敬，谢谢！

祝新年快乐，全家幸福！

2015年1月1日

第19周记事

【阳光寄语】

爆发你的小宇宙，地球也要抖三抖！

【阳光心语】

想到上面的寄语时，自己都要"醉了"，萍姐不是在忽悠你们，而是发自内心地希望你们发挥自己的潜力，爆发自己的小宇宙。你们知道吗？黄老师看到你们口语成绩有19个满分时，惊讶地对我说："（4）班很厉害！"要知道有些班两个班加起来满分的人数都没有我们多！吴老师看到个别成绩不太理想的孩子老问问题时说："你看看。（4）班这些家伙，最会装模作样了！"级长说你们情商高，历史老师说你们聪明，地理老师说你们有潜力……老师们发现了你们的能力。萍姐更知道"强将手下无弱兵"（千万不要理解成是夸我自己，呵呵），因为我们的老师都是棒棒的。还有两周就要期末考了，到了证明你们的时候了！每个人暂时摈弃杂念，心无旁骛，好好复习，用满意的成绩为自己第一阶段的初中生活做一份完美的答卷。

在这里我说几个情况：

（1）根据同学反映，班上有个别男生在学校省着吃饭，留下钱充游戏卡，希望引起家长注意，留意一下，如有这类情况，必严肃处理。

（2）有部分孩子不带纸巾、订书机、草稿纸、便签条到教室，不打招呼就随意到同学的抽屉里取用，这是极不礼貌的。请家长过问一下孩子是否带齐物品。若没有，周末买好带回来。期末复习需要用订书机、夹子、试卷袋等物品。

（3）部分孩子带太多面包回校，为了避免排队打饭，每餐只吃面包，这是很不营养的，已经有其他班的孩子因吃过期的面包导致腹泻，家长要合理控制。

（4）目前孩子们的体育成绩不容乐观，特别是女生畏难情绪很严重，跑步经常偷懒（本周连2号同学和9号同学都在偷懒），下周二就体育期末考试了，希望到时不要有眼泪到处飞。800米和1000米的跑步确实有一定的难度，但这正是难得的磨炼意志的机会。希望家长朋友假期帮助孩子制订锻炼计划。

（5）孔子说过，"不学礼，无以立"。我一直在为你们传递一种懂礼、尊重、感恩的思想，可还是有个别人不懂得基本的礼貌。本周二早上，几个男生看见英语老师，为了避免跟老师打招呼，远远地绕道从另一个楼梯上楼，这种举动真是让人心寒！我真心希望我们（4）班的孩子要把"学会做人"放在首位！

（6）个别男生顽性太深，不懂得三思而后行，总是我行我素，殊不知长此以往必酿成苦果，望家长和孩子引起重视。

（7）宿舍总体情况还不错，但女生610宿舍的问题在于舍友责任心不强，男生208宿舍的问题在于玩心太重，不注意尺度，209宿舍的个别男生太顽劣，喜欢搞恶作剧。

2015年1月11日

每周记事篇

第20周记事

【阳光寄语】

我思故我在。青春一路歌，成长一路情！

【阳光心语】

匆匆一个学期已近尾声，脚步即将踏入最后一周。时间去哪儿了？是在书声琅琅的教室，还是在谈笑风生的宿舍，抑或是在挥洒汗水的操场？三点一线的校园生活，有人看来是平淡无趣的，也有人看来是乐趣无穷的。我想无论怎样，俯拾这一段时光，我们都要学会珍惜，学会珍藏。

亲爱的家长朋友们，不经意捡起这一学期的时光，脸上洋溢着幸福，倾心相遇、有缘相知。相遇是偶然的，相知是必然的，守住这份缘分，风雨同行。我们的守望皆因孩子，我们倾注不同的努力，为了相同的目的。接下来的日子里，让我们且行且珍惜，且行且思悟，雕刻时光的同时，也不断饱满自己。

感谢你们的支持，在班亲会会长的组织下，在全体家长的鼎力相助下，我们的班亲活动成为实中班亲活动的示范；在我们家长志愿者协助管理班级晚修之后，这一做法已成为学校大力推广的家校携手管理班级的新举措，我们阳光班级俨然成了实中的标杆班级。在接下来的日子里，还需要你们继续支持，继续相伴！在我们的携手相助下，孩子们一定会朗润着、明媚着！

亲爱的孩子们，8月份的初见，你们尚带着些许初入初中校园的懵懂和好奇，眼睛里闪烁的尽是探寻，尽是向往。军训的日子，萍姐在一旁默默地观察着你们，有人腼腆，有人无惧，有人不适，有人从容。严顺的一曲高歌让我们仰慕，凯乐的铿锵演讲让我们叹服，珏嘉的毛遂自荐，灵智摘掉我眼镜的小任性，楚晨在钥匙上的小认真，李慧的大方，雅娴的漂亮，婉瑜的哭鼻子，粤月的淡定，灏文的顽劣，乐禧、炯亨、羽洋、镇聪、家杰的不安静……所有的一切历历在目。一幕幕仿佛昨日，可时间就这么毫不客气地过去了143天，我们相识的143个日子里，你们在成长，你们在蜕变，你们也在收获。

9月份的第二周便是我外出学习的日子，带着一百个不放心奔赴深圳、珠海、广州学习，一边是沉甸甸的专业精进，一边牵挂你们的在校表现。"阳光公约"的规则难以束缚你们浮躁好动的个性，10天后回到学校，劈头盖脸的投诉接踵而至，失望难过之余重新整顿，悟性极好的你们顿时收敛了顽性，广播体操上拔得头筹，让众人见识了什么是"阳光少年"，什么是"斗志冲天"！在这个月，我们有严顺和雅娴主持的班会课"我就是我"，我们有第一次家长会，我们有黑板报比赛。入校的第一个月，或许有对新科目的惶恐，或许有对新环境的胆怯，或许有对新同学的不接纳……但是你们的脚步从未停止，一直朝着阳光明媚处奔跑！

　　10月份的日子无风无浪，你们度过了最初的茫然，适应了新环境的一切，有的一如既往地努力勤奋，有的在悄悄地改变，有的依然是我行我素，于是我们老师对不同的孩子有了不同的评价，有了不同的期望。

　　11月份，期中考试我们拔得头筹，证明了阳光（4）班的强大，总分第一的背后却也有人欢喜有人忧，但成绩却印证了有多少付出就有多少收获。我们的尖子生很拔尖，但是脱节现象很严重，很多原本可以进入优秀行列的孩子却不尽如人意。失落沮丧之余有过少许改变，可是学习习惯的改变却由不得三分钟热度。所以部分徘徊于尖子生临界处的孩子还是不见有太大的起色。而成绩落于人后的孩子更是让人忧心，对待学习的惰性甚至麻木让人失望乃至难过。紧随其后的校运会让我们有点沮丧，"野蛮体魄"与"丰盈灵魂"同样重要。所以萍姐一再强调要多加运动，建议你们下午放学去跑一跑，动一动，可我不知道能坚持的人到底有多少。11月22日的班亲活动让我们感受到这个阳光班级的温暖，那日的阳光与我们的心情一样明媚。家长的热情、孩子的雀跃，美食的丰盛、活动的热烈，无不感染着我们，第一次班亲活动成为我们阳光同行的第一抹亮色，这也将载入我们的成长相册。

　　12月份，萍姐外出学习半个月，尽管学习是日程之内的事，可还是有万般的牵挂。所幸的是，我们热心的家长再一次站了出来，于是在那两个星期，我们（4）班出现了一道美丽的风景线。泽旭妈妈、海迪爸爸、坤穗父母、灏文爸爸、浩鹏妈妈、粤月爸爸、娅蕾妈妈、俊喻爸爸、紫瑶妈妈、健乐妈妈、灵智妈妈、志宇爸爸、心怡妈妈、婉瑜爸爸成了我们的"阳光志愿者"，他们的热情为这个冬天增添了一份暖意，他们的热心为我们的班级增添了一份蓬勃，感谢你们！而我们的班干部已经可以独当一面了，严顺的风风火火中装满了她对班级荣耀的维护；珺幼干练泼辣，有着超乎年龄的气场；洁琳事无巨细地操持，淡定中充满威严；燊弘细心；昊强一丝不苟；所有科代表都很认真负责……在此不一一点名了，总之我们的班干部各司其职，在协助老师的同时也不断锻炼自己的能力。

匆匆的脚步已经进入2015年，我们这个学期已经接近尾声。我们不需要豪言壮语终结本学期，我们也不用空中楼阁装点本学期，我们需要脚踏实地，我们需要且行且思！

期末考试在即，大部分同学已经在行动，他们希望用自己的努力让本学期完美谢幕，也有些孩子亦步亦趋，目标不明、方向不正。我想，无论你是抱着何种态度，只要你问心无愧足矣！期末的日子很忙碌，试卷纷飞、作业陡增，可千万不要以"忙"的旗号为自己期末成绩不好冠以任何辩解的理由，不要让忙成为一种理由，而应该让忙成为一种丰盈的快乐。周国平先生在《内在的从容》里写道："在今天的世界里，大家都很忙，但是，对于忙，始终有一种警惕。我确立了两种界限：第一要忙得愉快，第二要忙得有分寸。"所以，孩子们，请你们在本学期最后的几天里忙得从容，忙得有价值！

2015年1月17日

七年级下学期每周记事

第1周记事

【阳光寄语】

春天恰是读书时,欢天喜地迎开学。

【阳光心语】

走在春天里,扑面的清风、花香让人心旷神怡。校园内绽放的木棉红得耀眼,空气里湿润的气息滋润着每个毛孔。多么好的季节,多么美妙的时节!春天里,充盈着一种生机,蓬勃着一种力量!站在新学期的门槛边,我们放下羊年春节的懈怠,让心灵涌动出奔腾的力量。草树知春不久归,百般红紫斗芳菲。这是一年中最美好的季节,可它却会眨眼而过,人生中的黄金时代、青春花季也会稍纵即逝,而我们唯一能做的就是珍惜当下,珍惜美好!让我们用灿烂的微笑去迎接春暖花开,用明媚开朗的心让生活充满阳光。

孩子们,新的一年开始了,祝贺你们长大了一岁。俗话说,一岁年龄一岁心。我相信你们的心智也会随着年龄的增长而成熟。在过去的一个学期里,我们以全新的姿态接触新的初中生活,我们以探究的目光打量新的环境,我们且行且摸索,于是我们当中有人鹤立鸡群,独占鳌头,成绩优秀,能力突出;也有人平庸无奇,不善表现;当然也有人我行我素,不思进取。不管你属于哪一类,你都要记住萍姐第一天跟你们说的:在自己身上克服困难!我也说过,成长是美丽的疼痛,但是,你会发现,并不是所有的疼痛都可以呐喊、忍着、坚持着、改变着、微笑着,即使摔得鼻青脸肿,你也要露出倔强的骄傲。因为这才是真正的成长,这才是真正的人生。万物争春发,不肯待骄阳。春天是蓬勃向上的季节,我希望我们阳光(4)班的孩子在新学期做到以下几点。

1. 心怀集体，服务班级

你为班集体付出多少，班集体就会给予你多少。一个个人意识浓厚的人必将被集体所唾弃。就拿周三拆窗帘挂窗帘的事来说，一说拆洗窗帘，靠窗户的男生一跃而上。窗帘拿回来之后，我叫女生主动一点过来装挂钩，不少女生马上起身动起手来，而有少部分人无动于衷，似乎不关自己的事一样，这其中不乏学号靠前成绩优秀的女生。这真是令人失望，成绩的优秀不代表品质的美好，如果一个人连基本的团队意识、集体观念都没有，那是很可悲的。

2. 静能生慧，多思少言

我对你们的要求是动若脱兔、静如处子，动静有常，收放自如。当然，要想完全做到这一点的确很困难，但你们要坚持，要增强自己的意念，无论课堂内外还是宿舍或者公众场合，都要相信这一点。上课时，我发现你们该回答问题或响应老师时放不开，扭扭捏捏，可需要安静思考时却又交头接耳，甚至笑点很低，这是不可取的。

3. 确立目标，持之以恒

我们每个阶段都应有自己的目标（学期目标、周目标、口目标等），不可浑浑噩噩地过日子，日子应该过得心中有数才行。我要求你们这学期坚持自己的周目标，目标要有可操作性。一个目标一个目标去执行，长此以往，必有收获。

4. 明辨是非，正直敢为

一个群体中必然会有一些不良行为滋生，当你发现时，是揭发制止还是遮蔽维护？我想，只要你不想做一个懦夫，就应该有勇气在是非对错面前摆正自己的态度。特别是揭发制止班上不良行为时，不应该害怕怯懦，面对陋习人人保持缄默，那正义何在？而被揭发的同学也不应该存有任何怨气，同学的正直正是将错误减到最小。所以，我希望我们班的风气是人人敢对不良现象 Say NO!

5. 沉稳踏实，三思后行

初中生活开始了半年，你们开始走向青春期。青春期的孩子经常被贴上莽撞、浮躁、叛逆等标签，我想你们的身上或多或少会与这些标签挂钩，萍姐希望你们走向青春期的同时内心也逐渐成熟。

家长朋友们，感谢你们一个学期以来的支持与配合，你们的信任与肯定使我脚下的步伐更坚定。QQ群上一呼百应的热情、需要援助时义不容辞的支持、对教育孩子达成的共识、对班级管理的建言献策……无不让我感到温暖。家长朋友们，为了孩子，我们还将携手前行，也许我们的理念会有冲突，也许我们的主张会有相悖，但有一点很重要，就是"不忘初心，方得始终"！新的一年，让我们做智慧的父母，做学习型的家长，"家长天天学习，孩子天天进步"。

本学期有几个方面的事需要家长支持：

（1）学校将在本学期建立每个班的家长委员会分会，除了上学期的班亲会成员，有意服务班级、服务学校的热心家长请积极报名参加（直接发信息给我），我们的组织需要发展壮大。

（2）我们将开发"家长微课堂"，请家长进班级讲课，请有意参加此活动的家长在后面的附表中填写。

2015年3月6日

第2周记事

【阳光寄语】

做一个真正的太阳，就不会有照不亮的地方。

【阳光心语】

孩子们：

春寒料峭、乍暖还寒的时节依旧抵挡不住枝头新芽萌发的倔强。愿我们的心灵被这春天的明亮、新绿的生命所荡涤；愿我们的心中升腾起犹如春意的盎然，激发起向上的勇气。

一个寒假回来，你们也有了些许变化，生理与心理的变化是正常的，这也是青春期的表现，但部分同学表现出来的惰性却是不正常的，特别是涌动在男生中的一种邪气，让人害怕。我上学期曾经断言，如果个别男生我行我素，总有一天会自食其果。果然，本周黄灏文身上发生的事情（吸烟行为及不文明举止）就狠狠地给我们敲了一下警钟。在昨天的清查过程中也得知班上一些需要警醒的现象：男生喜欢关注一些负能量的东西，对事物的好坏没有鉴别能力，用身体的隐私处作为玩笑的话题，谈论成人话题，对个别同学的不良行为包庇纵容并推波助澜，加入一些非正式团体的QQ群和微信群并在上面传播负能量，或对无聊甚至低级无趣的话题津津乐道……另外，对个别同学要指出：8号同学经常邀请其他班的同学来本班位置吃饭，并大声喧闹；12号同学在宿舍经常讲话，影响舍友休息；16号同学经常在宿舍讲话，与12号同学打闹嬉笑，影响其他同学；30号同学值日慢、内务差，课堂上一有机会就和周围的同学讲话；35号同学喜欢起哄；37号同学经常与高年级及其他班的学生来往；40号同学在吃饭时间与外班学生一起玩闹。希望男生的家长要好好关注。而部分女生比较怕苦怕累，对班级事务漠不关心。

尽管男生在青春期的变化比较明显，可他们身上的一些优点也难能可贵：热心帮助老师做事，班上的重活累活不叫苦，不计较，对老师的批评指责不怨恨。男生中比较让老师放心的有凯乐、健乐、楚晨、增杰、俊喻、昊强、浩楠、浩鹏、博文。成长就是痛并美丽着，愿我们班的男生真正成为阳光男孩：心怀正气、积极向上！萍姐相信你们都具备这些潜质。

我一直坚信初中生身上有太多的可能性，有太强的可塑性，一切皆有可能！

最后我想用几句话来要求你们：

（1）勤勉求学，是学生的本分。

（2）请对老师心怀感恩，切莫怨恨老师对你的严厉。对你越严厉，你在老师心中的分量越重。

（3）良友是瑰宝，损友是毒药。近朱者赤，近墨者黑。

（4）无论走到哪里，请抬起头，挺起胸，少年的自信与阳光是最大的魅力。

（5）如果有人侵犯你，只要防御就好了，不到万不得已时，绝不动手。尤其是自己的错，更不能动手。

（6）助人是一种快乐，快乐便是助人的报酬。

（7）心怀感恩，多微笑，不怨恨。

家长朋友们：

开学伊始，杂事诸多，很少在群里跟大家交流，见谅！开学一个星期以来班级各项常规事务基本趋于正轨，只是本周发生的小插曲令我焦心，我在想，孩子出现问题，其根源在哪里？希望家长朋友都思考一下。

另外，感谢上周积极报名参加家长委员会的家长及报名参加微课堂的家长，欢迎更多的家长参与助力班级的团队。

在此，对家长提出几条建议：

（1）关注孩子的生理变化，爸爸或妈妈要对孩子进行性教育。

（2）控制孩子电子产品的使用时间，关注孩子在网络上观看的东西及网络交友情况。

（3）关注孩子周末外出活动情况。

（4）控制好每周的生活费用。

（5）不能带任何违禁用品来学校。

（6）正确对待孩子青春期的心理变化，要陪伴疏导。

2015年3月13日

第3周记事

【阳光寄语】

人之所以有一张嘴，而有两只耳朵，原因是听的要比说的多一倍！

【阳光心语】

春日的阳光张扬着夏日的炽烈，春天还未和我们道别，夏天似乎已经迫不及待地要插队了。人生中仿佛也有这样的际遇，当某件事还没来得及完美收官时，另一件事就捷足先登挤进了你的生活。这时候你是束手无策还是胸有成竹？其实生活处处给我们体验，只要你拥有一颗敏于感受的心，就能感悟生活带给你的启示。

自上周整顿班纪以来，本周一切良好，大部分同学状态不错，问问题的同学也多了起来。下周就要进行第一次教学自查了，望同学们积极对待！

家长朋友们，在学校的统一部署下，每个班都将成立家长委员会，我们班在班亲会的基础上组建了家长委员会，本周日晚上家长委员会成员在学校召开了一次碰头会议，大家对成员分工、活动计划进行了商讨。今后的班亲活动将会更丰富，更有意义。而下周的班会课也将开展首次家长微课堂，我们期待更多的家长参与班级活动。

2015年3月20日

每周记事

第4周记事

【阳光寄语】

在青春的百草园里漫步，遇见成长的自己！

【阳光心语】

春天的一场雨使大地显得更加青绿，更加清新，似乎鸟儿的啼叫都格外清脆。春雨洗去了沉积的污垢，洗去了尘封的顽渍，我想，在这场春雨中，我们心中的污浊也应该随之消失。

萍姐是性情中人，喜怒形于色，不会遮掩。用（3）班同学的话说就是"萍姐性格分明，直率豪爽。她是天使也是魔鬼，温柔起来可以将你内心融化，严厉起来可以让你魂魄尽散……"，也许某些同学觉得萍姐很讨厌，专门盯着自己不放。诗人艾青说过，"为什么我的眼里常含泪水？因为我对这土地爱得深沉"。为什么萍姐会不断矫正某些人的陋习，因为在我心里你就是我的孩子。我深深地知道，在你成长的过程中，各种好习惯的养成会影响你的人生、你的前途。因此，我是那么迫不及待地希望你进步！也许萍姐太急于求成了，也许萍姐应该放慢脚步，静静地等待你成长。如果的确因为萍姐的言行让你心生怨怒，那么孩子，让我们彼此宽容以待，让我们掠去心中的愁云，让我们彼此珍惜缘分。我希望并相信，无论你现在多么懒惰、多么不求上进、多么得过且过，你心中一定会为自己是这个集体的一分子而倍感光荣，你一定会在我们班的同学身上感受到满满的正能量。

你看看，就拿寒假的征文来说，我们班的一等奖获得者有那么多（学校规定上交5份手抄报、6篇访谈录、6篇征文），本来是平均一个班1名的一等奖名额，而我们班却有严顺、美君、蔡心怡、洁琳、娅蕾（访谈录一等奖）、凯乐、楚晨、娅蕾、严顺、昊强（正能量一等奖）、娅蕾（手抄报一等奖），还有诗慧、晓敏、严顺、文希、昊强的二等奖，颖欣、晓敏、坤穗的三等奖。看看他们满满的荣誉，你们心中是否有沉甸甸的压力？萍姐说过，学校有很多舞台供你施展，只看你愿不愿意迈开步伐。就如前两天我说的合唱团报名的事，积极的又是那几个女生，而自荐"十佳队员"的只有3个男生（海迪、浩楠、昊强），自报晚会主持人的没有一个男生，这叫人情何以堪？我们这个班占多数的男生，你们在干什么？上课不专心的有你们，经常被老师投诉的有你们，传播八卦的有你们，恶作剧将别人椅子涂上胶水的有你们，攀比跟风的有你们，违纪被罚不以为耻的有你们，昨晚十几个语文默写不过关的有你们（仅一个女生），晚修讲话影响纪律的有你们（8号、16号、20号、34号、35号、37号、40号、45号），喜欢起哄制造混乱的有你们，给班级抹黑的有你们……唉，世上最难养的小动物可能就是男孩子了。其实，只要你们的心思多花在学习上、多花在阅读上、多花在有意义的事情上，你们就不会有那么多的精力来逾越规矩，你们就会让自己的"三观"（世界观、人生观、价值观）更健康。

也许你们会说萍姐偏心，偏袒女生，可女生乖巧，女生为萍姐担责（5个总管中有4个女生），女生上进……想说不爱她们的真的不容易。相反，女生也会认为萍姐偏心，因为我的心思几乎都放在男生身上（你们时不时地遭投诉，你们时不时地搞点状况，经常出现一些计划外的状况扰乱我正常的工作安排）。我跟你们说过，萍姐最近很忙，可是你们没有几个能够体谅我。就拿本周来说，我要完成上万字的培训作业，要完成工作室布置的《工作指南》框架，要完成课题申报的前期准备，周末两天又要参加培训，真的很多事。可是几乎每天都要处理你们身上的突发状况，周日晚上就开始处理考试作弊事件，接着查出一堆作业抄袭问题，然后又处理晚修纪律问题，昨天又是班级失窃事件，唉！萍姐真希望自己有三头六臂。所以萍姐只希望部分同学特别是男生做好自己的本分，不要给别人带来麻烦，更不要给自己造成麻烦。

在此强调一下关于炯亨和力图提到丢钱的事情，上学期就曾说过这是最棘手的问题，也是我最不希望出现的问题，我仍然心怀祈愿不是我们班的同学偷的。因为我真的不愿意我们这个阳光班级内部有如此龌龊的事情，我更不愿意将"小偷"的名号冠在我们班某个同学身上，所以在此提醒：

（1）同学们不要带多余的钱回学校（带的钱第一时间充进饭卡）。

（2）如果是我们班同学有此行径，若钱还在你身上，请你悄悄地把钱放到被盗同学的书包里或者扔到讲台上。

（3）如果你还怀着一丝侥幸，请你不要再犯同样的错误，我深信"纸包不住火"这句话，若有一天你被逮个正着，那么可能你在这个班就待不下去了，请好自为之！

（4）请家长关注一下孩子的用钱情况。

家长朋友们，趁着春色大好，带着孩子出去走走吧！

2015年3月27日

第5周记事

【阳光寄语】

自己绽放，你就是春天最美丽的花朵。

【阳光心语】

又是一周倏忽而过，春天的天气万变，你们似乎还不太适应，很多人精神不振，昏昏欲睡。老师们反映上课效果极其不好，课堂气氛沉闷，早读背书效果不佳，作业质量不好……如此种种，也许是部分人感冒了，精神的确不佳，也许是有些人处于春困的状态，也许是某些人一直以来就不在学习状态。对于后者，不禁让我想起海迪爸爸周三和我说的话及他写在记录簿上的言语。你们是否觉得学习生活是一种煎熬，是否认为是在做一件自己不愿意做的事，是否认为每天的生活度日如年……孩子们，不管你愿不愿意，无论你接不接受，生活就是这样，在你还没有能力选择生活方式的时候，你就应该主动接受生活为你做出的安排，你就只能按部就班地生活下去。与其得过且过，不如快乐接受！而当下就是你积蓄能力的时候，为了未来的生活能够按照你的意志进行，现在就请你努力面对学习生活。孩子们，你们懂吗？一直陪伴着你们成长的家长，希望你们的思想与身体一起成长。

你们好多人感冒了，这两天回家好好调养一下，排除体内的湿毒，6日神清气爽地回学校来。

2015年4月3日

第6周记事

把自己想象成一棵向下扎根的树，就能在阳光中开出绚丽的花。

【阳光心语】

　　一夜之间，凉风袭人，让我们不禁感受到春天原来也可以这么任性！天气的突变是人力无法阻拦的，但我们可以体会到唯有接受与适应才可以不抱怨、不迁怒。生活不也如此吗？我们身边总会出现一些不和谐的因素，而我们的能力也无法阻挡这些负能量，那此时我们应该怎么办呢？唯一可以做的就是让阳光照入自己心中，让血液升腾起一股正能量，用自己的言行去感化身边不和谐的因素。

　　你们看，最近不少同学都能勇敢地指出身边的不良现象，对于抄袭作业的，有人直接阻止；对于上课违纪的，班干部毫不留情地开出了处罚条……当班上昂扬着一种正气时，我们一定会有如沐春风的感觉。

　　可是你们大部分同学对学习缺乏主动性，就拿那天抄写词语和用词语造句来说，你们完全可以通过翻查字典解决的问题却纯粹应付对待，80%的同学都出现了令人瞠目结舌的错误。面对每天的学习任务，部分同学草草应付的态度让人难过。我那天上课打了一个比方，虽然听起来觉得很恶心，可实际上你们的学习状态不正是这样吗？在这里讲个故事给你们听。据说闻一多先生有一次上课抱了一只老母鸡上讲台，那只老母鸡饿得头昏眼花，闻先生在老母鸡面前撒了一些米，抱着它的头让它吃，可老母鸡却不断挣扎，死也不肯吃。闻先生把老母鸡放下来，老母鸡走了几圈之后，就在教室的角落里找米吃了。欢快地啄着地板，一声，一声，沉闷而空洞。连老母鸡都知道自己找食吃远比被人摁着吃要快乐，可你们却还在老师的严防死守下学习。其实我想问，这种滋味真的好受吗？与其被强迫灌输，不如主动找食！我想告诉你们，未来的道路在于你们自己的选择，你们将自主选择你们的未来，而我所能做的就如你们父母做的一样，目送，以一种恒久的姿态，目送你们渐行渐远。

　　最后想送一句话给你们：无论未来如何，或富贵，或潦倒，或功业显赫，或寂寂无闻，只要你们能信守善良、果敢、勇气、责任、悲悯、担当……我就将永远为你们感到骄傲。因此，在成长的道路上，我在不断矫正你们前行的方向，只是希望未来的你们不为今日的行为悔恨！

本周收到处罚条的同学有29号、38号、43号、48号。

特别批评：20号同学在老师不知情的情况下，私自通知家长接自己出去剪发；44号同学因与其他班同学的小冲突就让初二的学生为自己出头，企图报仇泄愤（所幸被生活老师及时发现并制止）；部分同学写作业的态度不端正（有些名单已公布在QQ群里）。

2015年4月10日

第7周记事

【阳光寄语】

经过岁月的涤荡，终会留下成长的精华。

【阳光心语】

面向太阳，春暖花开。一周来，春天的美好绽放得淋漓尽致，阳光肆无忌惮展现它的明媚，岁月静好，让人不忍懈怠！而你们蓬勃的"朝气"也在这个季节里肆意绽放：你们课间掰手腕的加油声一片使教室沸腾，你们下午打篮球不到最后一刻不肯结束，你们极少准时安静入睡，你们完成既定任务后难以安静自主地学习……哦，孩子们，真不愿意你们的朝气就这样肆意蓬勃。我希望你们的少年意气体现在阳光正气的事情上；希望你们的劲头表现在课堂上勇敢地举起手大胆地表达你们的思考，课后如饥似渴地钻研不懂的知识，体育课、大课间尽情挥洒你们的汗水，闲暇时间与阅读为伴。说到阅读，我感到很遗憾，我发现很少有同学能够主动支配自己的阅读时间，借书登记簿上总是那几个常客，我每周抽出来的阅读课也有同学心不在焉，课堂上提到的一些典故你们似乎闻所未闻，课文中阅读文段中稍难一点的句子你们没法领会，相反，对网络语、时下流行的东西你们却如数家珍。我不想说可悲，我只想说可怜，要知道"一个人的精神发育史就是一个人的阅读史"，一个不喜爱阅读的人注定是精神空虚的人，一个不喜爱阅读的人必定是精神匮乏的人。下周我将启动"班级阅读制度"。当你热爱阅读时，当你沉浸其中时，你便会体验到前所未有的快乐和充实。孩子们，行动起来吧！孩子们，生命在场，阅读不止！

本周的数学周测用吴老师的话说就是没眼看，简单的一次周测足以暴露出你们的问题，课堂知识没有掌握，课后训练马虎对待，难点、重点没有突破，不知你们是否总结了，是否反思了。知识一天天积累，期中考试也一天天临近，半个学期你学到了什么，巩固了多少，千万不要等到考试时才暴露出来，平时要学会将知识消化掉，化难为易、化繁为简，待考试时你才会胸有成竹。

孩子们，你们知道吗？每次我在QQ群里公布周末作业不认真的名单时，你们的家长万分难过地道歉，说自己监管不到位。每每看到这些，我的心就会很痛很难过。孩子们，是你们的过错，可家长却要为你们的行为而愧疚，这是多么不应该啊！我告诉你们，成长不是自己一个人的事，你的身边有许多人的心牵挂着你们。你们优秀，他们感到光荣；你们进步，他们感到欣慰；你们退步，他们焦虑；你们违纪，他们忧愁……你们的一切一切都牵动着身边人最敏感的神经。也许，现在的你们觉得这一切是理所当然的；也许，此刻看到我的文字你们的内心会有些许触动，可这种感觉或许会转瞬即逝。孩子们，我真心希望经历时间的涤荡，你们在进步，在蜕变，终有一天，留下的是成长的精华！

2015年4月17日

第8周记事

【阳光寄语】

阅读丰盈灵魂，浸润人生，与书相伴的日子就是对人生最好的奖赏。

【阳光心语】

今天我们面向全市名班主任培训班的老师展示了一节主题班会课，珺幼和诗慧落落大方的主持赢得了老师的赞赏，严顺清亮的歌声获得一致点赞，娅蕾、海迪、灏文、炯亨也大胆上台展示歌喉。这节班会课获得老师们的高度好评，他们说看到了我们班同学的精神风貌，看到了你们的阳光笑脸，同时感受到我们班级的精气神。听着他们的好评，我心里美滋滋的。孩子们，我曾经告诉过你们，每个人都拥有属于自己的舞台，哪怕你是萤火虫也应该有发光的地方。班会课结束了，我希望你们从中体悟到阅读的重要性。孩子们，静下心来，就从现在开始，就从每一本好书开始，每天与心灵对话。与书为伴的每一分钟，都是对人生最好的奖赏。既然你们已经写下了阅读行动，那就拿出你们的行动来，让读书成为你们的习惯。我也希望我们的家长跟孩子一起利用边角时间进行阅读。

最近活动较多，部分同学比较浮躁，心难以静下来，第10周就是期中考试了，希望你们调整状态进入复习状态，以自己满意的成绩对半个学期的学习提交完美的答卷。我不想在此强调考试的重要性了，你们懂的！我只希望期中考试后的家长会上你们的家长能为你们的点滴进步而感到丝丝光荣。

2015年4月24日

第9周记事

【阳光寄语】

当我们跨越了一座高山时，也就跨越了一个真实的自己。

【阳光心语】

一周的时间转瞬即逝，空气中浮动着初夏的燥热，我们的内心似乎也涌动着一丝躁动。课前、晚修前难以进入状态，浮躁的情绪在班级蔓延，表现明显的多嘴多动、对待学习任务严重怠慢，不明显的就上课神游、作业质量差。我真的很不喜欢这种状态，看着部分同学睁着一双无神的眼睛虚度时光，个别同学对待作业胡乱应付，我真的感觉心痛！萍姐总是希望每个人都能够在自己的能力范围内尽最大的努力，我只要求你们在学习上抱着最佳的态度，而不是得过且过、浑浑噩噩地度日。

最近学校活动较多，部分同学牺牲业余时间参与活动，值得表扬：严顺、蔡心怡、娅蕾、李慧参加合唱比赛取得初赛第一名（将代表长安镇参加市比赛），雅娴、婉瑜参加舞蹈比赛初赛胜出将参加市比赛；严顺、文希、娅蕾合力出了第一期黑板报；"阳光下成长"摄影比赛严顺获一等奖、昊强绘画获一等奖、娅蕾绘画获三等奖。

希望因学习状态差被点到名字的同学明白自己现在的身份，明白自己现在的任务：你的身份就是学生，你的任务就是学习，没有什么比虚度青春更可耻，没有什么比浪费光阴更可悲。如果你能力有限，那就在能力范围内发挥你的潜能；如果你是缺乏动力，那就每个阶段确立一个可以达到的目标。没有人要求你一步登天，没有人要求你一脚跨入优秀行列，但你可以将每个字写工整，你可以上课认真听讲，你可以每天将作业做好，你可以将每道不会做的题弄懂，你可以每天读一篇文章，你可以每天摘抄一段话，你可以将基础知识过关，你可以在每个属于你自己的日子里合理安排学习、娱乐、休息的时间，你可以每天对着阳光奔跑……孩子，这些都不是强人所难！你可以做到，你能够做到！

利用假期好好收收心，合理安排学习时间。

感谢珺幼、晓敏、力图、蔡心怡的家长本周晚修轮值，家长朋友们写的轮值日志也让人感动，希望孩子们也能感受到家长的用心，并且用实际行动来回报父母。

2015年4月30日

第10周记事

【阳光寄语】
拂去内心的躁动，寻得心灵的平静！

【阳光心语】
此刻，你们正坐在教室里进行期中考试。我不知道你们的心情如何，面对试卷你们是从容应对还是无从下手。胸有成竹时你们是否觉得欣慰，茫然失措时你们是否感到懊悔。我想，7门科目考下来你们或许疲惫不堪。初中科目多，知识逐渐加深，这足以考验你们的学习及考试能力，足以考验你们的意志品格。你们的内心是充满乐观的积极情绪，还是悲观的消极情绪；你们是体验着考试过程中镇定自若的快感，还是饱受如坐针毡的煎熬，也许五味杂陈，各种情绪都有。但不管怎样，我只想告诉你们，每一次体验都是奇妙的成长之旅。它检验着你们的成就、你们的失落、你们的获得、你们的遗失，而唯有这种体验承载着成长的酸甜苦辣。我只想告诉你们，学习是让你们从无知走向有知，考试是检验你知识储备的分量，当你们以珍惜当下的态度去面对学习时光时，所有的考试你们都会淡定自若！

上周说过，你们就如初夏躁动的空气一样，内心潜伏着一种不安，有时候在默默观察你们时我突然觉得好可怕，因为你们貌似安静实则暗流涌动（某些同学可以长时间盯着一个地方发呆，还有眼神游离，甚至有坐立不安的），这或许是青春期孩子内心躁动的表现，我希望这仅仅是我自己一厢情愿的猜测。你们早晚来到教室仍然有骚动的现象，晚自修也经常有魂不守舍的人，你们应该也注意到隔壁班经常大声喧闹，经常置身这样的环境中根本没办法静下心来学习。你们进入学校已经6年了，加上幼儿园已经9年了，9年了，竟然无法上好一个自习，那请问你们在求学之路上究竟学了些什么？我告诉你们，你们来到学校，绝不仅仅是为了分数，更不仅仅是为了中考、高考，你们要在学校学习生存之道，学会怎样在一个集体里遵守规则，学会怎样与人相处，学会尊重人。

本周没收了两张纸条，上面的语言乱七八糟，真不知道某些人在搞什么，请好自为之！我不希望这个阳光班级总有些负能量的东西在扰乱班纪。

周日是母亲节，希望你们以自己的表现给母亲带去最温暖的祝福。另外，我也想说说你们与父母的关系。我时常听家长说孩子不愿分享自己的心事，不愿交流，时常说不了几句就很不耐烦，时常带有抵触情绪。你们会以青春期、叛逆期等为由为自己找到对抗父母的理由。的确，你们处于青春期，但这绝对不是对父母横眉冷对、恶语相向的理由，无论你处于什么阶段，孝敬父母都是你一生的责任，聆听父母唠叨是你一生的义务。

感谢李慧、紫瑶、羽洋、志宇、粤月的家长本周晚修轮值，希望同学们从父母身上感受到正能量，怀着感恩前行。

2015年5月8日

第11周记事

唤醒心中的纯澈与安宁，绽放美丽与阳光！

【阳光心语】

新一周悄然而至。这一周是匆忙的、充实的，我们经历着期中成绩的喜与忧，我们进行着《青春无限》文艺节目的辛苦排练。半学期已经结束，期中成绩就是你半学期来学习效果的见证，进步了说明你努力了，说明你有潜能朝最好的状态发展；退步了表明你一定在前期的学习过程中存在着不可忽视的问题，并且你没有任何客观理由支撑你的辩解。面对成绩，好好总结、好好反思。这周开始排练的节目《阳光之歌》也耗费了我们不少时间和精力，一周来，我的脑袋里都装着这个演出，一开始本想上一个509宿舍的舞蹈就可以了，这样省心省力。可我总觉得少了些什么，于是开始筹划这个节目，"全班一起上！"这个念头一出，我自己都吓了一跳，要么不做，要做就不要留有遗憾！就是自己这种死磕到底的个性让我开始筹划，前期有了严顺、文希的积极策划，有了灏文爸爸的大力协助，有了海迪妈妈的后勤支持，有了博文妈妈的义务协助，现在还有好多家长的积极响应，这才让我觉得自己的决定是正确的。当看着周日你们齐刷刷地准时回校，我相信你们一定会展示精彩的自己；看着你们排练时的认真与辛苦，我相信舞台会因为你们而精彩；看着每个人听从我这个没有文艺细胞的班主任的调动时，我相信这必将成为你们初中生活的一次美好回忆！孩子们，你们为自己代言，让这一周的付出在下周一"青春无限"的舞台上绽放光芒吧！孩子们，希望你们铭记萍姐对你们说的话，记住为什么让你们每一个人成为舞台的主角。

提醒：

（1）最近不少孩子心散，注意孩子上网情况，注意孩子QQ群和微信群的动态。

（2）不要让孩子边做作业边听音乐。

（3）要注意孩子交往的朋友。

（4）不要让孩子带过多的钱回校。

（5）回校前检查孩子是否带电子产品。

（6）关注孩子青春期的表现。

2015年5月15日

第12周记事

【阳光寄语】

阳光路上，披荆斩棘，翱翔天宇，寻找属于自己的海阔天空！

【阳光心语】

如果把日子抽成丝，每一条丝都应该是成蝶前的足迹。时间总是在你们不经意的时候留下诗意或成长的印记。在这个5月，在大雨突降的季节，只要你们善于发现，每一天、每一刻、每一瞬间都是诗歌的开始。唱着青春的歌曲，你们不再犹豫，你们坚强地走在自己的花季雨季中！

这个星期最让我们刻骨铭心的应该是周一"青春无限"的晚会了。509宿舍的七朵小花在舞台上尽情地绽放着，她们把自己训练多日的舞蹈呈现在我们面前，堪称完美！功夫不负有心人，台上的完美展示使她们力压群芳，在众多舞蹈中脱颖而出，获得二等奖。而最让我为之骄傲的就是我们的集体亮相——《阳光之歌》。在启动这个节目之前，我和严顺一直想编排一个舞台剧，可后来发现舞台剧要想编排好没那么容易，于是就放弃了。在这个过程中严顺和文希一直在筹划，在此特别表扬。后来我就想要么不做，要么干脆来个集体亮相，全班上场！这个想法涌出时我激动而忐忑，我需要展示的是突出个体、亮相全体，于是就有了严顺的独唱、雅娴的舞蹈、海迪的架子鼓、粤月的钢琴弹奏，就有了8个同学的舞蹈，就有了全班同学的表演展示。想法出来后，其他老师有点赞的，认为我敢于挑战；也有冷眼的，认为我是没事瞎折腾；也有喝倒彩的，觉得吃力不讨好必定一团糟。**其实当你有了敢为人先的勇气时就要敢于直面各种声音，如果自己淹没于声音的浪潮中，那么必将一事无成；但是当你在风口浪尖直面冲击时，你必将获得一片海阔天空。**一周时间从无到有必定是一个挑战，一周中我不知道效果如何，不知道结果是否与设想一致，所幸的是在排练过程

118

中，你们很配合，你们很聪明，你们知道我需要的是什么，你们知道我要你们表达什么，整体效果很快就出来了，再加上易老师给我们的《我是一只小小鸟》编了几个简易的动作，就完全有感觉了。而后面三首歌的动作效果则完全在我这个艺术门外汉的鼓捣下编排出来了。一周的时间排练一个集体节目，虽然在别人看来不可思议，但我们的确做到了，这并不是一蹴而就的，其间需要的是严顺、海迪、粤月、雅娴的厚积薄发，他们的特长展示不是一两天得来的，他们有着数年的功底；其间需要我们（4）班的同学团结协作的凝聚力，这也不是一朝一夕形成的，是这个班级几个月来沉积的班级精神深深植于你们心中形成的。所以，请你们记住，舞台上光彩的瞬间源自你们日积月累的艰辛付出！

一个人的力量总归是单薄的，再强大的个体也需要外力的注入，而我们《阳光之歌》的精彩也有着强大的助力。在此感谢家长的鼎力相助：感谢灏文爸爸、粤月爸爸助阵演出；感谢灏文爸爸带来长安首届歌王（我的学生）激情助演；感谢海迪妈妈准备的艳丽道具（拉了两大包公仔震撼全场），以及带来化妆师把你们装扮美丽；感谢博文妈妈准备的手掌拍、菊花饮料；感谢浩鹏妈妈准备的班徽图案和面包饮料；感谢昊强爸爸带来的美味夜宵；感谢珺幼妈妈带来的晚餐；感谢心怡妈妈购买了价值不菲的化妆品；感谢海迪妈妈、粤月妈妈、博文妈妈、珺幼妈妈、蔡心怡妈妈、婉瑜妈妈、俊喻妈妈、晓敏妈妈、严顺妈妈、坤穗妈妈、雅娴妈妈给你们化妆鼓劲；感谢泽旭爸爸、坤穗爸爸、楚晨爸爸、陈心怡爸爸合力搬合唱台。我想，如果没有家长的帮助，昨晚一定没有那么精彩，那么震撼，那么令人感动。我相信孩子在成长的路上有家长始终不缺席的陪伴，他们一定会迎着阳光向上！在此向每一位家长表达诚挚的感谢！

2015年5月22日

第13周记事

【阳光寄语】

有态度的人生才是对自己负责的人生！

【阳光心语】

突如其来的热浪提醒着我们已经步入了盛夏，炙热难安伴随着焦躁，让我们难以心平气和地享受安宁与自在，而这也越发考验我们的忍耐力和坚持力。孩子们，距离期末考试只有一个月的时间了，盛夏的骄阳应该赐予你们热情与力量。打起精神，调整状态，摆正态度，为初一的学习生活交上一份圆满的答卷。

周二的家长会后，我特意留下了两个层次的家长，目的是培优辅差，希望有潜力且目前成绩前列的同学真正行动起来，优生应该具备这些特性：目标明确，敢于比拼；学习刻苦，付出较多；遵守班纪校规，各种行为习惯好；听课认真，会记笔记；课堂收放自如，效率极高；态度谦和，善思好问……这些特性你们都具备了吗？而另外那几个面见家长的孩子，你们知道吗？父母脸上的忧愁是否激起你们心中的涟漪？你们真的没有发觉自己的付出与父母在你们身上的投入有着多么鲜明的反差吗？孩子，拿出有态度的表现，你们一定会有所进步！

本周二我们召开了家长会，现在再次明确一下家长会上的一些要求和建议。

班级常规告知：

（1）周末检查作业并签名。

（2）关注学校或班主任发的信息。

（3）送孩子返校稍提前，不要迟到，不要随意请假。

（4）关注班级QQ群动态。

（5）关注《每周记事》并签名。

对家长的建议：

（1）不要被孩子牵着鼻子走。

（2）减甜式惩罚。

（3）教育要有原则、有规则。

（4）不要抱怨式地说教。

（5）和老师统一教育思路，引导孩子正确对待老师的教育，把握孩子面前对老师评价的态度。

（6）控制上网、玩手机、看电视的时间。

（7）教育孩子要有责任心。

（8）注意观察孩子的变化（交友、着装、学习态度），遇到孩子的新问题，辩证思考后再处理，切莫鲁莽行事。

周六的班亲活动要求：

下午4点半到长安大岭山森林入口处的荔满园，活动时间大约3个小时。

（1）穿好表演的T恤。

（2）用餐文明，不浪费食物。

（3）发挥集体主义精神。

（4）表演时要大胆热情，不要扭捏放不开。

（5）注意卫生，每个宿舍准备几个大垃圾袋，垃圾要堆放在一处。

2015年5月29日

第14周记事

【阳光寄语】

借由夏日的色彩，在光阴里采撷青春的斑斓！

【阳光心语】

当阳光在地面拉开漫长的影子时，时间也已进入6月了，6月里我们告别童年迎来青涩的青春。青春是一首婉转动听的歌，她能沁入你的血液毛孔，让你无时无刻不感受到她的曼妙；青春也是一支绮丽玄妙的舞蹈，她能刺激你的每一个感官，让你无不体验她的变幻；青春是一个奇妙的旅程，沿途风景迤逦，平坦与坎坷相伴、和风与骤雨相随，她时刻考验着你的恒心与耐力，也时刻为你的生活添加多元味道。青春历程，愿你的思想与你的身体一起成长！不再茫然无措，不再浑噩度日，不再麻木冷淡……应该在青春的天地里，守着一份执念，守着一份从容，守着一份自信，守着一份阳光，留住青春的美好。希望你们每一个人都在青春的历练中成熟，在灵魂的反思中成长，在生命的笃爱中升华。我相信，只要你们心灵的天空有美丽的风景，就能书写青春的诗意。

生活好比魔术帽，总有些不可预知的事突如其来，而任性的你们却认为那只不过是生活的小插曲，不以为意。比如有同学带手机来学校，还胆大包天地在教室里充电；比如邻班的同学滑扶手猝然摔落；比如在饭堂恶作剧扰乱纪律；等等。少年的任性与冲动的确会随时间流逝，而萍姐只不过**希望你们不要被现实所迷惑，所遮掩，在不侵扰别人的情况下你完全可以做你自己，但当你的行为给周遭人带来烦恼的时候，那就请你好自为之！**

121

上周五在志宇爸爸的陪伴下，几个周末作业长期不认真的同学留下来做作业，想法很美好，现实不如意！20号、36号、37号、40号、43号同学着实让人失望，你们擅自玩教室的电脑，听音乐、播放视频，溜达到初三教室，到校园闲逛，在教室里走来走去并肆无忌惮地喧闹，你们有这些行为简直让人感到匪夷所思。姑且不论对陪伴在教室里的家长视若无睹不加尊重，仅看这些不自律的做法已经让人窥见你们有多么放任自己！想来真是心寒，看来我想用这种办法来约束你们是无济于事了，还是如志宇爸爸说的"家长只能管自己的孩子，家庭原因很复杂，这些坏习惯的养成都是一个长期的过程……"。做了十几年老师，而我却经常迷失自己，我总是一厢情愿，总是希望每个孩子都朝着既定的方向发展，可殊不知教育的琐碎、问题的反复常常让我窒息，让我迷茫。我在感叹每天都在解决问题，我在抓狂数不清的投诉。我在想，我的态度、我的能力到底影响了你们多少，为什么你们的改变那么艰难？我甚至在想我这么执着、这么坚持为的是什么……叩问自己的心灵很容易，可是改变他人谈何容易！孩子，也许你以抵触的态度看着老师对你的要求、对你的协助，也许你以漫不经心的态度冷眼旁观家长对你的念叨、对你的约束。**我不知道你那颗正在成长的心灵是否在苏醒，孩子，我们可以等待，但是岁月的痕迹在悄然滑过你的生命，时不我待！**

期末考试将至，成绩前列的同学，你能否将潜力看得更清晰更透彻；成绩居后的同学，你能否粉碎自我再重新建构。20余天眨眼而过，看与不看，努力就在那里；看与不看，差距就在那里；看与不看，结果就在那里……你可以罗列很多让你说服自己的理由，但关键是你的行动能否说服你的内心。所以，赶紧行动！当你听见意志拔节的声音时，你的内心一定会笃定、会强大！**学习是一个抽丝剥茧的过程，需要我们努力与坚持，优秀与进步其实离我们并不遥远，只在我们一念之间，只要你愿意迈开脚下的步伐，你的天空一定会愈发明亮与灿烂。**

2015年6月5日

第15周记事

也许一颗种子永远不会开花，因为它本身就是一棵参天大树。愿你就是这颗种子！

【阳光心语】

夏日的时钟滴答作响，成长的齿轮不停转动，带走了珍贵的时光，也带走了或美好或咒怨的生活。炎炎夏日迎来了毕业季，高考的学子终于挣脱了数载的桎梏，中考的学长又将迎来人生转折日。或许此时的你们尚未感受到考试季的焦躁、毕业季的狂欢，但终有一日你们会体验到这种日子带来的沁入灵魂的震颤。这几天，我第一届的学生拉我进了微信群，看着近乎陌生的名字，我的记忆始终呈现不了往日的情景。高考的学生私信说要来看我，我甚至没有太多的欢悦。怎么啦，是我冷漠了吗？不，我想，纵然当年寄予了很大的希望在他们身上，纵然当初的自己将太多热情放在他们身上，离别总是会让彼此成为两条平行线。都说铁打的学校，流水的学生，于我们老师而言，一届又一届的学生成了穿梭在生命中的过客。缘聚时，倾心相待、真诚以对；缘散时，彼此祝福、来日方长。于你们而言，念恩时，一声祝福，久别记挂；忘恩时，漠然以对，别来无音。所以，唯有珍惜当下才是最美好的纪念。今晚在办公室里听到一个家长对孩子说："老师教的学生一届又一届，数不胜数，对你负责是你的福分，对你不负责也毫发未损。可你呢？一旦被放弃，可能就改变了你的命运。"我听了感慨万分，道理皆知，可又有多少当局者能清醒了然于心呢？

班务盘点：

（1）周三体育期末考试18人满分，特别表扬李慧带伤跑步接近满分。

（2）周五英语口语考试，黄老师一周多兢兢业业，不放弃每一个学生，课间还带着基础差的同学训练，考前不断鼓励。

（3）周二两名男生跑步打闹致两名女生摔伤。

（4）个别男生经常口出狂言，扬言找人打架。

（5）女生宿舍有讲话影响休息的现象。

（6）周末作业老生常谈，顽固分子依然我行我素：20号、36号、40号、33号、43号。

（7）课堂状态差，听课不认真：34号、43号、35号、37号、20号、41号、40号、45号。8号心浮气躁，成绩退步严重。

2015年6月12日

第16周记事

【阳光寄语】

给人生一个梦，给梦一条路，给路一个方向。

【阳光心语】

中考的硝烟弥漫着，置身场外的你们也许无法感受这种临战状态的紧张，你们沉浸于5天半假期的兴奋，丝毫没有留意到一年的时间转瞬即逝。明年的此时你是胸有成竹还是应付了然？昨天不经意间看到这样一段话，特别想送给你们：**有目标的人在奔跑，没目标的人在流浪；有目标的人在感恩，没目标的人在抱怨；有目标的人睡不着，没目标的人睡不醒；生命只有干出来的精彩，没有等出来的辉煌！**萍姐经常告诉你们未雨绸缪，告诉你们预则立。就拿学习资料的整理来说，上学期的第一周就要你们准备各科资料夹、长尾夹，这样在学习过程中特别是在复习过程中可以做到整理归类，井然有序，忙而不乱，课前准备时间减少了，课堂效率就提高了。再拿上周让你们带户口本复印件和照片的事来说，全班带来照片的人寥寥无几，复印件不齐、相片没带，以至于我们各类材料的填写又要分一些时间出来完成，这不就是浪费时间、降低效率吗？再就是教室的卫生，我在开学初就说过"垃圾不落地运动"，可时至今日，我还是经常会在你们的周围发现垃圾。每组的值日生认真负责的总是那么几个，一大群不自觉的需要呼来叫去。我时常在想，你连自己身处的环境都不知道保持洁净，连身边的垃圾都视若无睹，那还能做什么呢？一屋不扫，何以扫天下？一个小小的"扫"字，甚至可以成为打天下的寄托与期冀。打扫整理的过程就是处理、选择、扬弃的过程，是你与环境的互动。整洁的环境显示你的逻辑性和条理性，环境的脏乱也带来思想的混乱。清理环境就等同于清理大脑中的垃圾，智慧自然会增长！所以请从身边的清理做起！

这个星期看到（3）班一个女孩的学习状态，我特别感慨，可以说她是我们两个班最勤奋的孩子，她每次考试都名列前茅真不是天赋，也不是运气，而是靠刻苦勤奋，靠踏实上进。她上课时的专注力无人能比，她课堂笔记的记录完美无瑕，她视老师的话为宝典，恨不得将每个字都记录下来，生怕错过一个字，哪怕是老师已经重复多遍的，她也是如此。我在想，如果身边多几个人效仿她这种做法，我们的学习风气不就向上发展了吗？我们班的尖子层缺乏一种勤奋刻苦的精神，缺乏一种探讨交流的风气，缺乏一种好问善思的态度。萍姐带过多年的初三，各类学生都见过，凡是勤奋好问的孩子最后都有大幅度进步。

从今天开始，你们将有5天半的假期，很多人早上已经兴奋雀跃了，也有人嘀嘀咕咕商量假期的玩乐，但是我不得不给你泼冷水：假期回来后只有一周时间就期末考试了，这几天在家学习至关重要，请务必做好计划，认真安排学习。记住：不要以应付老师为目的，这样你只会徒增麻烦。记住自己的身份——学生！记住自己的责任——孝顺、负责！

2015年6月19日

第17周记事

【阳光寄语】

岁月如诗，愿前行的脚步轻盈又坚定。

【阳光心语】

青春打马走过校园，一学期的时光悄然而逝。我们初一的生活即将进入尾声，感慨时光飞逝的同时我们也要进入期末考试了。孩子们，你们准备好了吗？你们是否在打有准备的仗？我期待你们进入考场的那一刻是胸有成竹的。从去年的8月到今天，我们一起走过了300多个日子，在这些日子里，我们有过欢笑，有过沮丧，有过期待，有过彷徨，这里是你们的青春驿站，充实着你们成长的行囊，你们嗅着春的芬芳，种植着夏的繁荫，即将走入初中生活的中端。我始终相信你们每个人都是一朵花，只要阳光照耀、雨露滋润就会迎着

每周记事篇

太阳绽放。

5天半的假期回来，看到大部分同学的作业认真，我深感欣慰，可顽固分子的作业情况仍然令我失望、生气，而这些人总有诸多理由为自己辩解，我觉得这些理由苍白无力，在我看来只能是徒增几分可悲。周三的早上我发了一段话给家长，话语里面有我的无奈和痛惜，也许在家长看来有对他们的指责，有对孩子的不满。话说，爱之深，痛之切，我想如果我的职业责任少一分担当，那么我的不满就会少一些。昨晚看到一篇文章，作为老师我感慨万分，作为家长我万分感慨，"孩子之间的竞争，归根结底是家长综合素质和付出心力的竞争"。我们班的家长一直让我尊重并感激，每一位家长对我的工作都极其配合、支持，可反观孩子的表现却参差不齐，排除智力的差异、性格的差异，最重要的就是孩子行为习惯的差异、家庭教育的差异。如果我们的家长和孩子现在开始行动，一切未晚。作为家长的我同样要加油！

2015年6月26日

第18周记事

——期末碎碎语

【阳光寄语】

以最美丽的姿势在阳光中成长！

【阳光心语】

六月的天空，骄阳下流淌着岁月的痕迹，肆意地张扬在烈日的投影中。今年的夏天似乎热得特别早，空气中的热浪炙烤着我们的内心，很难让人进入似水的平静状态。这如火的六月有着栀子花的记忆，热情的六月是奋斗的汗水的挥洒，是生命拔节的飞扬，是初一走向初二的岁月流岚。挥手凝眸间，你们脸上的稚气渐渐散去，你们内心的思考渐渐丰盈，你们脚下的步伐渐渐凝重与坚定。时间是多么悄无声息，成长是多么迫不及待。

盘点这学期时突然发现，似乎才开始就结束了，每天匆匆忙忙，计划永远赶不上变化，我们似乎在被时间牵着鼻子走，我们跟跟跄跄、亦步亦趋，迎来送往之中、日升日落之间我们送走了明媚的春天，迎来了热情的七月，转瞬间留下过多少期望，又实现了多少期待，过程中的努力也只有自己知道。初一一年的学习时光，用心丈量着理想和现实的距离，我们才发现，成长是痛并快乐着。

上周末给你们每人写了一首藏头诗，写的过程绞尽脑汁，我揣摩着你们名字的寓意（每一个名字都展现出一幅美丽的画卷），我也似乎看到了你们似锦的前程，孩子，祝福你们！

我们班的女孩子乖巧上进，以学霸粤月为代表的几个女生动静皆宜、收放自如，她们的内心充盈着对未来的畅想，于是她们用行动坚持着自己的努力。粤月，波澜不惊、宠辱不惊，娴静的外表总让人难以揣摩，学习上游刃有余的同时要学会在集体中锻炼自己的能力。娅蕾，不温不火，作为数学科代表，主动大胆，深受老师喜欢，作为本分守纪的乖孩子不用老师操心，但要想走得更远就需要把自己磨砺得更有光泽，更有温度。严顺的飞扬才气令多少人气场暗消，也引来多少人羡慕嫉妒，前面的人越少，后面的笑脸越多，但同时也要有强大的内心经受不同的声音。大气而不霸气，上进而不激进，做最优秀的自己！紫瑶，你的沉默寡言总难以引起别人的注意，但作为生物科代表，你却很让老师放心，学习上游刃有余的同时要勤问钻研。两个心怡都让老师心生好感，蔡心怡阳光大胆，好学上进，有很大的潜力，这种潜力也许你自己都还没有发现哦，期待你的爆发。陈心怡，你其实让很多人羡慕，因为你不像真正的学霸那样勤奋刻苦，课余时间你几乎都手不释卷，我相信这就是阅读在你身上产生了化学反应。随着知识难度的加深，要想更拔尖，需要再调整一下学习方法。另一批大方开朗的姑娘也是老师赞不绝口的乖孩子，灵智的孩子心、诗慧的大胆、李慧的懂事、珺幼的负责、婉瑜的灵巧、雅娴的才艺、洁琳的小宇宙，女孩子的可爱源自内心的自信和从容及不受外界侵扰，真心希望每一个姑娘心中都开着一朵圣洁的雪莲。而另一批姑娘外表看似平静如水，内心却有着一点即燃的热情，文希的才情、坤穗的刚直、晓敏的坦荡、美君的文静、嘉钦的淡定、虹华的小任性、颖欣的聪明却不上进。我始终觉得好女孩就是能发现自己优点并发扬自己优点的女孩，可爱的女孩就是不聒噪、不计较、明是非的女孩，萍姐希望你们在下一年做更好的自己。冯玮是我们班的新人，短短一个学期，明显感觉到你的变化，外表娇小的你其实内心很强大（这一点也许你自己也未发现）。萍姐告诉你，别人是否认可你并不重要，关键是自己要认可自己。别人的言行固然能左右自己的情绪，但阻碍不了自己的人生，要想掌控自己的方向唯有对自己严格要求，记住了吗？最后我要说的是珏嘉，对你最初的

每周记事

印象是大胆泼辣，能做事，但骨子里已经植入的一些坏习惯让你滞步不前，这让身边最爱你的人很苦恼、很焦虑，每次看到你父母无奈的眼神我都深感心痛。也许撇开学习你有很多让人欣慰的优点，可现如今我们需要的是什么，我们应该做的是什么，想必你心里很明白。如果再踟蹰不前，我想你会深深地伤害你的父母，因为这一年的陪伴让你身边的人心力交瘁，所有的一切只是希望得到一丝欣慰而已。孩子，真的，我发自内心地希望你用自己的行动还父母一丝内心的温暖。

亲爱的女孩子，你们在班上起着大半边天的作用，你们的气场明显在班级起着主导作用，但要想未来的天空更明媚，萍姐建议你们：

（1）爱上阅读。阅读是一种信仰，它会使你变得优雅从容，会使你内心丰富。

（2）结交益友。这个年纪的你们极易受朋友言行的影响，一个言行举止得体的闺蜜会影响你的价值观。

（3）不在男女交往上有太多的想法。单纯的异性交往会让你变得智慧，可充满想入非非的来往势必让你饱尝青苹果的苦涩，不要让青春期的萌动蒙蔽你的双眼，迷惑你的行动。

（4）不说粗口，温柔可爱。女孩子霸气固然不错，但这样却不可爱，青春期的仪态修养会影响你的发展。

（5）阳光明媚。可爱的女孩应该是常带笑容的女孩，爱抱怨、易怨怒、爱妒忌、嚼舌根、不思进取的女孩容易遭人嫌弃。

祝你们的天空一片晴朗！

可爱又可气的男生，这一年萍姐的生气和发怒多数源自你们，可你们的情商却又令人啧啧称叹。你们犯错不断、认错及时可坚决不改的德行让我抓狂。你们面对错误趋利避害的小心思、极力辩解的小把戏在我面前上演了一次又一次（有朝一日我会专门为某些人颁发"奥斯卡金像奖"的），于是我深深地感觉：男孩子是世界上最难教养的小动物，甚至某些时刻我很庆幸自己的孩子不是男孩（呵呵）。当然，我也赞叹你们不计较、不记仇、不怨恨的大气，也欣慰于你们对某些力气活不怕苦不怕累的担当，还暗喜于你们被老师称赞"嘴巴甜""有礼貌"，当然还"感动"于你们在韦姐面前装可怜扮老实只求不要向我告状。萍姐以自己纵横教坛十余年的经验与你们斗智斗勇，很多时候我以一种怒其不争的态度与情绪对待你们，生起气来咬牙切齿，恨不得一下子把你们变成绵羊，殊不知这都是我的一厢情愿。所以我们之间不断地上演着猫捉老鼠的游戏。我失望于你们缺乏自控力，无奈于你们不上进，痛惜于你们不阅读，苦恼于你们津津乐道于无聊及趣味低级的事情，心痛于家长的无助……如此种种，也许是我们大人在用放大镜看你们的缺点，可这些不足之处却狠狠地羁绊着你们前行的步伐，扭曲着你们正确的价值观。我真心希望你们阳光开朗、深沉自律、向上勤奋！

　　昊强、俊喻是我们班的安静美男子，你们甚少参与无聊的八卦，你们各自有才艺，希望你们在安静的状态下适时爆发小宇宙，多一份勤勉与刻苦。海迪偌大的身躯中隐藏着一个幼稚园孩子的心理，不经意的言行总感觉你是个没长大的小朋友。极聪明的你一定要学会掌控自己的智慧。健乐，聪明中总带着一种玩世不恭，有一种俯视众生的冷静，又有一种超然于喧嚣的不羁，你潜力很大，期待你的爆发。燊弘，游走于规则边缘，让老师们恨其不争却又不断鞭策鼓励，如果再不自省与行动就真的时不我待了。楚晨，从最初的小毛病不断到现在的礼貌懂事令我深感欣慰，可你总是不按常理出牌，以自己的想法去左右自己的行动，有时候你的语出惊人让我诧然，可思量过后又为你担心，因为我们都摆脱不了游戏规则，今日不遵守游戏规则，他日必将被规则KO。凯乐，你虽然不常在班却依然是许多人佩服的对象。泽旭，你也是个聪明的孩子，可是小聪明总会长着小尾巴，极容易被人揪住，希望你不要辜负身边人关注的目光。增杰，你憨厚的外表极容易掩藏你的小狡猾，你是个很有心思的男生，还是要更踏实一点。锐锴，你闪烁的眼睛、无辜的表情常常会迷惑他人，你貌似乖巧，可很容易被影响，是个不太容易管得住自己的孩子，约束自己的行为才能让自己更优秀。力图，在学习上你不是特别主动，但秉性善良。浩楠，你做事积极嘴巴甜，学习却拈轻怕重。羽洋，你数学开窍文科却畏难。毅林，你鬼机灵、情商高却爱偷懒。纪枫，你单纯不想事，学习总是应付。炯亨，你机灵、人缘广、爱篮球，学习却怕苦，拿出对篮球的热爱投入学习那你必然一鸣惊人。梓恒，你游手好闲笑点低，学习总想走捷径，殊不知吃了不少暗亏。浩鹏，你性格好、脾气好却慵懒不积极。博文，做事踏实，学习需刻苦。镇聪，心智未开化但有着小聪明，加强自我约束必然潜力大大。家杰，爱在自己的世界里游走，犯事后满脸茫然搞不清状况。宜东，性格开朗有点拽，学习却怕苦。乐禧，有变化、有进步但在学习上却得过且过。志宇，忠厚老实好脾气却有自己的想法，学习上就着实让人无语了。浩廷，在进步但不能逃避学习。灏文，你的智商总是发挥在规则之外，你的情商却时常体现在对老师的亲近上，你的心里有颗定时炸弹，一旦点燃它也许会炸得自己体无完肤，也可能炸出五彩缤纷，至于哪种效果就在于你自己的行动了。

亲爱的男孩子，前行路上那些陪伴、激励、鞭策你们的人丰盈、滋养着你们的生命，会给予你们力量与信心！孩子，当昨天已成往事，在岁月的路上，愿你们横溢出光明般的精神。

家长朋友们，一个学期又过去了。首先感谢你们义无反顾地支持与包容我，感谢这一学期为班级默默付出的家委会的家长们，他们是泽旭爸爸妈妈、娅蕾妈妈、博文妈妈、浩鹏妈妈、紫瑶妈妈、陈心怡妈妈、蔡心怡妈妈、珺幼妈妈。在班级有需要的时候，你们总是二话不说地给予支持。感谢婉瑜妈妈给我们带来的"青春花季"微课堂；感谢昊强爸爸带给我们的"点心制作"指导课，以及每次准备的美味点心；感谢俊喻爸爸以专业的角度带来的"法制小课堂"；感谢最美妈妈——楚晨妈妈给我们的后勤保障；感谢海迪妈妈给我们带来的温暖和感动，娅蕾妈妈带来的甜蜜，珺幼妈妈带来的用心与精致，蔡心怡妈妈带来的周到，博文妈妈、浩鹏妈妈带来的小体贴，炯亨妈妈带来的惊喜，键乐妈妈带来的夏日温暖。谢谢美丽的妈妈们！感谢晚修轮值的爸爸妈妈们，感谢每次活动忙前忙后的爸爸妈妈们。太多的感激难以用言语表达，我只希望在孩子未来成长的道路上，我们依然能够相互携手、拥抱取暖！而我特别想告诉孩子们，你们是多么幸运，你们的父母给予你们的或许是你们永生难以回报的。我只想对你们说：请用你们的行动回报父母的爱！

我还特别感动于我们班的几个家长。珏嘉父母的执着与陪伴让我相信终有一天一切都值得，详细而周密的学习计划、舍弃一切个人时间的陪伴和辅导、每道题的讲解与指导、这两周每天晚上的陪读，仿佛影视剧中的情节还原于现实时，我才发现父母的爱是可以化解任何困境的。志宇爸爸的不抛弃不放弃，让我感慨又感动。志宇，这也许是你三辈子修来的福分。在志宇爸爸身上我虽然能看到无奈和无助，可他却从来没有表现出放弃和放任，周末的陪伴、周五晚上的陪伴、向数学老师要来答案研究。梓恒妈妈的爱之切体现在方方面面，唯恐孩子脱轨。这些无不告诉我们所有的家长：只要我们家长咬牙坚持，孩子一定不言放弃。

亲爱的家长朋友，我们结伴同行，伴着孩子成长，愿曾经经历的一切镌刻在我们的心底，成为最温柔的故事、最美丽的记忆！

　　由市教育局统一安排，我5日要去重庆师范大学学习一周，这也意味着期末考试期间不能陪伴在孩子们身边，自己就像一个出远门而不放心孩子的妈妈一样，这两天我对吴老师左叮咛右叮嘱，简直把她烦死了，她冲着我吼："知道啦，你就放心去做你自己的事吧，反正就这几天了，料他们也造不了反！"呵呵，我知道孩子们也不会怎么样，可心里就是有诸多不放心，特别是期末考试期间，我希望并相信我们（4）班的孩子会以最佳的表现给我最大的欣慰。相信你们！

2015年7月3日

2015—2016学年
八年级上学期每周记事

第1周记事

【阳光寄语】

阳光般的心绪在开学季节美丽绽放！

【阳光心语】

聆听着岁月拔节的声音，我们又跨入了一个新的秋季。这是一个凉爽舒适的开学季，整理思路、打包情绪是我们的首要任务。这两天看见你们精神面貌不错，课堂表现也令人满意，这是一个好的开始，赢在起点是完成目标最好的行动证明。新学年，新学期，静静地踏上新的征程，默默地去做自己该做的事，困难在所难免，失败在所难免，但一定会诞生新的希望。

奥巴马曾说过：成功是件难事。你不可能对要读的每门课程都兴趣盎然，你不可能和每名课任教师都相处顺利，你也不可能每次都遇上看起来和现实生活有关的作业。而且，并不是每件事你都能在第一次尝试时获得成功……但没有关系，因为在这个世界上，最成功的人往往也经历过最多的失败。的确，生活并不会如你的心意顺利运转，如初二的你们必然比初一多了一份挑战，学科上增加了物理、生物、地理，面临中考心理上多了一份焦虑，情绪上会不时起一些波折……诸如此类会侵扰你的内心。面对这些，你会如何面对呢？"你要记住，哪怕你表现不好，哪怕你失去信心，哪怕你觉得身边的人都已经放弃了你——永远不要自己放弃自己。因为当你放弃自己的时候，你也放弃了自己的国家。"

从这个学期起，让我们一起关注下面这6个关键词吧：

（1）目标。都说心中有梦是最美好的。新学期，给自己定一个美好的目标，时时望向前方就不会纠缠于哪一件事情太费力，哪一天过得太疲惫。

（2）交流。交流是人生的一部分，不管我们年龄多大，身在何处，交流始终是不可缺失的。

（3）微笑。一个微笑能够表达我们的友好与支持，一个微笑能让他人感到快乐和幸福。应该慢慢让微笑成为一种习惯，那样，我们会发现，身边的微笑变得越来越多，幸福越来越近。

（4）反思。智慧的人不是生活中遇不到问题，不犯错误，而是在遇到问题或者犯错之后能够反思，在反思中总结得失，查找原因，不断成长。

（5）主动。不要害怕提问。不要不敢向他人求助——我每天都在这么做。求助并不是软弱的表现，恰恰相反，它说明你有勇气承认自己的不足并愿意去学习新的知识。所以，有不懂时就向大人们求助吧——找个你信得过的人，如父母、长辈、老师、教练或辅导员——让他们帮助你向目标前进。

（6）运动。运动不仅意味着锻炼身体、保持健康，还意味着压力的适度宣泄和放松。除了竞技体育，几乎没有人在运动中会紧张不安，而是在参与运动的过程中忘了烦恼和压力。每天坚持半小时的运动，在运动中增强体质，减轻压力。

从现在开始，不要犹豫，调整思路，打包情绪，立刻行动！

2015年9月4日

第2周记事

【阳光寄语】

愿做一缕阳光，看着你绽放！

【阳光心语】

今天是教师节，手机上不断传来教师节祝福，心里充盈着幸福与感动。或许每年的这一天都是最有幸福感的，天南地北的学生发来的短信让我感受着作为教师的丝丝甜蜜。网上流传着一个段子：教书是一场盛大的暗恋，你费尽心思去爱一群人，最后却只感动了自己。学生虐我千百遍，我待学生如初恋。快要考试了，曾经怕自己一个人考不好，现在怕一群人考不好。各位同学，你若不离不弃，我必生死相依；你若自我放弃，我也无能为力。看到这个段子，我忽然想：哦，原来教书就是一场盛大的"暗恋"，呵呵。我们是自作多情还是自作崇高？我曾经说过，遇见你们是一场美丽的意外，这场意外其实就是一种缘分，缘分是很奇妙的东西，彼此珍惜、彼此守候才是当下要做的。

今天早上我很感慨地跟大家说了一番话，一直以来认为我教的学生情商是很高的，最会感恩的，可这个教师节之前我什么都没说，就是想看看你们会不会有所行动（当然，这个行动并不是要你们准备什么物质的礼物）。走进教室没有听到任何祝福，再看看黑板也没有一个字的留言，办公桌上也只有孤零零的一个便签条写的祝福语，我顿时感到很心凉，不知道是自己太在意了，还是你们太无心了。一声简单的祝福、一张小小的便签条其实就会让老师收获满满的感动，可是你们都没有做，也没有一个班干部领头做，所以在和你们诉说的那一刻我哽咽了，原来一年来的付出、教育还是换不来你们对老师发自内心的感恩。最后你们在黑板上写下了满满的祝福语及对我说的"对不起"。其实这些都不重要，老师和父母一样，付出只希望能换来你们的珍惜、你们发自内心的感恩——感恩的方式不在乎有多么盛大，就是只言片语也会让我们备感欣慰。去年的母亲节、父亲节，我都让你们用自己的方式去表达对父母的感恩及爱，其实这些举动是不应该要别人提示的，其实不仅这一天才要特别地表达你们的爱，在这个充满生活气息的校园里，你们的知识不断更新着，你们所吸纳的东西越来越多，但心中最不能改变的就是守善、感恩。在美国的一个月让我感触最深的是他们的信仰，每个礼拜雷打不动地上教堂，每天午餐、晚餐一家人牵手祷告，一个月里我跟着他们一家人去了三次教堂，每次都看着男女老少穿戴整齐出现在教堂，他们那种虔诚，那种对上帝、对家人、对身边人的感恩深深触动了我。我们没有这样的宗教氛围，但我们有着古人流传下来的优秀传统：仁、义、礼、智、信。这"五常"也是我们中国价值体系中最核心的因素，我们每一个人都应该恪守这些最能提升自己道德修养的美德。哦，也许扯得太远了，其实，我想说的就是，孩子们，用你们的言行去给身边人传递一种信息：感恩、向善、积极、向上！

最后给你们提个建议：周末尽量和家人在一起，少结伴出去玩耍，适当的运动很有必要，但一定要保证与家人相处的时间。孩子们，你们越来越大，在父母身边的日子越来越少，珍惜当下，多与家人交流，回报与感恩的方式之一就是陪伴！

2015年9月11日

第3周记事

【阳光寄语】

绽放精彩，为了遇见美丽的自己！

【阳光心语】

在上学期末就知道自己骨干培训的最后结业时间是12日到16日，所以期间并没有太刻意去琢磨这件事。可是时间把自己逼到这个时候，突然觉得一天24小时都不够用，坐在广东第二师范学院的教室里，重温着大学时光，忙碌却不焦躁。女儿每天打电话给我，每天都盼着我快回家，我告诉她"要好好学习，认真做好自己应该做的事，妈妈快奔四了都要不断研修进步，都非常珍惜每一次提升自我的机会，所以你更应该好好珍惜现在拥有的读书时光"。孩子们，你们不也应如此吗？任课老师们说，我不在的时候，有些人走路都"嚣张"了几分，早晚读前优哉游哉晃进教室，早读晚修肆无忌惮地走出教室上厕所，体育课以各种理由逃避，34号甚至还约人在操场打架……而我一回来，不少人就开始收敛了，我听了觉得很可笑。孩子们，你们真的在为老师、为你们父母学习吗？可笑、可悲！要知道，父母不欠你们的，老师更不欠你们的，你们也不欠我们的，所以珍惜当下，做好自己，不要装模作样，不要为我们而学习，今天的学习是为了日后你们有更多的选择。

萍姐告诉你们，要想幸福阳光地生活，请做好：

（1）不抱怨生活，努力去想解决问题的方法。

（2）不贪图安逸。

（3）感受友情，广交益友。

（4）勤奋工作。

（5）降低负面影响，少接受负面消息。

（6）生活有理想，树立目标。

（7）给自己动力。

（8）规律地生活。

（9）珍惜时间。

每周记事篇

（10）心怀感激，把注意力放在快乐的事情上。

（11）微笑面对每一天。

2019年9月18日

第4周记事

【阳光寄语】

如果你够聪明，就内化成你的能力，让你成为最好的那个人！

【阳光心语】

　　孩子们，又是一周恍惚而过，中秋将至，可暑气正浓，天气的炎热让我们感受不到秋日佳境，于是心气依然处于浮躁之中。课前的躁动让教室常常处于沸腾状态，我不知道你们身处其中是一种怎样的感受，每次我一进去就觉得心跳要加快，那种感觉很不舒服。如果你们现在还是幼儿园的小朋友或者是小学生，爱吵爱闹我还能理解，可你们现在已经是初二的学生了，更多时候应该知道公共场合应该遵守的公德是什么。有同学说我希望教室下课也呈现自习状态，言词间虽有小讽刺，可是我真的希望你们在教室这一公共区域保持安静、洁净。我曾调侃过，老外最怕在公共场合遇见中国人，因为有三个以上中国人在的地方一定热闹非凡。我在美国的火车站、飞机场，偌大的区域，人头攒动，但是安静得让人呼吸的声音都不敢加重。我不知道这是一种什么样的社会公德让他们能够这样文明，这样自律。相比之下，你们呢？下课铃声才响，脚已离开座位，声音已经肆无忌惮地响起来了，于是教室顿时就会沸腾起来。我不明白你们为什么会有这么多话讲，宿舍讲、饭堂讲、课后讲、课前讲、课间讲，甚至自习课还要讲，不分时间、不分场合，没有顾忌、没有分寸，十年来接受的教育没有起到作用，父母的教育没有起到作用，真的有点无语了。你们可能常常觉得萍姐很严厉，萍姐要求你们这样那样，似乎在禁锢你们，但是于我而言，我并不是要束缚你们的个性，我觉得教你们知识的同时还要教你们如何成为一个合格的公民，传授你们知识的同时还应该纠正你们的不良行为，希望你们从这个班级走出去真的会比别人多一些不一样的东西。所以，真的，从管住你的嘴巴开始，从约束你的言行开始，做一个散发正能量的人，做一个阳光向上的人！

不要认为萍姐对你们的教育是严厉的，尽管"严师出高徒"是古人留下的金玉良言，我也不想以此来为自己冠上高帽。我只是希望以一种教育情怀来向你们传递一些知识以外的准则，如果你们一直以抵触的心理来对待这一切，那我想说，枉费了我们师生一场！

家长朋友们，一年多的日子，我们彼此已经有了共识，有了默契。孩子们在阳光（4）班经过一年的成长，都有了些许变化，尽管这些变化难以单纯用"好"或"不好"来概括，可是我们不可否认地发现孩子在不断成长，成长的速度甚至连我们的目光都不能企及，孩子长高了，变声了，沉默了，他们的世界我们开始不懂，而我们又急于探究。于是我们时常困扰着自己，这就是孩子成长给我们的烦恼。同样身为家长，我也时常焦虑着，孩子永远不可能按照我们既定的轨道去成长，他（她）在独立，在形成自己的思想，在形成自己的判断，在形成自己的价值观，而我们要做的是什么呢？我想，应该不是纠结，不是困扰，而是不断给孩子植入正确的价值观和判断力，不断给予他们正确的导向。不知大家最近是否留意过网上流行的一个段子：躲过了诺一和康康，没想到措手不及地栽在了林子濠手里。这几个孩子都生活在富裕家庭，生活在光环之下，可是他们有一个共性，就是有教养。林子濠是歌手林依轮的儿子，自从参加《变形记》后就开始火起来了，这个孩子与《变形记》以往的主角不同，他的参与纯粹是因为父亲让他去体验、去锻炼、去感受，林依轮说这是送给孩子的成人礼，在节目中，林子濠展现出来的最突出的就是有教养，他温文尔雅，举止有度，深受观众好评。教养无疑是父母传输的，孩子的成长伴随着自己的不断反思，我们会不断在孩子身上发现自己的影子，所以，孩子在成长的同时，我们做家长的也要成长，特别是风筝线还拽在我们手中的时候，更要不断地去调整方向，待到有一日，风筝挣开我们手中的线扶摇直上时，我们就真的只剩下企盼了。

2019年9月25日

每周记事篇

第5周记事

如果说岁月磨炼了我们，那一定是行动激活了所有美好，丰满了我们的羽翼。

【阳光心语】

刚刚结束第一次自查考试，国庆长假就接踵而至，想必你们如我一样，一只脚已经迈出了放假的节奏，想必很多同学也在规划假日活动。

尼采曾经说过："每个不曾起舞的日子都是对生命的辜负。"你是那个辜负自己生命、败坏自己生命的人吗？你是那个虚度光阴消磨岁月的人吗？进入初二才一个月，我就发现了你们身上的变化，或许真的是青春期荷尔蒙在迅速发酵以至于弥漫一地，男生三五成群喜欢聊些无聊透顶的事，做些不适宜的事。学校很大，你们的水平参差不齐，无心向学的人更是会不断制造事端与话题，给了某些无聊之徒太多八卦的话题，于是有人不断扮演小丑，有人不断充当观众，负能量也不断汇聚。这，就是你想要的生活吗？你的目光所及之处都是与你的品位相关的东西。物以类聚，人以群分。殊不知你充当的角色招致身边多少人的鄙弃。学校活动不停，学习任务不轻，找些事情去填充你的生活吧！每个人都可以是最美的风景，只是有人没有担起让它美好的责任，堕落了、沉沦了。如果你愿意，你愿意全力以赴，你愿意对得起最伟大的生命，抑或说，你愿意把自己当作一个伟大于一切生命的人，那么你就勇敢地担起让自己优秀的责任吧。因为你不比任何人差，你不是不能优秀，而是你不肯优秀，是你不像勇士那样拥有冲向优秀的气概。20号、33号、34号、36号、37号、40号、45号，你们的名字经常出现在班级违纪登记簿上，你们总喜欢做些不合时宜的事情，你们不以为然，你们不认为自己的言行冲击着班级的正能量是一种羞耻。父母时常教育你们，老师时常教导你们，你们置若罔闻，我行我素！如果长此以往，只能说你是个不负责任的人，对己不严格、对人无责任！孩子，别让自己的时光虚度，别让自己的生命凋零，担起责任，像个男人一样，冲刺吧！而女生，更要善待自己，别让虚荣和冲动蒙蔽了自己的眼睛，别让无聊之徒乘虚而入，保留自己对生活的热爱，不要沉迷在电视电影剧情的虚妄之中，用阅读充实自己的灵魂，用思想明亮自己的双眼，要去做适合自己年龄做的事情。还记得我曾经给你们提的要求吗？男孩要阳光、自强、自律、大度、担当、坚韧，女孩要阳光、自爱、刻苦、宽容、从容、智慧，记住我们的阳光少年"十字"成长目标——德优、学佳、开朗、自信、奋进，让每一个季节都飘散着属于这个季节的芬芳！

国庆长假将至，在这里提醒你们：合理安排学习、游玩计划；不要破坏生物钟，按时作息；每天阅读，争取将两部必读书读完；作业不要偷工减料，按质按量完成；积极参加各类比赛，上交高质量作品；其他事项按学校发的通知执行。

2015年9月30日

第6周记事

【阳光寄语】

起风了，阳光路上不仅有风和日丽，更有暴风骤雨！

【阳光心语】

一早起来终于感受到了秋天的凉意，南方的秋天总是千呼万唤始出来，羞羞涩涩显得不那么肆意。可无论怎样，我们都阻挡不了季节的更替。好吧，那我们就纵情享受这个秋天的第一缕凉风吧！

本周三天在校时间似乎还没从长假中缓过劲来就又结束了，你们当中许多人还处在放假状态，回来后的表现如下：

（1）作业质量不高，有部分人偷工减料（名单已公布过），部分人没有按要求做（写错本子），更离谱的是44号让妹妹帮忙写作文（请家长打电话给我），令人失望的是5号和7号两名女生，两名比较优秀的同学一个是部分作业完全没有做，另一个抗拒作业推迟回校。希望家长重视，孩子对待家庭作业的态度直接反映了家长的教育方式及教育态度。这些现象如肥皂剧一般无聊地上映着，令人厌烦！父母的叮嘱、老师的告诫都置之脑后，为一时的偷懒又招致惩罚、批评。我说了，这真的很没意思，这种猫捉老鼠的游戏重复上演着真是让我无语。

每周记事 篇

（2）节后综合征导致状态极差，很多同学还没有从长假中缓过神来，课堂上心不在焉，学习效率极其低下。

（3）对待考试态度不佳，这一次自查范围很窄，就拿语文来说，背默的东西极少，考前复习的时间给足了，可有些人完全不在状态，最后导致丢分严重。

另外提醒：

（1）明天周日准时回校，天气变化，带好校服冬装。

（2）家长控制孩子的网络交友情况，对于未成年的孩子家长有义务进行监督和引导。

（3）有科幻画绘画、物理小制作、地理小制作的同学记得带作品回来。

2015年10月10日

第7周记事

【阳光寄语】

如果你被青春撞了一下腰，那就坚强地忍受，让自己变得更强壮！

【阳光心语】

这些天，明显感受到秋天的凉意，天空被秋风刮得瓦蓝瓦蓝的。在这个舒适的季节，秋天带着半遮半掩的羞涩朝我们款款而来。在忙碌的日子里，我们踩着时光的节拍，常常忽略万物在悄然变化着：太阳在秋日里明亮亮的，照在身上已经不再似炙烤；校道上的黄叶也总是扫不完；早晚的风透着些许凉意；我们的肌肤似乎也在张开毛孔期待补充水分。诗人顾城说过，我们都该像青草一样呼吸。的确，我们只有像青草一样呼吸，才能感受生命的气息，才能捕捉青春的能量。

周一，健乐和楚晨主持了主题班会"祖国在我心中"，下周一将由坤穗和雅娴主持，我们的自主主题班会将一直延续下去，望同学们积极认领班会并主持，这是一个锻炼自己的极好的机会。从上周开始的微信语音播报取得了很好的效果，播报的同学精心准备，每天为家长展示班级动态、评论当下话题，希望同学们借助这个平台展示自我，锻炼自己。班级日记更新为"班级论坛"，也希望同学们将自己的思想展示在上面。学习成长小组的较量也在暗暗进行，这种小组竞争机制更能提升你们的能动性。孩子们，成长的舞台很大很广，只要你能绽放一点明媚，我便会给你提供无限能量。本周的自查成绩公布了，对不少同学而言，成绩暴露出不少问题：学习不踏实、弱科拖后腿、分心致使退步，部分女生的数学甚至不及格，部分"活跃"的男生无心向学，成绩倒数。好好正视自己的成绩，初二是个转折过渡期，在这个时候，如果你不重视，你不勤奋，那么接下来你只能等着自食其果。我想，但凡对自己有一丝要求的人都应该对自己的初二学习生活进行合理的规划，加强优势科目，提升弱势科目。办法总比困难多，只要你行动起来，就不会让自己懊悔。所以，请把学习放在第一位，因为，目前你唯一的任务就是学习，不管日后你成为怎样的人，但至少不要为当下而后悔！

初二的你们身体在悄悄发生改变，青春期的荷尔蒙会时不时地刺激你，不管有意或无意，你总会做出些令人匪夷所思的事情来。在外，或许你会伪装自己，让自己言行正常，而在家，你会将真实的一面淋漓尽致地展现出来，于是，很多时候，你最亲的父母便成为你伤害的对象，你将情绪最失控的一面、最冷漠的一面、最无理的一面统统展现在父母面前。我想告诉你们的是，父母从来不欠你们的，你们没有理由在父母面前成为不堪的小丑，你们目前的一切都是父母给予的，你们有什么资格冷漠对待父母？你们有什么权利对父母大声吼叫？你们有什么理由去跟父母谈什么所谓的"隐私"？成年之前，你的一切都由父母管理，所以，你需要做的是不要将青春期的烦恼撒在父母身上，不要对父母冷眼相对，你应该每周回家后愉快地、轻松地、心平气和地和父母分享快乐，畅谈校园生活，和父母一起分析你的苦恼、你的郁闷，不要让自己心中的"小恶魔"在亲人面前跑出来撒欢！

所以，萍姐提醒你们：

（1）回家主动和父母沟通。

（2）帮父母做力所能及的家务。

（3）不要把自己的房门锁起来。

（4）对父母的要求主动应承。

（5）敞开自己的"秘密"，不要用自己在政治课上学到的皮毛来和父母谈"侵犯隐私"。

（6）合理使用电子产品，不要成为电子产品的俘虏。

每周记事篇

（7）和父母签好下面的"手机使用协议"。

在这里跟大家分享一篇文章：

亲爱的格雷戈里：圣诞快乐！现在你已经骄傲地成为一部iPhone的拥有者了。太棒了！你是一个优秀的、有责任心的13岁男孩，理应得到这份礼物。不过在接受这份礼物的同时，你还得遵守一些规章制度。请把下面的使用合约从头至尾读一遍。我希望你能明白，我的职责是把你培养成一个全面发展、身心健康、对社会有益的年轻人，从而使你能够适应新技术且不被其左右。如果你没能遵守下列约定，我将终止你对这部iPhone的所有权。

（1）这是我的手机，我付钱买的。我现在把它借给你用了，我是不是很伟大？

（2）手机密码必须要让我知道。

（3）如果电话铃声响了，就一定要接听，因为这是一部电话。接起电话要说"你好"，要有礼貌。永远不要因为来电显示是"妈妈"或者"爸爸"，就故意不接，永远不要这样做。

（4）周一至周五晚上7：30、周末晚上9：00，准时把手机交给我或你爸。我们会把手机关机，到第二天早上7：30再开机。如果你不愿意给某个朋友家的座机打电话（因为他的父母可能会先接起电话），那就不要打，也不要用手机给他发短信。要听从自己的直觉，尊重他人的家人，就像我们希望得到他人的尊重那样。

（5）手机不能带到学校。你要学会与那些你用短信联系的人面对面地聊天，因为这是一种生活技能。如遇到只上半天课、外出参观学习及有课外活动等情况，可另行考虑。

（6）如果手机掉进厕所、摔到地上或是不翼而飞，你得承担更换零件的费用或负责维修。（你可以修剪草坪、替别人看孩子或者把一部分生日礼金存起来。这样的事难免发生，你应当做好准备。）

（7）不要利用这个高科技产品说谎、愚弄或者欺骗他人；不要在电话里说一些伤害他人的话；要做一个良友，或者干脆远离争端。

（8）远离色情内容。用手机上网时，只能搜索和浏览那些可以坦然与我分享的信息。如果你对任何事情有疑问，可以找个人问问，最好是问我或者你爸。

（9）在公共场合要把手机设成静音，并收起来放好，尤其是在餐厅、电影院或者与另一个人交谈的时候。你不是一个无礼的人，不要让iPhone改变这一点。

（10）不要发送或接收你或者其他任何人身体私密部位的图片。不要笑，不要以为你很聪明，有一天你也会被诱惑去做这样的事。这有很大的风险，可能会毁掉你中学、大学乃至成年后的生活。这永远是个坏主意。网络空间浩瀚无边，其力量远比你想象的强大，你很难让任何诸如此类的大事不留痕迹，包括坏名声。

（11）不要无休止地拍照和录像，没有必要把一切都记录下来。要用心体验生活，这些生活经历将会在你的记忆中永存。

（12）有的时候可以不带手机出门，并且决定这么做时要心无挂碍，不要觉得不安。手机不是活物，也不是你身上多长出来的东西，要学会抛开手机生活。不要总是生怕自己错过了什么，要让自己的内心更强大。

（13）下载一些新潮的、古典的或者与众不同的音乐，不要像你的无数同龄人那样，全都听一模一样的歌。你们这一代人有着史上无人能及的便利条件，可以接触各种各样的音乐。好好利用这个优势开阔你的眼界。

（14）不要总盯着手机，抬起头来，留意你周围发生的事情，看看窗外，听听鸟鸣，散散步，和陌生人说说话。保持一颗好奇之心，不要总用谷歌寻找答案。

（15）假设有一天你把生活搞得一团糟，那时我会收回你的手机。我们会坐下来谈心，然后再从头开始。你和我都在不断学习。我是站在你这边的"队友"，让我们共同面对。

我希望你能同意这些条款。以上所列举的大部分告诫不仅仅适用于这部iPhone，也适用于你的生活。今天的世界瞬息万变，惊险刺激又充满诱惑，你成长于这样的环境，不论何时都要尽量保持淡定。要相信你睿智的头脑和强大的内心，不要被任何机器所左右。我爱你！希望你喜欢这部超级棒的新iPhone！

2015年10月16日

第8周记事

【阳光寄语】
唤醒内心的种子，开出绚丽的花朵！

【阳光心语】
秋天是一个奇妙的季节，处处透露着童话般的美丽气息，我家门前的桂花已在清风中吐露芬芳。馥郁醉人的桂花香荡漾在这个宁静而又舒适的校园。我曾经跟你们说过，我是个具有浓厚校园情结的人，出生在校园，在校园长大，童年的记忆、少年的烦恼、青春的飞扬都发生在校园里。我一直认为，校园生活会让人更纯粹，简单的生活会使人的心变得更明净。好好珍惜这如诗如画的校园生活吧，它终究会成为你青春岁月中最美丽的篇章。

我们的班级称为"阳光班级"，这不仅仅是一个名号，它包含的意义想必你已经逐渐知晓。萍姐希望你们积极、上进，不怯懦、不颓废，愿你们像阳光一样绽放明媚；也希望你们不断展现自己的光彩，就如昨天的朗诵比赛，心怡和嘉钦的表现令人欣喜，她们或许并不是我们班最优秀的孩子，但是只要有一个舞台，她们就可以发光发亮。有人说过，每个孩子都是一朵花，只是每朵花的花期不一样，待到花期时，必然满园春色。所以请你们唤醒内心的种子，有了雨露的滋养、阳光的沐浴，就会迎来属于你自己的花期。

开学以来，我们实行学习成长小组PK制，今天座位的编排也基本按照PK结果划分区域，实力差距还是蛮大的，这其中排除成绩上的差距，就是某些组出现了"猪一样的队友"，他的不争气为小组带来极大的损失，致使整个小组要选择最差的座位，我希望这样的组员真的要好好反省：当自己的存在成为身边的人的拖累时，真的是时候改变了。我们每一个人都是一个独立的个体，可每一个个体又不可避免地依附于群体，个体要不被群体唾弃、排挤，就应该遵守群体的游戏规则，要承担个体在群体中应尽的责任。

这周我们的主题班会是"别被青春撞了腰"，谈了你们目前存在的问题：与父母沟通的问题、男女生交往的话题。停留在口头上的道理你们都知晓，但一旦付诸行动就言行不一致了。敏感而又莽撞的青春期或多或少会经历迷茫与任性，只有理智指引你的行动才能不恶狠狠地撞了自己的腰。本周说到了一些话题，愿当事人好自为之！

一周的时间稍纵即逝，周末又尤为可贵，对于某些学科弱的同学一定要学会利用周末的时间来提高成绩，有必要的话可以适当补课。

2015年10月23日

第9周记事

一个人，可以走得很快。一群人，可以走得很远！

【阳光心语】

炎热的天气诡异得让人怀疑真的已到暮秋了吗？这两天更是热得难受，说是要降温了，也许吧，正如暴风雨来临之前的宁静一样，这样的大热大寒交替无不让人生厌。季节的交替本就是自然界最自然的更迭，循序渐进方可愉悦人心。可南方的气候总是这般任性，让人失去了对四季最基本的认识。罢了，罢了，自然界的神力终究是人力无法抗拒的，而在我们掌控之中的却是自己的人生。我们也许抵挡不过外界的力量，但可以听从内心的召唤；我们也许阻挡不了自然的力量，但可以左右自己的人生。如果连自己的人生都从手边溜走，那我们的一生也许就永远没有四季了。在自己的人生四季之中，至少要有明确的目标、炽烈的情怀，要有一种"不忘初心，方得始终"的执念，方可感受春的明媚、夏的热忱、秋的诗意、冬的浪漫。把四季揣进怀里，你才拥有完整的人生。追求完美人生的过程注定是孤独和寂寞的，因为你的人生高度越高你会变得越孤独，可是傅雷却说过，赤子便是不知道孤独的。赤子孤独了，会创造一个世界，创造许多心灵的朋友。你要跑得过黑暗，才能追得上光明；你要跑得过荒凉，才能抓住葱茏。这个世界，你必须用你的速度去超越孤独和寂寞。也许我现在说的你们不太明白，可总有一天，你们当中的一些人会远远地走出你们的视线，远远地走在自己的追求之旅中。但是，你要记住，一个人，可以走得很快；一群人，可以走得很远。在你奔跑的过程中，总有一些志同道合的人会成为你的旅伴。

每周的作业总有一些人不认真或不完成，周日经常上演的那一幕令人很是生厌。我再次提醒家长和同学们，如果周末作业没有完成就不要回校了，在家里把作业认真完成再回校。另外，几个男生经常性地控制不住自己的嘴巴，晚修、课堂讲话成了随心所欲的事情，丝毫没有廉耻之心，不认为对他人的打扰是一种羞耻。希望这几个男生回去后跟家长商量好并从下周开始固定来教室陪读。本周还有一位男生为了周四的社会实践私带手机回校，并且煞费苦心地转给其他班女生托管，这般的周折就是为了带一部手机，真是让人啼笑皆非。任何一个团队都有需要遵守的规则，如果人人都无视规则，我行我素，那么任何一个团队都会瓦解。任何一个独立的个体都应该毫无理由地遵守你所在集体的规则，希望任意践踏规则的同学都好自为之！

2015年10月30日

第10周记事

【阳光寄语】

松开过去的自己，改变一生的结果！

【阳光心语】

　　三天的学习后匆匆赶回学校，只因为想在周末前让你们带回这张记事。我的学习之旅还在进行，每一次外出培训纵有千般牵挂，可脚步却依然向着更高更远的方向，生命不息，学习不止。每一次外出学习我都用备感珍惜的心情去面对。社会瞬息万变，一个永远止步不前的人迟早有一天会被社会淘汰。也许你们以为我又要给你们讲道理了，要你们好好珍惜学习机会，呵呵，这次我不说了，因为这些道理你们早已知晓，我终究不能替代你们。一年多的教诲早已将自己的期许和要求明确于你们了，而你们当中的一些人已经知道自己的成才无人替代，可有些人仍然我行我素，所以浪费口舌的话我不再重复，只想说一句"松开过去的自己，改变一生的结果"！

　　学期已近半，下周就是期中考试了，本周增杰给我们上的班会课就是让我们感受时间的可贵，感受惜时的力量，其实你们目光所及之处总有一些默默努力的人，可也总有一些视学习为束缚的人。班上40多个人，每个人都有自己的思想、自己的态度、自己的行动，有多少美妙之处就会有多少忧虑之事，你们的父母对你们有多少期待对老师就有多大的寄望。我们老师纵有孙悟空的七十二变，也无法潜入你们的内心去探个究竟。所以，归根结底，老师只能不断给你们指引，不断对你们矫正，不断给你们方向，而无论怎样，过程中的行动却只能依靠你们自己。脚下的步伐有多坚实，前面的目标就会有多接近。孩子们，你们的成长有无数可能，在一切的可能中去实现最美的自己吧！

温馨提示：

（1）周末合理复习，迎接下周期中考试。

（2）周末复习生物，周日测验。

（3）合练安排补习时间，不要本末倒置。

（4）周日准时回校，不要无故请假。

2015年11月6日

第11周记事

【阳光寄语】

心向远方，岁月定会留下最美的痕迹！

【阳光心语】

此时此刻，办公室安静得只能听到自己的心跳声。老师们都去监考了，在这安静的环境中，我的思绪反而很杂乱，很难抓住某个念头。抬头看着窗外，灰蒙蒙的天空丝毫不会给人带来愉悦，秋？冬？不知道这样混乱的季节会给人带来怎样的心情。我们带着生命的喜悦在岁月的丛林里穿行了半个学期，从未停止过忙碌、思考、疲累……这也许就是每个人的人生状态。昨天上午去东莞做了一个3小时的讲座，前天晚上备课到12点，有一瞬间突然很颓丧，想一下子把课件全部删掉，想明天不要到来，心中莫名地涌出的厌倦自脚底往上升，我想为什么要做这么多的事，为什么总有忙不完的事，为什么总要做一些本不愿意做的事……那一刻的厌倦感让自己异常消极和沮丧，所幸，那一刻、那一念转瞬即逝。黑夜过后，黎明照常，阳光依旧，3个小时的讲座也获得了赞许和掌声，结束的那一刻我长吁一口气。其实生活就是这样，忙碌、充实却不乏快乐。人生苦短，与其纠结于做还是不做、想还是不想，不如快乐地接受生活对你的安排。岁月清秋，2015年也渐行渐远，日历越翻越薄，岁月流逝得不着痕迹。回首间，是否沉淀着难以割舍的片段？是否存留着温暖感动的瞬间？我想，一个有目标、有追求、有思想的人在行走的过程中一定会留下深深的脚印，一定会有所沉淀。

期中考试又结束了，初中三年已走过一半的路程，千万不要认为时间还有很多，殊不知眨眼工夫初中生活就会从你的手中流逝，莫虚度，以免"白了少年头，空悲切"。

目前，你们当中存在的最大问题就是大部分男生心静不下来。就拿昨晚的数学复习来说，近一半的人心静不下来，东张西望，有些男生经常用眼神交流，状态糟糕到极点。临考前都是这种状态，我不知道你们是否有为自己成绩考虑的想法。"临阵磨枪，不快也光"，到这种关键时刻，如果还是我行我素，我想，这样下去，再怎么教育都是徒劳的。这些人的名字我就不再公布了，基本上都是本周见家长的人。本周有几个人，我已经发了最后通牒，如果直至今日你都学不会珍惜集体荣誉，都不会感受集体的正能量，在我看来，这个班你没有必要拥有一席之地，因为，你不配拥有！

再次重申阳光少年应该具有的品质：男孩——阳光、自强、自律、大度、担当、坚韧；女孩——阳光、自爱、刻苦、宽容、从容、智慧。你们做到了吗？努力向上吧！

2015年11月13日

第12周记事

【阳光寄语】

态度决定人生，我的态度就是对你们严格！

【阳光心语】

这个星期很忙碌，一边忙着期中考试的各种总结，一边忙着校运会的准备。你们一边在为期中成绩或欢喜或忧愁，一边也在积极准备校运会。周二的20×50米往返跑也在我们的团结协作下取得了名次，这对我们这个缺少体育尖子的班级而言无疑是一种莫大的鼓舞。我曾经说过，如果校运会全部是集体项目，那我们（4）班一定是当之无愧的冠军。因为我有足够的理由相信你们的团队精神是可以披荆斩棘的。

期中成绩的揭晓让我并没有因为我们取得第一名而兴奋，反之，面对成绩我不禁忧虑。我们的整体成绩的确优秀，这有赖于我们有一个比较强的团队，有赖于我们良好的班风。可再仔细一分析，让我很为某些潜力很大的同学忧虑。就拿前200名来说，我们班只是一个平均水平，平均分远远低于我们的班级，这个行列的人数却远超我们。再看前40名，某个平均分低了我们20多分的班级，这个行列的人数却是我们的2倍！这意味着什么？意味着我们的尖子生在慢慢失去优势。我看了我们班300名之前的同学的成绩，这些同学好多都是起起落落，在200名上下徘徊。而40名之前的同学有几个也被别人抛在后面了。（3）班的尖子生越来越好，而好多200名之前的同学是一直稳坐泰山，我很清楚他们为什么能有这样的成绩，因为他们这些尖子生彼此之间学习、竞争的氛围特别好，他们非常刻苦，非常稳重。还有其他班的尖子生，据我了解更是努力，有些女孩子的勤奋度让老师都感动。而我们呢？我们班的尖子生不缺乏聪明，不缺乏悟性，可就是缺乏踏实和勤奋。我可以负责任地对你们说，一年半后的中考于你们而言更具挑战，更具压力，你们要想挤入重点高中，可能还要比毕业的学长们付出更多！这么多年的教学经验告诉我，从来就没有出现过侥幸成功的人，能够把别人远远抛在身后的人一定是极其刻苦的人，一定是极其会规划自己学习的人。所以，听萍姐的话，每一个层次的人都要努力挖掘自己的潜能，学会合理安排学习，学会做学习的主人。

　　本周的数学课你们接受新老师的代课，普遍反映听不太懂，这是很正常的，毕竟要适应一个新老师，无论这个老师的教学能力怎样都是需要一个过程的。下周可能还会有另一个老师接任数学课直至期末。希望你们无论面对怎样的老师都要清楚一点：老师终究只是引路人，学习的主动性和自觉性才是关键。大家在这一周必然会想起吴老师的各种好。吴老师突然而至的疾病是我们都不愿接受的，但事已至此，我们就好好祝福吴老师，我们好好学好数学，想必这才是对吴老师最大的安慰。

2015年11月20日

第13周记事

【阳光寄语】
路，就在脚下，不要大意，让机会悄悄流失。

【阳光心语】
这两天终于找寻到一丝冬日的影子，暖阳中的凉风终于透出了一点冬季的凉意。这个冬天似乎太矫情了，千呼万唤始出来。趁着冬季暖阳的惬意，这个周末有空的话去和家长一起晒晒冬天的太阳，感受一下冬日的暖意，享受一下携手踏青的惬意吧，踩着暖阳的影子，和父母说说心里话。还记得昨晚萍姐对你们说的话吗？

（1）父母不欠你的。

（2）不要认为一切都理所当然。

（3）不要以青春期为由对父母无礼。

（4）关注生活中一切美好的事物。

（5）用阅读来充实自己的灵魂。

2015年11月27日

附：

下面整理一下昨天家长会的一些资料。

1. 语文

阅读习惯：

（1）阅读是一种人生态度，很少有孩子能沉入文本深入阅读。就拿课文预习来说，能够认真按照老师指导的批注要求进行预习的学生不到1/3。

（2）推荐的书目能够认真阅读的简直是凤毛麟角，课后能够静下心来阅读的人简直看不到。

（3）如果缺少海量阅读，中考、高考都会吃大亏。

要求：

（1）识记类的要扎实过关：字词、古诗文背诵等。

（2）课堂上耳、脑、手都要动起来。

（3）要注重阅读，把阅读作为常态，深入阅读。

（4）读书笔记和随笔都不要流于形式，扎扎实实地完成。

（5）家长注重阅读氛围的营造。

2. 数学

学习数学没有捷径可走，保证做题的数量和质量是学好数学的必由之路。保证数量就是：

（1）选准一本与教材同步的辅导书或练习册。

（2）做完一节的全部练习后，对照答案进行批改。千万别做一道题对一道题的答案，因为这样会造成思维中断和对答案的依赖；先易后难，遇到不会的题一定要先跳过去，以平稳的速度过一遍所有题目，先彻底解决会做的题；不会做的题过多时，千万别急躁、泄气，其实你认为困难的题，对其他人来讲也是如此，只不过需要点时间和耐心；对于例题，有两种处理方式，即先做后看与先看后测。

（3）选择有思考价值的题，与同学、老师交流，并把心得记在自习本上。

（4）每天保证1小时左右的练习时间。

保证质量就是：

（1）题不在多，而在于精，一题多解，一题多变，多元归一。

（2）落实：不仅要落实思维过程，而且要落实解答过程。

（3）复习：温故而知新，把一些比较经典的题重做几遍。把做错的题当作一面镜子进行自我反思，这也是一种高效率、针对性较强的学习方法。

3. 英语

（1）上课最不专心：黄灏文、谢镇聪。

（2）多数男生不愿意开口读英语。

（3）80分以下的同学多数是词汇不过关，不习惯反复记单词，文科的知识需要多次重复记忆，英语尤其如此。

（4）据了解，有部分同学找老师补习。想告诉家长一句，如果学习态度不端正，补习没有任何意义，浪费人力、物力。只有从根本上激发学生的学习动机，只有真正有学好的愿望，补习才有效果。

4. 物理

根据平时上课自己的掌握情况，自行定制练习分量。

5. 政治

背好提纲，理解记忆。

6. 历史

（1）多做练习。建议购买北师大版的《五年中考三年模拟》。

（2）及时背熟提纲。

7. 地理

熟记提纲和课本的大图，整理错题，多做练习，多问（可以买一本《五年中考三年模拟》或在"可圈可点组题网"自己选题做）。

存在的问题：有部分同学长期不认真听课，知识点落实不到位，导致基础薄弱。要提高成绩首先要端正学习态度。

教学情况：本学期内容即将学完，下周开始上下学期的内容，后阶段的学习要边上新课边自己巩固本学期的内容。

8. 生物

课堂知识要巩固，适当做一些练习巩固，一定要为中考做好准备。

第14周记事

【阳光寄语】

读书是一种别样的优雅！

【阳光心语】

时光倏然间转到了年末，2015年的尾声就这样悄无声息地进入了我们的视线。盘点这一年，你的生活是否有所改变，你的成长是否有所沉淀，你的时光是否丰盈……每一个逝去的日子仿佛都成了没入水底的沉石，尽管当初的淹没留下了许多涟漪，可如今已消失得无影无踪。是的，这就是时间。正如《读者》上的那幅漫画，时间会成为每个人的掘墓者，现实又残酷。所以，请不要成为时间的奴隶。

本周用了两节课跟大家讲"如何读一本杂志"，借读一本《读者》来和你们谈读书方法、读书感受，尽管两节课的时间甚少，但我希望借这两节课教给你们一种读书的信念，让你们的年少时光多与书籍为伴。热爱阅读，会让你的心灵变得富足；热爱阅读，会让你的生命得以拔节。如果你能从阅读这种精神生活中体验快乐，亲情的美好，责任的担当，面对困难的坚持与勇敢，对别人的感恩，对真、善、美的追求，富足的精神生活就会促进你们人格的完善。我告诉你们，一个人的成长不是简单的叠加和堆砌，而是精神和生命的成长，而精神和生命的健康成长必须依赖好书给予的营养。如果你想拥有"自由之思想，独立之人格"，不人云亦云，不随波逐流，那你每天都要拥有一定的阅读时间。

《道德经》上说"重为轻根，静为躁君""轻则失根，躁则失君"，老子要告诉我们，只注重轻而忽略重，则会失去根本；在动与静的关系中，静是根本，动是其次，只重视动则会失去根本。而读书能使我们浮躁的心沉静下来，读书可以培育温润、敏感、丰富的内心。所以说，读书可以让我们"补

"钙"，可以让我们补精神之钙！

好了，说了这么多关于读书的道理，就是想提醒你们别让时间白白从手中的电子产品中溜走，而应该让时间在书籍中留下点点涟漪。

同时也希望有素质的家长朋友能陪伴孩子读书、谈书，"劳于读书，逸于作文"，书读得不多，读得不好，语文自然考不了高分。

最近天气转冷，部分同学起床就不利索了，动作慢吞吞，自然就耽误了吃早餐的时间。据区长反映，大多数同学的早餐要么不吃，要么就吃不下，长此以往一定会严重影响身体发育，所以在区长和班亲会家长的协商下，本周让昊强爸爸试行了几天送课间餐过来，同学们非常开心，今天回去家长可以向孩子了解一下情况，如果没有特别意见，下周就开始正式实行。在此也要感谢热心家长的全力支持。

时间很快，眨眼间就到期末了，请同学们周末期间放松而不放纵，可以有计划地进入期末复习。家长也要关注孩子的动态，利用一切机会陪伴孩子以增进亲子感情。

2015年12月4日

第15周记事

【阳光寄语】
踏着季节的节拍，寻找最美的自己！

【阳光心语】
冬天的天气原来也这般多变，倾盆大雨、雷声大作；晴空万里、桂花飘香，今天居然还看到宿舍门口的桃花开了；天空阴霾、死气沉沉……哦，原来南方的冬天也变得如此调皮了。人的心情也莫过于此，时常会受外界影响，我也时常告诉自己要修炼一种好的心态，可情绪的好坏总会不由自己：你们被投诉了，你们不认真了，你们违纪了……我似乎都难以做到心平气和，我的情绪立马会陡转，尽管早已明白年少的你们岂能按部就班、循规蹈矩，可我依然希望你们如不断雕琢的玉石，逐渐趋向完美。所以，我也许只是一个理想主义者，明知道教育不是万能的，是有可为也有可不为的，可我还是一厢情愿地相信，每一朵花都有绽放的花季。所以，孩子们，原谅我的过于苛刻，原谅我的急切与期待吧。时间流逝的同时，我们彼此间的交集也逐渐趋向疏离，师生一场，也只是人生若干交集中的一个点而已，彼此珍惜、彼此感恩。

一年多的寄宿生活已逐渐培养了你们的独立能力、与人相处的能力、规划生活的能力，可你们当中某些人的养尊处优和依赖思想已经根深蒂固了。就拿几件事来说，校服购买总是楚晨妈妈在操心，走读的学生是全年级最多的，送饭的家长是全年级最多的，送这送那的同样是最多的，这所有的一切一方面显示你们是非常幸福的，可另一方面却不得不让人焦虑。就拿那天下雨来说，鞋子湿了，生活老师、区长都在为你们操心，家长也迫不及待地赶紧送鞋。我问隔壁班，家长基本没有动静。我在为你们感到幸福的同时也在想，莫非你们从来不会未雨绸缪？不会像班上几个孩子一样，宿舍里备好替换的鞋子，天冷之前备好保暖的衣服，下雨前备好雨伞……今天或许你们还有父母的庇护，可总有一天你们会独自面对生活的种种，到那时你们该怎么办？所以，孩子们，在享受幸福的同时，学会真正独立起来吧！真正的独立是能够独自面对生活中的种种意外，是能够独立思考判断，是能够独自抵抗压力与困难。在这里，我也想跟家长朋友说，孩子已经上初二了，要开始慢慢放手了，要教会他（她）规整生活，如每个周日要带的必需品、预想每周要用到的东西、个人物品的整理收藏等；要教会他（她）自主规划学习，如周末学习时间的安排、弱势科目的提升计划、阶段目标制订等；要教会他（她）独自承担责任、独自处理问题；等等，只有这样，您孩子的未来才会更海阔天空！

2015年12月11日

第16周记事

【阳光寄语】

让日子如花一样绽放！

【阳光心语】

本年度最冷的一天在本周肆虐而过，寒冷的天气的确难以调动起人的亢奋情绪，从肌肤到骨肉似乎都在抵制寒冷。矫情的还撒着紫荆花瓣的冬季也可以这般不解风情地将寒意刺入你的每一个毛孔、每一寸肌肤、每一块肌肉。好吧，那我们就敞开胸怀迎接这姗姗来迟的寒冬吧！其实，每一个季节都应这样，应该把真实和本色还给自然，毫不遮掩地露出最本真的一面。

本周进行了期末体育考试，突如其来的考试通知着实让我们措手不及，但得知是因为要翻修跑道而提前考试也就理解了。这一次的考试成绩明显退步了，和好多班级一比较就发现你们很不乐观。前两次的期末考试，你们当中的满分人数都是遥遥领先的，可如今却被别人超出了好多，这是什么原因？就像期中考试之后我和你们说的那样，如果你还在夜郎自大，那么你一定会被别人远远抛在后面。开学以来我就要求你们每天下午在操场跑两三圈，如果每天坚持并认真对待，你们昨天的考试必不会如此。可每天下午的跑步，扪心自问，你们是在应付我还是真的出于锻炼的目的。我偶尔看一下，你们要么边跑边说话，要么偷工减料、绕个近道，要么是跑跑停停……运动"野蛮其体魄"是毛主席说过的一句话，其重要性显而易见。美国的中小学每天都有一两个小时的运动时间，发达国家、精英人士都知道运动的魅力和运动的重要性。我自小因为先天性心脏发育问题就与体育无缘，所以特别羡慕运动好的人。我始终认为，运动不仅能强身健体，更能磨炼意志。所以，为什么毛主席的运动"野蛮其灵魂"直指人的内在呢？就是如此！

这两天在进行第三次教学自查，在阅卷过程中，我的心情万般复杂，糟糕透了。这样的教学自查最能检查你们课堂的吸纳和课后的巩固情况，最基础的默写、词语和翻译都错得一塌糊涂的人绝对是视学习为儿戏的人，今日你这般得过且过，他日你又怎能不追悔莫及？

2015年12月18日

第17周记事

【阳光寄语】
把光阴轻放在心灵里，岁月就有了分量！
【阳光心语】
今天是圣诞节，昨晚是平安夜，尽管今天仍然看见有文章在抨击过洋节的中国人，但我依旧认为，对过节，无论中国的还是外国的，都不要有太多上纲上线的政治论调，其实于我而言就是喜欢"平安夜"的名字。看到"平安"二字，心里就是柔软的，满满的爱与珍惜便溢满心中。当目睹了身边人的生老病死时，当感悟了人生无常时，更是觉得要平平安安，更是要让父母亲人过着宁静而没有惊扰的日子，更是要祝所有认识的不认识的朋友及其家人平安。

昨天的活动没有太多的准备，周二让你们回去通知家长，周三发出一个活动通知，周四所有的家长都送来食物，你们也精心准备了礼物，在"爱的分享"中感受幸福与温暖，这种感觉真的很美妙。我们在享受父母送来的食物时，心里也应该是满满的感动。我一直对你们强调，父母可以毫无怨言地为我们付出，而我们却不能理所当然地索取，一定要用自己的行动去慰藉父母的付出。我也相信，我们阳光（4）班的孩子们的情商在慢慢地提升。

日子过得很快，眨眼就到新的一年了。光阴的故事流转着，每一段光阴都有无数的感动，每一份感动背后都藏着生活的美好。把光阴小心轻放在心中，日子就会变得有分量，你就会拥有聆听阳光的心情，从此就会拥有温暖。

2015年12月25日

第18周记事

【阳光寄语】

重视首要的，轻视次要的！

【阳光心语】

一周的时间倏然远逝，这几天很欣喜地看见你们开始努力了，课堂状态明显好了，晚修纪律也好了，课间背书的、奋笔疾书的都有不少，"临阵磨枪，不快也光"，能够在关键时刻铆劲、使力，也不失一种态度。如果在关键时刻还掉链子，还无所谓，那就只能送你两个字啦——悲哀！

时间真的流逝得很快，可是不管光阴以怎样的方式让我们一天天向自己告别，我们都需要选择以热爱生活的态度行走在路上。只有一路行走才能感受繁花似锦，只有一路行走才能感受春暖花开。行走的路上，你会结识很多同伴，就如你我。记得第一次见面时我在黑板上画过一个圆，我说我们就是一个同心圆，彼此的缘分让我们在圆内相识，从此我们便风雨同舟。我也说过，我就是船长，带着你们驶向彼岸，无论惊涛骇浪还是风平浪静，都是我们需要经历的。

2015年12月31日

第2周记事

【阳光寄语】

春天恰是读书时，莫等闲！

【阳光心语】

新的季节又到了，我们的岁月在时光匆匆中飞逝和改变，改变了一切，也改变了我们。万物复苏、草长莺飞，这是一个多么美妙的季节，闭上眼，深呼吸，就能感受到春天甜美的味道，倾听万物生长的声音，内心似乎沸腾起来了。孩子们，投入这美好的季节吧，让大自然的灵动赐予你沸腾的热情，不负春光，茁壮成长！

开学两周了，你们进入状态了吗？上周的德育实践让我看到你们学习之外的另一面：积极团结、守规则、遵条约、食不言、不逾矩，班级的阳光精神完全表现出来了，你们笑着、喊着，也哭着，想必你们非常享受那种团队精神下涌动出来的向心力。

可是这一周回校上课，我并没有看到你们明显的学习积极性，读书声音不响亮，上课状态不活跃，个别同学的作业还一塌糊涂，再加上流感导致生病的人一个接一个，因此班级没有呈现出新学期应该有的昂扬状态。所以，请同学们利用这个周末养精蓄锐，整理心情，养好身体，以春天明媚的姿态投入下一周的学习。

2016年3月4日

第3周记事

【阳光寄语】

时光匆匆，心不茫然！

【阳光心语】

春雨携着一场降温突然而至，一夜之间与春寒撞了个满怀，这调皮的倒春寒又让人裹上了羽绒服，在彻肤的凉意中，我们感慨时光的匆匆，感叹岁月的无情。是的，四季轮回，万物生长，我们要悦纳生活的一切，抱着感恩之心去接受！去悦纳！

一年多来，我总是试图以自己的价值观来影响你们。作为成年人，作为你们的老师，我知道每个人的成长是没有回头路可走的。所以，我们走得确实辛苦，我们看到了自己的不足，看到某些人在行为习惯上尚缺乏自控，看到某些人在学习成绩上的懈怠。但在这么多的日子里，我们也认识到自己曾经努力过，也看到自己在行为习惯上的克制与努力，我更是看到了你们的成长，看到了你们的变化，部分同学的眼睛里流露出的是自信、从容、乐观，言行举止中透出的是大度、阳光、礼貌，对人会宽容，对己有要求。如果将这些优秀作为一种习惯，这些习惯就会幻化为一种力量，而这种力量将会带你领略意想不到的风景！

2016年3月11日

第4周记事

【阳光寄语】

追随季节的节拍，倾听生命拔节的声音。

【阳光心语】

不知不觉2016年已经过去了两个月，初春留给你的记忆有多少呢？尽管这讨厌的雨雾天气让心情湿漉漉的，但千万别让心情也变得潮湿起来，也不要幸负了这大好春色，拨开雨雾走进春天，和春天来场美丽的约会吧！这个周末，语文作业就是作文《我与春天有个约会》。走出家门，就算不能远游，也可以在小区、在楼下、在花丛中、在小草间，和父母亲人去享受明媚的春色，去和春撞个满怀，去尽情留住2016年初春的记忆；也请爸爸妈妈们停下忙碌的脚步，在这春暖花开的季节，和孩子踏着春的脚步感受万物的生机。燕子来了又去，杨柳枯绿交替，桃花开了又谢，这种物换星移的美妙，只有亲身体验，内心才会呈现真正的喜悦。带着孩子去感受大自然交替的美妙与喜悦吧，去体验生命成长的规律。

韶华易逝，青春一晃而过，默算着悄然而逝的日子，叩问着生命的价值和意义，墨守成规、井底之蛙、夜郎自大只会让自己日复一日地唱叹惋惜，只有踩着生命的节拍，追随日子的节奏才能幸福豪迈地度过青春年华！

昨天我因为部分同学经常讲话影响纪律而见了家长，家长的恨铁不成钢真是让我心痛，无奈之余还是充满期待。"可怜天下父母心"，我真不知为人子、为人女的你们是否体谅过父母、老师。那天在教室我也和你们说了一番话，你们已经不再是三岁顽童了，如果只是凭着头脑发热去学习，去生活，去对待周遭的一切，最后只会遭人厌弃！教室是一个学习场所，课堂更是传播知识、吸纳知识的场所，如果你把它当成公共场合随意笑谈喧哗，那成何体统？十几年的父母教导、学校教育，难道连起码的认知都没有吗？所以我再次恳请这些同学收好你的心，管好你的嘴，端正你的态度，做好你当下应该做的事。

2016年3月18日

第5周记事

【阳光寄语】

把自己长成森林里的一棵树！

【阳光心语】

又是一周倏然而过，春意盎然，草色青葱，木棉花如烈焰般赤红，一排不知名的树在嫩芽生长的同时将黄叶抖落一地，春雨之下洗涤堆积的陈腐，荡去沉埋的积垢，让万物呈现新意。自然如此，人更应如此！在生命的长河里，我们虽然都是匆匆过客，但我们每个人都可以站成一道风景。既然春天来了，让我们微笑着，一起走进生命的春光吧。

这周我们重点来谈谈考试。第一次自查成绩出来了，成绩差异很大，两极分化明显。我想问一下你们，你们心目中的考试是什么？考试很简单，它是一种程序，是一种形式，是对学习知识的检验，相当于一个目前的"巨大的作业"，如此而已。它足以体现你一段时间内对知识的掌握程度。考试无非是大型作业，而中考则更是一场超大型考试，面对考试我们要准备的是什么呢？心态上的准备、知识上的准备、情绪上的准备、行为上的准备。对于这些准备，你是否能够做到胸有成竹呢？中考生物、地理的战鼓已经敲响，本周开始，学校已经规划了生物、地理的复习时间，班主任和科任老师接下来将全程陪同你们进行复习，这个过程是伴着你们走向成功的过程。如果在这样的环境中，还有人游戏人生，那人生就只剩下巨大的问号了。孩子们，如果你们的人生想要留下一行坚实的脚步，那就请脚踏实地吧！

2016年3月26日

第6周记事

【阳光寄语】
生活不止眼前的苟且，还有诗和远方的田野。

【阳光心语】
这两天听了一首歌——《生活不止眼前的苟且》，高晓松词曲，许巍演唱，最近这个歌名也遭遇了刷屏。偶然间看见这首歌的歌词就迫不及待地去找歌听。特别喜欢里面的一句歌词："生活不止眼前的苟且，还有诗和远方的田野。"这首歌表达了一种情怀、一种态度。"生活不止眼前的苟且，还有诗和远方的田野。你赤手空拳来到人世间，为找到那片海不顾一切。我独自渐行渐远，膝下多了个少年。少年一天天长大，有一天要离开家。看他背影的成长，看他坚持与回望。我知道有一天，我会笑着对他说：生活不止眼前的苟且，还有诗和远方的田野。你赤手空拳来到人世间，为找到那片海不顾一切。"多么美的歌词，分享给你们。即使现在的生活你尚不如意，眼前的生活不是你想要的，一些繁杂琐碎让你痛苦不堪，但是你还有希望，还有明天，还有温暖的太阳、温柔的风，你还有心里的美好生活。哪怕眼前的生活乱糟糟，也不要失去生活信仰，你还有美好的希望。生活不止苟且，日子不能将就，在生活中投入一种赤诚的态度，你就会拥有远方的明媚。人生在路上，不能以苟且之态存活于世。林清玄说过，世界上有三件非常重要的事情：一件是对生命的面对，一件是对爱的深刻体验，还有一件就是活着的时候对美好心灵的追求。成长中的你们能否用心去体会这些句子呢？

这一周小组协同竞争很激烈，上课回答问题的、课后问问题的也明显多了，这种氛围让人欣慰。我也看到了几个组长的责任心，陈心怡表现特别棒，她竭力为小组争取荣誉的行为与她温柔的外表实在是有点不相称。蔡心怡对待34号同学不抛弃不放弃，希望用自己的行动感化他。另外几个组长也在默默地行动着。你们都很棒！

成长小组的设立只是一种助推，这外显的形式是为了激发你们每个人的内驱力，这一点你们一定要明白。所以，无论是考试成绩的争优、问问题的积极，还是服务班级的踊跃都不能只是徒有虚表，一定要将这些形式化作你行动的动力，只有这样，每个小组才能良性上升，你们才能真正度过这段宝贵的转折期。

生物、地理中考备考复习如火如荼地进行着，两门科目已经进入系统的复习，希望每个人都要重视。无论你过去学得怎么样，都要知道现在正是巩固知识点的最佳时期，一定要主动出击，将每个知识点嚼碎了咽进肚子里进行消化，只有这样你才能打胜仗。

2016年4月1日

第7周记事

【阳光寄语】
在每一个成长的日子里，都要守住最美好最温暖的期盼！
【阳光心语】
一过清明，气温陡然上升。清明小长假回来，同学们的状态不甚理想，直到今早教室里还有趴在桌上萎靡不振的同学。每次放假都强调劳逸结合，不要打乱生物钟，可总有不少人认为难得的假期不拿来挥霍，不用来尽兴有点不划算。于是，手机不离身，半夜不想睡，贪睡不愿起，懒得运动，作息全乱……回校之后，两眼混沌，目光无神，效率低下，这样的假期综合征往往要持续好几天，等到状态渐佳，周末又到了，于是又开始了恶性循环，这样周而往复，不懂得节制、不懂得自律的同学永远在下游徘徊。

小组间的竞争愈发激烈，问问题的同学明显增多，当然这里面不排除功利（为了加分）因素，但我还是希望保持这种状态，在学习中主动发现问题，学会找出最想解决的问题去询问老师、同学，要有一种知其然，然后知其所以然的钻研精神，唯有保持这样的学习状态才会真正不断进步。

目前，班上不少同学在外补习，以此来提高成绩。关于补习的话题我曾在家长会上说过，补习是一种辅助措施，如果只是将全部希望寄托在补习上，那是非常不理智的想法。十几年的教学生涯中，我没有看到一个学生是因为补习才取得优异成绩的。有家长认为好成绩都是靠补习得来的（如果带着这样的想法，那么大可不必耗费时间在学校了），这是一种错误的想法，也是对老师的极其不信任，补习可以帮助提高成绩，毋庸置疑！因为小班制或者一对一的方式有针对性，能帮助孩子查漏补缺，但绝对需要孩子的主动性，一个连课堂学习都不认真的孩子，我相信补习也只是求个心理安慰罢了。在这里说了些严重的话，只是借此告诉大家，既然把孩子交给老师，就请相信老师，请在孩子心里注入"向师性""亲其师信其道"，一个不尊重老师的人是不可能有所受益的。在这里，我也想告诉孩子们，父母希望你们成绩优秀的苦心切切，特别是中考在即，多数人都在补习加强，也有弱科在补习提高，一方面是父母的苦心，一方面是不菲的补习费，如果你自己没有主动强化学科的态度，又或者你只是寄希望于补习而课堂不认真，那这一切都将是徒劳。所以，请你将内心最美好、最温暖的期盼化作你前进的最强动力。

2016年4月8日

第8周记事

【阳光寄语】

我贴着地面步行，不在云端跳舞！

【阳光心语】

这一周在潮湿阴霾中过去了。讨厌的天气终于让我也涌进了流感的大潮，发烧、喉咙痛、浑身无力的感觉真是不好受。可尽管如此，我还是带着团队完成了一个研修任务，整理出几十篇教育局布置的任务，完成了优课和微课的制作，呵呵，其实每一次强压之下总会有所收获。所以，孩子们，无论周遭给予我们什么都不重要，重要的是我们真的没有理由不去努力，不去让自己的每一天过得充实。

这个学期过得特别快，眨眼间又到学期中了，还有一周就要期中考试了，离生物、地理中考只有60多天了，时间滚动的同时不知你们有没有一种紧迫感？在倒数的日子里，我们彼此在一起的日子也愈发值得珍惜了。为了让未来分别的日子彼此留下最美好的印象，愿我们都将最美的一面留给这个相处两年的集体，也真心希望不断成长的你们在人生的每一个阶段都留下美好又温暖的记忆！

2016年4月15日

第9周记事

【阳光寄语】

行走在时光长廊里，身体和灵魂都得在路上！

【阳光心语】

在这个阴雨连绵的季节，转瞬间又到期中了。感叹时间飞逝的同时内心不由得恐慌，我们到底辜负了多少时光，蹉跎了多少岁月……望回首时，心有所得！

本周三，45号同学搞恶作剧，不知轻重地将一桶热水倒入308宿舍的冲凉房，致使正在冲凉的17号同学脚被烫红，所幸没有酿成恶果。但就此事提醒某些荷尔蒙旺盛的同学，做任何事不要头脑发热，如果为了一时之乐而伤人伤己那就不再是玩笑了。

最近一段时间，你们的学习状态不甚乐观，许多科任老师反映你们上课反应木讷，对老师的讲解没有应答，优秀生没有起到带头作用，中下层同学更是目光呆滞，无反应。我周一曾就此话题和同学们说过，如果连课堂效率都保证不了，成绩是不可能有保障的。人生无处不是赛场，你不奔跑并不意味着别人在驻足，时间也不会稍做停留。老师的鞭策、父母的教导总是在帮助你校准方向。老师的努力、家长的陪伴是在以自己的方式告诉你们人生是需要坚持、需要努力的，并且以众人之力在为你们营造一个优秀的环境，所有的付出和努力都是为了成全和成就年少的你们。我不祈求你们人人感恩，但求人人理解并内化为动力。孩子们，人生路上绝不是想当然就能一往无前的，环顾左右，比你优秀的人都在努力，都在坚持，都在感恩生活，你有什么理由停滞不前，你有什么理由抱怨沮丧……让自己的身体和灵魂时刻在场。

我多次重申，你我都在与时间赛跑，没有时间和精力浪费在无用的事情上。接下来时间会更紧，事情会更多，一年多的相处与教育，你们应该明白自己当下应该做什么，必须做什么，所以不要在有限的时间内做出让人匪夷所思的事情，浪费你我的时间。成长路上允许犯错但一定要有度，可以犯错但不应该为他人带来麻烦。

2016年4月22日

第10周记事

【阳光寄语】

成长的力量在于坚持、勤奋、拼搏！

【阳光心语】

跨入5月，瞬间觉得时间的步伐快如疾风，很快就要到生物、地理中考季了，很快就要到分班离别季了。几百个日子居然就这样潇洒地从我们身边滑过，来不及跟它完美地道别，日子就这样变成了一道道斑驳的影像，零碎地留在记忆里。而如今，我们在仅剩不多的相聚的时间里又如何做到华丽地谢幕呢？真心希望彼此不要留下伤感，不要留下遗憾，愿相聚的一切成为日后美好的回忆。

期中考试成绩出来了，看到成绩，我突然觉得很难过，尖子生依然没有发挥出最好的水平。对于尖子生的提高，从初一开始我就告诉过你们应该怎样拔尖，应该怎样坚持，可仍然起起落落。我告诉过你们，要想拔尖，必须比别人付出更多；告诉过你们，比你优秀的人都在努力，你不努力只能被更多的人超越。你们更多的人只是在咀嚼消化老师塞给你的东西，还没有自己去"找食吃"的意识。而（3）班的尖子生就不一样了，他们主动做题，主动形成一种你追我赶的竞争氛围，所以这次考试（3）班的尖子生明显比你们拔尖。你们当中的一些人安于现状，没有一种肯吃苦、肯钻研的精神。很快就要升入初三了，我相信从家长到你们都有着冲击重点高中的决心，而如今教育均衡、竞争激烈，你们又有多大的本事和侥幸能够不劳而获呢？纵观历届的尖子生，没有谁能靠运气挤进重点高中，他们勤奋好问，讲究学习方法。萍姐和老师只是陪着你们走过求学道路上的一小段，我们能教给你们的将毫无保留地给予你们，至于你们未来的路走向何处，真的取决于你们各自的态度。看看年级名次200名到325名（虽然名次最后会有变化）的几个同学，你们是最有希望冲入200名以内的，可你们当中没有一个是极其主动学习、上课积极应答、课后问老师的，你们只是停留在被动学习的状态。想想，这样的状态会让你拔尖吗？今天的成绩只是一个表象，其实你们完全可以发现自己的问题。如果不改变，势必被更多人打败。

再看看班级20至30名之间的这些同学，你们当中有些是遭遇"滑铁卢"，有些是一直徘徊在这个位置，这是偶然吗？不，一定是必然的！所有的结果一定是有原因的，回想一下半学期以来，或者初中以来，你好好地发自内心地努力过吗？你们当中有个别同学是基础不扎实，学习总是处于"半桶水"的状态，有些人上课不认真甚至还会跟周围的人讲话，有个别人心思还放在和异性你情我爱上，有些是长期不和老师交流，从不会主动解决问题……基于此，你们觉得是继续保持现状还是奋力直追？萍姐可以很负责任地告诉你们，你们这个名次的学生在初三冲进重点高中的大有人在，当然前提是什么，你们懂。

再看看后面名次的同学。说到你们，我觉得心痛之余便是无奈，除了个别基础薄弱却从不放弃的同学，剩下的几个不仅是近两年来经常给班里、给老师添麻烦的人，更是对自己完全没有要求的人，你们的思想放在动歪脑筋、搞恶作剧、投机取巧上，却不愿花些心思在学习上；你们把心思放在讲讲笑话、抄抄作业甚至学校禁止做的事情上，就是不愿在学习上多做半点努力；你们宁可让家长一再失望，宁可让老师报以无奈，宁可屈人之后，也不愿咬咬牙、狠狠心做出一些改变；你们任由青春虚度、时光虚掷，却不懂得珍惜光阴的可贵。这一年多以来，萍姐骂过你们、罚过你们，却从来没想过要放弃你们，尽管我知道自己不是圣人，无法彻底改变你们，但我还是坚持对你们的要求，坚持对你们的教导。时间很快会进入离别倒计时，最后的两个月，如果你们能够再发生一些改变，我想也不枉我们师生一场。

三天的假期也很快结束了，我今天就在家里好好梳理了一下半学期的得与失，好好想了想后半个学期自己应该怎么做，特别是迫在眉睫的生物、地理中考，更不能掉以轻心。

半学期以来，班级好的方面如下：

（1）你们的情商更高了，特别是个别男生嘴巴甜，会讨人欢喜。

（2）帮扶小组起到了一定的作用，集体意识增强。

（3）周末作业的情况有一些改善。

（4）有个别同学周五会在学校完成作业到很晚才回去。

（5）极个别尖子生会规划自己的学习，会主动"刷题"。

不足之处如下：

（1）个别男生缺乏自律，有违纪现象。

（2）部分同学时间观念不强，不会支配时间。

（3）个别男生做事效率不高，会迟到。

（4）课堂效率不高，积极性不强，气氛沉闷，影响课堂效果。

（5）尖子生没有起到带头作用，班级学习热情不高。

（6）部分男生过于沉迷游戏，回到学校过多地谈论这些话题，影响学习。

（7）个别同学把心思放在男女交往上，影响成绩并造成不良影响（下周将处理其中一个当事人）。

（8）责任心不强，对班级事务依然有部分人是"事不关己，高高挂

每周记事篇

起”，甚至对自己的值日都不负责任。

（9）班干部有包庇纵容现象，特别是科代表对不认真的同学睁一只眼闭一只眼。

（10）学习规划意识不强，主动性不强，对知识一知半解，没有钻研精神。

2016年5月1日

第11周记事

【阳光寄语】

青春就是拼了命，尽了兴！

【阳光心语】

五四那天和大家聊了青春的话题，和大家分享了青春励志电影《谁的青春不迷茫》。跨过青年节，你们就跨入了青春的大门，你准备用什么方式打开青春这扇门呢？青春是用来拼搏的，而不是用来挥霍的，青春是人生当中最美好的一段时光，这段时光充满着无数的可能，只有拼了命，尽了兴，你才知道青春是什么，不然那只是一段日子罢了。

本周的核心任务就是期中考试，期中考试成绩显现的就是你们平时学习的努力程度，我经常说因和果的关系，这并不是唯心论，是一路走来，我从自身的经历及目睹了那么多学生的成败中得出的经验之谈。古人告诉我们，“一分付出一分收获”“天上不会掉馅饼”“天道酬勤”。大道理我也不想说了，成绩不是唯一的衡量标准，只是现阶段你的首要任务只有学习，只是希望每个人把学习当作现阶段的主旋律。

把成绩抄在期中目标表上，回家之后和家长好好分析得失。

2016年5月6日

第12周记事

【阳光寄语】

悦纳自己，给自己的目标一个合理的定位，做最好的自己！

【阳光心语】

前晚是我们班的最后一次家长会。在准备家长会的时候，我一直是万般情绪萦绕心头，似乎有好多话想说，可又不知道说些什么，生怕疏漏了什么，错过了什么，仿佛说完之后，我们相处的倒计时就会飞逝而过。佛说，前世五百次的回眸，才换来今世的一次擦肩而过；前世五百次的擦肩而过，才换来今世的一次相遇。而我要说，遇见你们是我人生中美丽的意外，既然芸芸众生中我们彼此相遇，那就让我们成为彼此生命中的贵人吧。特别是最后几个星期，让我们珍惜彼此，好吗？

下周要文艺演出了，孩子们，你们准备好了吗？上学期的《阳光之歌》俨然成了其他人借鉴和模仿的经典之作，所以今年的舞台上会出现更多高水平之作。去年我们的精彩你们已经记在心中，已经成为你中学时光的一抹亮色。我们高调地喊出"一直被模仿，从未被超越"，是因为我们有底气、有实力、有精神。而今年，我们又要向众人展示什么呢？我们怎样才能超越自己呢？我想，应该是精神，我们的阳光精神。当你们全部站在舞台上的时候，记住自己是阳光（4）班的一员，你要用你的精神演绎什么是阳光，什么是集体，用最完美的表现向我们的阳光（4）班致敬。所以，我相信周三的晚上，你们依然会绽放光彩。

2016年5月13日

附：

在此再说说同学们后半学期要注意的一些问题。

一、如何对待作业

1. 学做聪明人

该交的作业必须交，一时的懒怠会换来数倍的麻烦。

2. 认真听课最重要

听懂了做作业就快，如果没有好好听课或听课中有不懂的地方，要一下课就补上。

3. 养成随时做作业的习惯

要学会利用零散时间、"垃圾时间"。

（1）化整为零

利用课间或错开吃饭排队的时间完成一些作业。一些大的练习册不是每天都要交的，可能一个星期只收一次，利用"边角余料"的时间来完成。

（2）积少成多

下课后不要立即放下书本出去玩，可以继续坐在座位上，抓紧时间做几道题再站起来，也许就是两三分钟，养成这种习惯你会化被动为主动。

（3）及时订正

每次作业本发下来后要立即打开检查，看看作业的对错和老师的评语。

（4）学会攀比

你可以找一个学习效率高的同学作为榜样，注意观察他是怎么做的，再比对自己的行为，就知道差距在哪里了。

同学们，要知道时间对每个人都是公平的，利用率的高低关键在于规划。成绩优秀的人并不比你聪明多少，而是更懂得规划学习。

二、晚修、自习注意事项

（1）切忌以完成作业为己任，"除了做作业神马都是浮云"的理念将导致晚修效率低下，学会在晚修时查漏补缺。

（2）遇到难题，一定要有独立思考的过程，切忌一不会就马上问同学。

（3）在校晚修时要保持绝对安静，不能因为讨论题目而影响他人思考（实在要请教，问老师）。

（4）在家学习的时候切忌一心几用，边听音乐边做作业效率肯定低下。

（5）在家自习时，手机绝对不能放在身边，看新闻刷微信很影响学习效率。

（6）实在太疲惫了，可以闭目养神一会儿。边打盹边做作业费力不讨好。

许多问题和不良习惯就如温水煮青蛙，开始不以为然，等到醒悟时已经变得很严重了。

三、关于课堂

（1）课前要预习，课堂学习才会游刃有余。

（2）要跟着老师的思路，和老师有效地互动。

（3）当老师抛出问题时，要认真思考并大胆说出自己的答案。

（4）认真做笔记。

（5）当自己走神时，要利用做笔记、思考问题的方式来跟上老师的节奏。

课堂效率的高低直接决定成绩的优劣，你的身边一定会有比你成绩好的同学，观察他的学习方式，学会借鉴效仿。

四、面对生物、地理中考，老师想对你说

（1）有的时候你会感到绝望，但不放弃是对付困难最好的方法。

（2）千万不要有侥幸心理，认为自己的强项一定能弥补弱项，中考什么都有可能发生，弱项会使你未战先败。

（3）不要看不起老师的复习方法，紧跟老师的复习计划是最好的复习方法。

（4）不管作业有多少，都要按时完成，而且要高质量地完成。切记，认真且有思考地完成一套试卷比走马观花地完成十套试卷有用得多。

（5）不是抓紧每一分钟时间学习，而是抓紧学习的每一分钟。

（6）永远要清楚，不是只有你一个人在努力。

五、不要成为手机和电子产品的奴隶

孩子们，现在的你们很幸福，物质条件方面有了太多选择的空间；可你们又很不幸，因为过多光怪陆离的东西奴役了你们，你们的脑袋充斥着太多无法辨识的信息，你们的思想被绑架，价值观也被绑架，你们常常会被网络上五花八门的东西左右，长此以往，你们会缺乏对事物最基本的判断能力，你们的内心会空虚，思想会被架空。不要以为萍姐在危言耸听，网络这把"双刃剑"绝不是你这个年龄能正确驾驭的，所以去年我提出签订"手机使用协议"，家长会上我又提出周末暂停使用手机，目的就是想让你们的思想跟随你们的身体，要让灵魂和身体都"在路上"。

第13周记事

【阳光寄语】

有一种力量叫阳光，有一种精神叫（4）班。

【阳光心语】

两年的时间于漫漫人生而言恍若流星飞逝，可我们不得不承认，正是这两年的时间，我们遇见了彼此，我们共同拥有一个温暖的集体，我们在生命最青葱的时光中携手守望，在积极向上的班级中成长积淀。

"向上的成长才能与阳光对接。"萍姐时常用阳光精神浸润你们的内心，丰盈你们的灵魂。"阳光当引线，蓄积了满腔力量的种子才能开出最美的花。"萍姐告诉你们，阳光少年可以让梦想开花，在每一个洒满阳光的日子里，学会用激情点燃梦想，让行动为梦想助力。萍姐告诉你们，阳光男孩一定要大度、坚韧、有担当，阳光女孩一定要从容、自爱、有智慧。在每一个成长的日子里，都不要辜负生活赐予的美好，心怀感恩，努力行动。近两年的时光飞逝而过，你心中的毛毛虫是否正在蜕变为蝴蝶呢？

想必这个星期每个人都为身处这样一个集体而感到光荣。周三晚上的《阳光修炼手册》再次证明了我们这个集体绽放的能量是强大的。8分33秒的时间实现了我们当初的豪言壮语："一直被模仿，从未被超越。"我相信，那8分33秒，舞台上的你们是激动兴奋的，一张张鲜活生动的笑脸在灯光的照射下迸发出青春的张扬与自豪，舞动的那一刻，歌唱的那一刻，你们的内心一定有一种不可名状的情愫在涌动。8分33秒，是对我们阳光（4）班的致敬，是对我们成长岁月的致敬，这将载入你们的青春史册。我也相信，你们再次意识到萍姐说过的"要么不做，要做就做到最好"不是夸夸其谈，而是一种态度。带着态度去行动，即使结果不是最好的，但一定问心无愧。

一个人、一个集体的潜能是无法估量的，但一定要有一种精神、一种力量牵引，才能将潜能最大化地发挥出来。在这个集体生活两年是你们的幸运，而现在，离别的钟声即将敲响，不久的将来面临初三分班，再将来，又要离开实中各奔东西，可无论你身处何方，请记住我们曾经拥有这样一个备感光荣的阳光（4）班！

　　倒计时上赫然写着的"30"在提醒我们生物、地理中考为期不远，下个月的今天就是你们中考的第一仗。考场争锋，优劣尽在平时的努力中，看着一大群60分左右、70分左右的同学，真为你们揪心，同样的起点，同样的学习环境，你们相比优秀者到底错过了什么？如果以往的学习中错过了很多，那么"亡羊补牢，未为迟也"。现在行动可以做到最大限度的弥补。开学以来，为这两科做了那么多的时间安排，如果你一直在行动，真的不至于原地踏步，请那些还躺在懒惰的温床上的同学赶紧醒悟过来，不要让青春消逝在自己的慵懒与懈怠中。

2016年5月20日

第14周记事

【阳光寄语】

追赶另一个自己！

【阳光心语】

　　从这周开始，大家明显感觉更忙碌了，早读半个小时复习生物、地理，晚修一个小时复习生物、地理，这样的时间安排于这两科而言是有了绝对的保障，足以保证这两科能考出理想的成绩。当然，前提是你能够好好利用这些时间。可是生物、地理复习之余剩下的时间用来分配6科着实有点够呛，怎么平衡，怎样驾驭，这就需要每个人合理规划、合理行动。如果现在的你还是亦步亦趋，那你不但贪求不到因懒惰带来的快感，反而会更加疲于奔命，因为你根本摆脱不了群体向上的力给你带来的压力，摆脱不了老师对你的要求和责罚。所以，与其不思进取，不如跟随大众的步伐一起走向彼岸。而如今，成绩保持优秀的同学势必也感觉到了从未有过的压力，时间上少了一份自如从容，学科分配上少了一份游刃有余，总感觉力不从心吧？正如那天我说的，越是艰难之时，越是磨炼人的意志，缺少了逆境中的打磨是人生的缺憾，直面逆境、直面艰辛才能够成就自己。跨过一道道坎，你也就成长了。

近两年的学习，你是否学会了寻找机会，你是否懂得了更多规范，你是否懂得读书可以为自己助力、加油？当下，你必须目标明确，你要拿出勇气，还要学会反思。当做完这些，你会发现，你超越的不是别人而是另一个自己。

在这个繁忙的季节，却总有些人做些不合时宜的事情，昨天去初一年级了解与34号同学相关的事情，听闻了一些与我们班男生有关的事情，班上几个男生的名号在初一居然响当当。这些男生头脑灵活，资质不错，可总是甘愿落在班级成绩的末尾，不思进取，无心学习，得过且过，让父母和老师失望，恨铁不成钢。可他们却有心思花在与异性密切交往上，想方设法去吸引异性，白白地把大好时光浪费在这些无聊可笑之事上，让人觉得可笑、心寒。

这段时间的学习节奏比较紧，请家长多关注班级QQ群和微信群的动态，第一时间了解孩子的现状，平时若送汤水过来就给孩子做做思想工作，如果有空也可以在晚修前半段来教室陪着孩子复习。陪伴，是最长情的告白。长辈的关注和陪伴会让孩子少走弯路。

家长会中提到的手机暂停使用，不知有多少家庭在执行，请家长落到实处，家长的执行力是非常重要的。

2016年5月27日

第15周记事

【阳光寄语】

珍惜缘分，驻足流连彼此拥有的最美景色！

【阳光心语】

改完试卷已经没时间赶在周五完成《周末记事》了，而这雨后清凉的晚上，打开电脑，敲击键盘，想到的第一个词就是"缘分"。关于这个词，我不止一次提过，"缘分"这个词语以它特有的温度和魅力让所有相识相逢的人都会从心底涌出一种踏实的安然与宁静，一种默许的真诚与信赖，一种至诚的维护与憧憬。它会让敏感的人无数次联想到手手相扣的心心相印，心有灵犀的同心同德，共同守护的美好共赢。这个奇妙的东西就是这样在700多个日子里让我们百感交集。细数这个班级倒数的日子，你与我都会唏嘘不已吧？那就让我们在这些倒数的日子里驻足流连一起拥有的最美景色，让这些斑斓之景留存在最温暖的心底。

离生物、地理中考仅剩15天了。这几个月你们都在努力，尽管每个人付出的程度不一样，但我相信每个人都在为自己的目标前进。周一班会课上跟你们说了一些复习的方法，特别提到要在最后的时间里做科学的整理和归纳，特别是在做题的过程中要将易错题整理出来，要牢记主干知识，要对知识点有系统的梳理，等等。这些方法的掌握与实践是为了让自己少做无用功。最后两周还会出现很多可能，每个人都要铆足劲，关键时刻千万别掉链子。

进入6月，气温陡然上升，每天的跑步想必成了某些人的煎熬，几圈跑下来基本上是汗流浃背，爬上六楼又紧接着上课，一边是浑身湿黏、汗如水滴，一边是老师上课不容分心。说真的，要说心里没有怨言不太可能，要说不叫苦不叫累也不太可能。但现实就是这样，谁也没法改变，那唯有以既来之则安之的平和心态去面对，才不至于抱怨诅咒。很多时候，生活给予我们的就是不如意，万事也不可能皆随心意，与其埋怨，不如安然接受。我始终认为，如果改变不了环境，那就改变自己的心境。所以，孩子们，加油吧！

上周检查违禁品，居然检查出34号同学、44号同学严重违纪，一人带手机，一人带香烟。这的确有点匪夷所思，这与我们班的形象简直格格不入。我始终对你们满怀期待和信心，总觉得在这样的班风之下，个人的自我约束力至少是朝良性方向发展的。可是也许我太一厢情愿了，也许我把某些人想得太好了，总不愿把某些标签贴在某些人身上，可"问题生"总归是"问题生"。我说过，教育不是万能的。教育如果万能，这个社会真的就是大同社会了。我也曾经警告过个别人，如果一而再再而三，这个班级将不会有你的一席之地，班级容不下你，同学容不下你，家长容不下你，最后你将成为众矢之的。今天我不想再追究这类违纪背后的原因，我只想告诉大家：当一个错误叠加一个错误时，你的最后一根救命稻草也会失去。同时我也给同学们一点忠告，一个人犯错没关系，但是当你失去对错辨别能力时，那你基本已经陷入泥淖了。你们已经不再是三岁稚童，要有是非对错的判断能力，也要珍惜在这个班拥有的"阳光精神"，我也希望这件事给每个孩子、每个家长敲响警

每周记事篇

钟，希望每个家长关注自己孩子的玩伴，关注自己孩子的动态。任何偶然的背后一定有必然原因，孩子终归是自己的。

2016年6月3日

第16周记事

【阳光寄语】

成功的路上从来都不拥挤，必然有你的一席之地！

【阳光心语】

夏日的雨，热烈而匆匆，宛若一个热情的问候。在这个多雨的季节终于迎来了我们的中考第一仗，你准备好了吗？

3月以来，我们就开始了中考备考，每天都安排时间进行地理、生物的复习，老师、家长都一直陪着我们备战中考，你们的目标也赫然贴在外墙上，这段时间你们坚持了吗？你们努力了吗？有多少人自始至终不忘初心，持之以恒？有多少人原地踏步，不思进取，任意而为？过程已经消逝在时间的推移中，结果很快就会显现在我们面前。当某一天面对结果时，你是问心无愧、自信笃定，还是追悔莫及、捶胸顿足？离生物、地理中考只剩两天时间了，两天的时间的确很难改变什么，但是就算只有两天，你也应该坚持到底，做最后的冲刺。没到最后，一切皆有可能！

我还想告诉你们，生活平庸与否，不在于生活本身，而在于人。我们要过日子，而不能让日子过我们。智慧的人会把看似单调、平凡的生活过得五彩斑斓、摇曳多姿，庸碌的人会把充实丰富的生活过得千疮百孔、乏味无趣。正值青春韶华的你们，想必都不愿意让日子过你们，让日子牵着你们的鼻子走。

中考之后会有3天半的假，3天半之后只有6天上课时间就期末考试了，初二就这样在急匆匆之间进入尾声了。尽管知道两年的时光如白驹过隙，不值一提，但彼此的相知相伴已经让我们成为彼此生命中的过客，挥之不去的缘分必将成为光阴故事中的一个篇章。所以，请你们好好珍惜吧，希望你们将最美好的回忆留到离别的最后时刻。

孩子们，我不止一次地跟你们说过，你们身边一直有着关注着你们、牵挂着你们的目光，最近你们更是深刻地感受到了这种温暖与爱意。这份爱就来自你们的科任老师，来自你们的家长，这些都深深地感动着我。我相信你们也在爱的萦绕中心怀感恩，向上成长！请不要辜负身边爱你的人，做一个懂得感恩懂得回报的有心人。

最后预祝你们中考考出理想的成绩！

2016年6月10日

每周记事篇

九年级上学期每周记事（节选）

第1周记事

【阳光寄语】

李炜说：成长不是衣服越穿越小，裤子越穿越短，而是心跟着梦想越来越大。

【阳光心语】

萍姐说：成长是耐住寂寞，坐住板凳，忍住痛苦，盯住顶峰，留住信心，挽住坚持，咬住目标，守住心灵，抓住机遇，揪住成功！

（4）班的同学，带着一份怯怯，带着一份期待，你们已经进入了初三。一周来的学习，萍姐时刻观察着你们，看得出大部分人内心有着一种坚定，一种信念，你们默默地却面带从容，如我们的班长学礼、学习委员灿锋，还有志斌、轶轩、晓东，他们已然成了最淡定的优秀者，他们神情专注，态度认真。还有我们的数学科代表彭旭、嘉澳、俊康，他们上课思维活跃，竭力带动课堂气氛。我们的科代表已经进入了角色，卫生委员颖恩认真负责，体育委员子熙尽管有点羞涩但相信他会越做越好，英键每节课都认真让老师填写评价，志杰平台管理井井有条，宣传委员彭旭、嘉澳、泽欣、宇晴毛遂自荐，值日班长、舍长、组长们都开始各司其职。你们看，开学伊始，班级一切都按部就班，这是多么好的开始呀！孩子们，你们应该为身处这样一个集体感到自豪。

好的集体需要每一个成员用心去打造，让我们用煮石头汤的期待、热情与快乐去营造一个团结奋发、积极向上的集体。

可是一周来却出现了一些不和谐的因素：课堂气氛不活跃，部分同学上课易走神；有4个男生周三中午在宿舍玩游戏牌，这是多么幼稚的行为；个别同学的作业偷工减料、上课不专心、传递纸条……孩子们，为了来年6月的中考，你们必须学会舍弃一些东西，有舍才有得——你们要告别往日的不良习惯，要告别肆无忌惮的玩乐游戏，要和诱人的肥皂剧说"拜拜"，要与摧毁意志的网游决绝，唯有这样，才能让自己明年回首今日无怨无悔。

在此转载学长的几句话，希望你们引起重视：

（1）最简单的一点便是要努力学习，要比以前更努力，比别人更努力。

（2）尽量让自己的初三生活过得简单一些、单调一些。除了友情、师生情、亲情，其他感情都不能发生。

（3）上天有一双眼睛看着你。不做亏心事才不会吃亏，也不会理亏。要对得起自己的良心。

孩子们，起风了，我们的青春铿锵开场！

2011年9月2日

第2周记事

【阳光寄语】

生命本是一场追求，浸湿了成长的足迹、追求的汗水。

【阳光心语】

（4）班的孩子，满怀期望地带领你们开始了初三之旅，不管前途如何，我已经做好了万全的准备。尽管这两周双耳充斥着老师对你们的不满：课堂沉闷、思维不活跃、怕辛苦、作业应付、体育训练怕苦……听着这些指责，我好难过，真像自己的孩子在外面犯了错被别人投诉，心如刀割。我不止一次地对你们说过，我们这群老师是可遇不可求的，老师的用心如果没有得到回报，那不是我们的不幸，而是你们的悲哀。

或许你们需要一个过程，或许你们还没有进入状态，或许你们还认为时间很多，或许你们还在观望，或许……可是错过就永远没有后悔药了。孩子们，立下决心，立马行动，无须等待，谁义无反顾谁就是赢家！

每周记事篇

家长朋友们，孩子们的学习、生活已经走上正轨，目前班级情况基本正常，良好的班风、学风正在慢慢地形成。部分孩子上进，大部分孩子时间观念强、懂礼貌、能坦诚接受意见，但是一些陈规陋习却比较顽固，急需改进，如：

　　（1）学习热情不高。

　　（2）学习习惯差：被动（牵着鼻子走）、学习目的不明确。

　　（3）学习无计划，不会安排时间。

　　（4）怕吃苦（体育训练、作业）。

　　（5）周末作业糟糕。

　　针对存在的问题，我们正在进行一系列整顿，也希望家长予以支持配合。谢谢！

　　提示：

　　（1）周末必须认真完成各科作业。

　　（2）按时作息，不打乱生物钟。

　　（3）周二早7点半前到教室。

　　（4）自备擦汗小毛巾。

　　（5）禁止带手机、游戏机等。

　　（6）严格控制看电视、玩电脑的时间（每天1小时左右，有时间多看名著）。

　　（7）发祝福短信给老师。

2011年9月9日

第3周记事

【阳光寄语】

　　泰戈尔说过："我心中有两个我，一直都在争斗。"我们也经常说："我们最大的敌人就是自己。"

【阳光心语】

　　一摞摞的试题摞在桌头，压在心头。别抱怨，别发怒，不打折扣地统统"吃"掉，因为你要战胜自己。

起床铃把你从睡梦中惊醒，别留恋暖暖的被窝，因为你要战胜自己。

晨跑时沉重的呼吸、铅似的双腿、豆大的汗珠，一切仿佛在吞噬着仅存的侥幸，千万别松懈，因为你要战胜自己。

考试成绩不理想时，别垂头丧气，相信自己，拍拍身上的尘土，要勇敢地站起来，迎接新的挑战，因为你要战胜自己。

周末舍弃诱人的电视、网络、游戏、小说，别不情愿，因为你要战胜自己。

让初三的生活变得单调而充实，因为你要战胜自己。

唯有战胜自己，你才能真正化茧成蝶，才能无怨无悔，才能成长成熟。

"你能飞起来，只不过有时你不想飞，或者不敢飞。"

同学们，我真诚地祝愿你们能飞起来，并且飞得很高，我相信你们！

2011年9月16日

第5周记事

国庆长假，假期快乐，学习充实。

【阳光寄语】

今日你举轻若重，他日你定会举重若轻。

【阳光心语】

从8月25日到今天，我们度过了35天。35天于初三近300个日子莫过于弹指一挥间，可就在这稍纵即逝间，我们已经感受到了初三的残酷：学业重、时间紧、测验多、老师严、竞争强、体训累……或许有人早已迅速调整心态，找准目标，努力奋发，因此他们已经成了班级的"先行者"；一个月来，老师们感受到了（4）班逐渐形成的良好班风、积极向上的学风，也熟识了一批情商高、懂事的同学，这无不说明，一个天天向上、斗志昂扬、力争上游的集体正在形成。每个（4）班人好好加油，你们日后一定会为曾经拥有这样一个集体而感到光荣。

2011年9月30日

第9周记事

你不能决定生命的长短，但你可以控制它的质量。

【阳光心语】

时间飞快地流逝，总会使我们内心涌出一些唏嘘。眨眼间已到期中，意味着初三已过去了四分之一。这一路走来，你是否自豪于自己的无悔？是否骄傲于自己的付出？或许很多同学都不敢扪心自问，因为时至今日，他都还迷茫于自己到底为谁而学，都还在混着日子我行我素。那晚萍姐的一番话是否能激起你心中的些许涟漪？是否能激起你心中的些许激情？萍姐一直都希望用行动、用热情、用真诚来感动你，使你们在关键的成长之年为青春交上满意的答卷，仅此而已。（4）班有不少勤学扎实的同学，你们总是默默地、执着地、不厌其烦地钻研，也许你们的成绩会有起落，也许你们的内心也有彷徨，但你们懂得让成长变得有分量、有厚度。而还有一群同学，你们的脸上总是写着"无所谓"，你们的态度总是让人"怒其不争"，你们的成绩又总是让人"不忍目睹"，而你们面对现状又是那么"不在乎"。这是多么可怕和可悲呀！为什么不让自己变得不再懒惰、不再茫然、不再麻木？青春的光阴不容虚度，成长的岁月不容亵渎，让自己坚强起来吧！当你投入学习时，当你也变得努力时，你会发现身边的人会因为你的改变而变得愉悦，你会发现生活也多了一份美好。

今天的体育测试成绩不甚满意，全班无一满分，还有12人连及格线都达不到，这种成绩离最后的成功还有遥远的一段距离，所以请你们不要抱怨萍姐在体育场上对你们严厉，体育训练一定会很苦、很累、很痛，只有到了中考结束的那天，你们身体的苦痛才会离你而去，所以请（4）班的同学们一定要在心中坚定一个信念：为体育满分而全力以赴。

下周期中考试，做好准备，为初三第一次统考交上满意的答卷，为期中考试后的家长会送上一份心仪的礼物。

2011年10月28日

第11周记事

【阳光寄语】

让我们的青葱岁月多一份沉甸甸的记忆!

【阳光心语】

学期过半,我们(4)班形成了一股强大的合力,在这股合力的推动之下,我们的期中考试取得了年级第一的好成绩。在接下来的日子里,请同学们珍惜在(4)班的分分秒秒,班级的荣誉需要每个人去捍卫;也希望同学们逐渐改掉自身的陋习,向优秀者看齐,学会从他们身上找到前进的动力。加油吧,孩子们!

告知家长:学期过半,孩子们已经适应了初三的生活,班上大部分孩子能够坦然面对初三的学习节奏及体育训练,但有些孩子或多或少地会出现一些压力过大、消极抵触的情绪,请家长朋友们帮助孩子积极应对,做孩子坚强的后盾。告诉孩子初三只不过是人生中的第一个转折,如果这点累都受不了,那么如何面对今后生活中的种种挑战?请家长不要在孩子面前对学校管理及班级制度发牢骚、抱怨,如有好的建议可以直接跟班主任说。您的配合会使我们的工作更顺利,也更有利于孩子的成长。谢谢!

2011年11月11日

附:

青春飞扬　梦想起航
——写在校运会后

为什么我的眼里常含泪水?因为我对这个班级爱得深沉!

(4)班的孩子们,你们是否已经爱上这个班级了,是否将这个集体融入了你的生活,是否将情感注入了这个团队?孩子们,你们也必须爱上这个班级,这是一个多么让人自豪的集体!

短短的100多个日子,我们由最初的跌跌撞撞到今天逐渐强大,一路走来,一路成长,我们收获了什么?其实每个人心中已经有了答案。

每周记事篇

萍姐一直在告诉你们成长是什么，一直在引导你们明白成长需要什么。成长是美丽又疼痛的，成长是撒满鲜花的荆棘之路，成长是内心强大又丰实。

萍姐一直在用言行告诉你们，对一切值得的东西都要在乎，都要争取！只有在乎了，才有了拥有的可能！

萍姐也一直严格要求你们，让你们明白，任何游戏都有既定的规则，执行规则的过程必须要严格。

……

一切的一切，只是想让你们再回首时，为曾经身为（4）班人而感到光荣。

昨天的校运会，同学们再一次体验到自豪与荣耀，在这里，让我们对坚强的运动员们致以最热烈的掌声。

诗莹是第一个获名次的同学，尽管只是第八名，可是这份含金量超越了名次本身。子熙是第一个为我们班拿奖牌的，一个铜牌足以鼓舞大家的斗志，而子熙的自信心也得到了最大限度地唤醒。接下来的200米和接力赛子熙发挥出了最好的水平，他对我说，初一、初二什么都没拿到，说这话的时候，子熙的喜悦与骄傲溢于言表。文同学，带着这份自信上路，明年中考再创造另一个奇迹！宪勤平时一副玩世不恭的样子，这次总算扬眉吐气了一回，唯一一个金牌获得者，让我们对你刮目相看。运动会前你说跳高是强项，跳远没优势，我们还制定战略"舍跳远、保跳高"！可谁料结局大跌眼镜，所以你再一次用鲜活的事实证明了一个千古真理：一切皆有可能！宪勤同学，既然有三两三，就要敢上梁山！好好为中考加油！卓熙和子林同学虽然没有拿到单项名次，有少许的遗憾，但运动会前的认真训练，甚至不惜牺牲晚读时间的奉献精神却是可歌可泣的，因此接力赛的亚军也是当之无愧的，所以也再一次证明了另一个伟大的真理"天道酬勤"！好男孩，拿出骨子里的拼搏精神，拿出赛场上的不服输精神，在中考的赛场上再显男儿本色！曼珊跳远拿了第四名，似乎心有不甘，但丝毫不影响接力赛的出色发挥，你是个自信、能干的女孩，坚持目标一路向前！倩仪800米的第七名也是实至名归，你是个聪明的女孩，学习上同样值得期待！雪婷和楚青虽然在单项比赛中未能获奖，但接力赛中的出色表现却深深地烙印在我们（4）班人的心中。

你们的杰出表现让我们（4）班获得了意想不到的第三名，谢谢你们！另外还有几个同学必须给予表扬——雨宁、远东在800米赛场上超越了自我，我们有目共睹的是在运动会前他们刻苦训练；吴标带着伤痛依然参加了比赛，绝不放弃的精神值得赞赏；张杏的实心球比赛也让我们为之肯定。你们同样是（4）班的骄傲，你们为集体荣誉而战！谢谢你们！

你们在运动场上表现出来的竞技精神值得我们每个（4）班人学习，也正是拥有（4）班这样一个强大的集体，所以你们全力以赴，你们奋力向前！

孩子们，青春已经起航！青春的目光能远眺远处的美丽，青春的听觉能倾听胜利的召唤，青春的脚步能促成热切的步伐……青春已飞扬，梦想在起航，不要踯躅，不要犹豫，甩开双臂、迈动步伐，朝前走吧！

第12周记事

【阳光寄语】

喜迎实中十年华诞之盛典，誓夺人生九年寒窗之硕果。

【阳光心语】

明天就是我们实中十周年校庆的盛典了，同学们，你们是幸运的，能以主人的身份参与，因此，请你们珍惜这份荣耀。当你若干年后回首今日时，你的内心一定会涌出一份温馨。（4）班的孩子，请你们明天用心去感受校庆日的点点滴滴。实验中学的十周年华诞也恰值萍姐十年任教时间。十年前的萍姐少了一分自信、少了一分从容，那时是青涩的，是焦躁的，有着一种初涉讲坛的懵懂。可十年过去了，我也成长了不少。十年可以改变很多，试想，你们十年后身处何方？十年会让你们改变多少？十年里你们一定会经历自己从未经历过的，十年里你们可以成为你们想成为的样子。十年的时间足以让你们活出自己的精彩！

致家长：首先让我道一声"谢谢你们"，上周的家长会让我充满了感动与感激。看着家长朋友手捧可口的食物，看着老师、家长、孩子其乐融融地品尝美食，看着大家洋溢着幸福的笑容，我心中无比温暖。有这样热情、真诚的家长，我相信我们的孩子也同样会充满激情、充满感恩地去对待生活、对待未来！

2011年11月18日

第14周记事

【阳光寄语】

青春不应无所谓，更不应不在乎！

【阳光心语】

本周十几个人的周末作业糟糕得令人心寒！萍姐常常在想，处在人生关键转折点的你们都抱着无所谓的态度对待你们的学习，对待你们的前途，为什么老师们还在耗费这么多精力？与其把时间浪费在无用功上面，还不如把更多的精力放在想学而又努力学的孩子身上，不如腾出更多的时间陪陪自己的孩子、家人，不如静下心来做一些教研。真的，有时看着班上某些人那副不求上进、为所欲为的德行，心中不禁为自己执着的某些东西充满怀疑。值得吗？我所做的一切值得吗？

但是更多时候，在心痛、心寒之后又抖擞精神，一如既往，我的性格、我的职责、我为人处世的原则已经决定了我不会轻言放弃，所以，我依然希望以自己的言行感染你们。上周的作文很多同学都写到了萍姐，我备感温暖，显然某些孩子懂得了萍姐的付出是为了什么。

萍姐对你们的严格只是希望通过一年的磨炼你们的羽翼更为丰满，你们的意志更为坚定，你们对事的态度更为在乎。萍姐只希望你们若干年后回首今日无怨无悔。

送首小诗给你们。

你们，90后

如梦年华

青春的印记

清晰如痕

你们，90后

指尖时代

微博QQ短信

恣意轻狂

重拾理想与纯真

追回拼搏与执着

青春在风中飘过

不容虚度！

2011年12月2日

第16周记事

【阳光寄语】

"想要"和"得到"中间还有两个字，就是"做到"！

【阳光心语】

已近年尾，期末将至，（4）班的孩子们该进入全力以赴的备考状态了。刚刚结束的月考成绩似乎离很多人的目标甚远。很多同学心中装着不小的愿望——考出长安，跻身七大校！有着不小的理想固然值得赞赏，可是在追逐理想的道路上你是否真的义无反顾，是否真的孤注一掷？冲入七大校，意味着每次考试进入年级前200名，意味着与几百人去争夺一个学位，意味着你要舍弃许多诱惑与玩乐。所以，岂是这般轻松、这般不自觉不主动便可以获得的？

（4）班的孩子，伴着青春的誓言，勇往直前吧！

告知家长：离期末考试只有三周时间了，这三周的周末务必让孩子远离电脑、电视，好好为期末考试做准备，本周需要用电脑的时间不超过1小时。

2011年12月16日

每周记事篇

期末记事

【阳光寄语】

悟已往之不谏，知来者之可追。（悔悟过去的错误不可挽救，但坚信未来的岁月中可以补追。）

【阳光心语】

孩子们，137天就这样结束了，迅速地结束让你我来不及细数点点滴滴，迅速地结束让你我恨不得抓住时间的尾巴，可时间总是带着生活的小幽默从我们身边溜走。此刻回头看这次期末考试，你是否无悔无憾地道一声：我已尽力了。既如此，请舒一口气，为自己的决不放弃报以最热烈的掌声吧！

在此我要由衷地为那些全力以赴坚持到最后的勇士和智者致以祝贺，他们现在是最幸福的人，而这种心灵释放的愉悦，是那些浅尝辄止的人永远无法体会到的。

从此，为期一个月有余的日子将是你们展翅自由翱翔的时候。智者会用全部的热情和虔诚去为中考蓄势，愚者只会让时间在玩乐与放纵中蹉跎。（4）班的孩子，一定要让初中最后一个宝贵的寒假过得有计划、有打算，过得有质量、有成果，否则放纵与无聊只会浪费你的青春。

期末成绩已经揭晓，名列榜首的位置已经被其他班级取代，孩子们，也许你们会觉得萍姐会很气恼。错了，你们猜错了，这一次面对你们的成绩，我的心情很平静！因为该说的说了，该做的做了，萍姐已经问心无愧了。路终归是靠自己走出来的，老师只不过是你们人生短暂旅程的领航者，一拨又一拨学生只是我们漫长教师生涯中的过客，优秀者的确可以给我们带来成就感、荣誉感，但毋庸置疑的是，我们任何一位老师都不会因为你们而改变自己人生的轨迹。所以，孩子们，老师兢兢业业、苦口婆心只不过是秉着为师者的职业道德，秉着为师者的职业品质。请你们一定要明白：今日的奋斗是为了你们在成长的关键时期形成一种良好的品质，今日的拼搏是为了你们在日后回忆青春年华时多一份无悔与自豪。所以，请为了自己而努力吧，请学会珍惜吧！

2月12日回校距中考只有131天，距体育考试只有77天左右，距英语口语考试只有90天左右，这些时间显得多么微不足道。如果你认为还可以等待，还可以虚度，那么你最后留下的只是懊悔，只是受到他人无尽地嘲讽。所以请好好利用有限的时间。

今天我也要告诉那些真正的（4）班人：无论你在何时何地，都不能没有咱们（4）班精神，那些骨子里透出来的非凡气质——执着、感恩，真诚、责任，克制、激情，超越、拼搏。

2012年1月6日

九年级下学期每周记事（节选）

第1周记事

【阳光寄语】

稳定情绪，排除杂念，营造最佳的学习心境。

【阳光心语】

冬天过去了，春天就这样不经意地来到我们身边。再过几个月，你们就将离开实中飞向更高远的天空，去追寻自己的理想，去实现自己的抱负！你们年轻，你们的未来拥有无限可能，你们现在能所做的，就是面对当下，珍惜今天，竭尽全力做好自己应该做的事情。我们全体老师会在初三余下的几个月中与大家同甘共苦，与大家一起冲锋陷阵，一起收获属于我们三（4）班每个同学的成功！

祝你们收获一份沉甸甸的人生！

萍姐告诉你们，面对中考这场没有硝烟的战争，你们应该做到如下几点：

（1）抓紧一切可以利用的时间：最后的胜利一定会眷顾勤奋拼搏的人。

（2）积极主动：解决一切不懂的知识，"好问的孩子不吃亏"。

（3）要有竞争意识：中考的竞争是激烈的，重点高中的竞争更是残酷的，锁定竞争者，你追我赶。

（4）把平时的练习、训练当作考试：80多天的日子里，认真对待每一个学习任务。

（5）明确考点，查漏补缺：稳定和巩固优势科目，提高弱科。

（6）保持好的心态：积极向上，乐观阳光。

唯有这样，你才能赢得这场战争！

2012年2月17日

第2周记事

仁者不忧，智者不惑，勇者不惧，内心的强大可以化解生命中的很多遗憾。

【阳光心语】

春天带着温热与暖意来到了我们身边。春意的盎然也许会激起我们内心对希望的憧憬；春意的生机，也许会燃起我们心中对信念的追求。（4）班的孩子，中考第一仗——体育考试即将来临，你们是否做好准备了？我们的班歌："燃烧着心中不灭的光，让所有远方为我发烫，天真的路上偶尔很慌，别怕梦弄脏，向前冲就是希望。"体育考试能否如你所愿，靠你自己主宰了。现在班上有一种拼搏上进的氛围，大部分同学在为自己的理想高中全力拼搏，可是部分同学的学习态度似乎与这个班的整体气氛格格不入，你们依然我行我素，依然得过且过，对老师、家长的教诲置若罔闻。你们真的丝毫不在乎结果吗？你们真的什么都无所谓吗？孩子，醒醒吧！跟着班上的优秀者一起拼一拼，至少最后让自己心存一份坦然。

2012年2月24日

第3周记事

【阳光寄语】

人之所以有一张嘴，两只耳朵，原因是听的要比说的多一倍。

【阳光心语】

4月的体育考试也许如梦魇一般侵蚀着你们，尽管你们的疼痛感一天天加剧，尽管内心的诅咒从来没有停歇，可是不可否认的是，离4月越近，你们的内心越强大，你们的意志力也越坚强。60分之于720分似乎微不足道，但60分印证了我们100多个日子的拼搏。100多个日子里，运动场上洒下了多少汗水；100多个日子里，内心不知多少次挣扎；100多个日子里，肉体和精神多少次的矛盾冲击……所有一切已成浮云，你们离证明自己的时候越来越近了。谁先拿下50分，谁就赢在了起跑线上。（4）班的孩子，坚持就是胜利。

此时此刻，老师要告诉你们几点：

（1）树立信心：决不能因为已接近结果而稍有懈怠或自我放弃（古人无数次地告诉我们"谁笑到最后谁就是赢家"）。

（2）情绪稳定：急躁常常与失败紧密联系在一起，要通过自我安慰、情绪调节等方法，消除不良情绪的干扰，培养坚定必胜的信念。

（3）运动适度：凡事皆有度，过犹不及，训练科学有序，听从老师安排，自我保护，安全、科学地进行训练（决不能让自己受伤，运动前做好热身，不打篮球，用热水敷脚）。

（4）文体并重：一手抓体育，一手抓文化，两手都不能放松。

（5）严禁带手机、游戏机等违禁品回校。

（对于周末长时间玩手机的现象一定要杜绝，家长可暂时帮孩子保管手机或交由班主任保管，中考前最好不要用手机。）

2012年3月2日

第4周记事

【阳光寄语】

百日冲刺战中考，一鼓作气创辉煌。

【阳光心语】

冬去春来，孕育万千希望；琅琅书声，铺就锦绣校园。在这春风又起的季节，距离2012年中考还有100天，再过100天，我们就将带着老师殷切的希望、父母深情的叮咛，跨进中考的考场，去书写青春岁月最绚丽的一章，去翻开辉煌人生最精彩的一页。孩子们，人生总是在竞争中不断超越，生命总是在拼搏中熠熠闪光。既然我们选择了中考，我们就没有理由退缩。中考的战鼓已经擂响，已经到了为理想奋力一搏的最后时刻！100天，每一天都是新的一页，每一页都写满奋斗的历程。拿破仑说："最困难之日，就是离成功不远之时。"的确，越接近成功，道路便越艰险。艰难困苦，玉汝于成。放下包袱，轻装上阵，立志高远，努力拼搏。在中考这场综合实力的较量中，能驾驭知识、战胜困难的人才能赢得最后的胜利。

离中考仅剩下100天了，是到了淬火亮剑叱咤沙场展雄风的时刻了，是到了扬鞭策马百米冲刺闯雄关的时刻了。三年的学习生活是一次长跑，那么现在我们已经跑过了最后一个弯道，距离终点仅有百米之遥。这时，可以看到前面那一道道关切的目光，可以听到周围那一声声助威的呐喊。百米冲刺既是一种珠峰体验，也是人生路上不可或缺的风景，我们应当敞开胸怀拥抱这种体验，欣赏这种风景。

面对中考冲刺，同学们首先要明确自己的目标。这个目标也许是父母和其他人强加于你的，也有可能是你自己的抉择，但不管怎样，你都要发自内心地告诉自己：我要做一个自强不息的人，我有自己的理想。

面对中考冲刺，良好的心态和科学方法很重要。方法有很多种，适合自己的才是最好的。其实关键的问题就是要保持良好的心态，不骄不躁地去面对中考。文武之道，一张一弛。通过自我调节，要把自己的身心调整到最佳状态。

面对中考冲刺，坚持到底是取得胜利的保证。复习过程中，知识越来越多，难度越来越大，坚持尤为重要。在这一关键时刻，坚持会让一个平常人变卓越，放任会让一个聪明人变平庸。

孩子们，现在你们走到了收获的季节，我们期待你们的成功，更期待你们的成长；我们期待你们的成绩，更期待你们的人格；我们期待你们的现在，更期待你们的终身；我们期待你们知识的积累，更期待你们能力的创新。

孩子们，成长的过程中，奔跑的姿势是最美丽的姿势，用奔跑的姿势前进，才有可能成为一个时代的领跑者。孩子们，中考虽然不是人生的全部，却是人生中极为重要的一步。在今后的100天里，让我们全身心地投入紧张的复习，用微笑照亮前程，用汗水浇铸理想，无愧无悔地过好每一天，尽情描绘青春的风采，书写人生的华章。

2012年3月9日

每周记事篇

第5周记事

【阳光寄语】

乘百日冲刺东风，创体育中考奇迹。

【阳光心语】

星期一的百日冲刺大会上校长的鼓励、老师的期盼、同学的誓言依稀回响在耳畔，不知是否在同学们心中荡起了丝丝涟漪？不知某些沉睡的心是否清醒过来？不知是否暗暗在心中坚定一个信念？尽管我们在说百日冲刺，其实真正上课的时间只有60天左右。不管怎样，我们（4）班的同学也应该将一切杂念收起，咬紧牙关拼一拼。

初三940名学生中的绝大多数在蓄势待发，看看我们班的学礼、彭旭、灿锋、董君、志斌、晓东、洁如、颖欣、泽欣、曼珊、轶轩、雨宁、张杏、宇晴等同学，他们正在迈开步伐，争分夺秒地向前冲；还有部分同学也开始发奋了，如志杰、俊康、卓熙、雪婷、卓莹、梓锋、思彤、颖恩、嘉澳等；还有些同学可能是基础较差，方法不对，可态度还是令人满意的，如子林、春宏、静如、仕聪等；而有些同学还是目标不明确，上课经常发呆，总是不问老师，甚至个别还在虚度时光，特别是本周4名违纪的同学，做事不考虑后果，视班规为儿戏。接下来的日子，你会发现前面的背影越来越多，而自己的步伐越来越僵硬。孩子们，不管怎样，咬咬牙，坚持三个月吧！

2012年3月16日

第8周记事

【阳光寄语】

心如止水，笑看六月云卷云舒。

俗话说：中考七分靠水平，三分靠心理。人生不可能永远一帆风顺，它是无数次成功与失败的较量。成功固然令人喜悦，失败又何尝不是一种特殊的财富呢？在初三这一年我们有喜有忧。不是每一次努力都有圆满的结局，也不是每一份付出都有收获的欢喜，但是，只要你用心做过，你就会拥有一个无怨无悔的青春；不是每一粒种子都能发芽，也不是每一段路都铺满鲜花，但是，请你不要忘记，乌云遮不住太阳的光芒，扬起自信的风帆，我们就会到达胜利的彼岸。要学会用微笑迎接每一天升起的太阳。当你在学习中取得一点一滴的进步时，请你对自己说："我真行！"当你遇到挫折时，请你暗示自己："不要紧！"当你精力不够充沛时，请你握紧拳头鼓励自己："嗨，加把劲！"有位哲学家说过，过去属于死神，未来属于自己。我希望（4）班的同学在剩下的75天，不管遇到挫折还是失败，都要始终如一地对自己充满信心，那我们便又向成功迈进了一步。把握自己的每一天，无悔于自己的每一天。

2012年4月6日

第9周记事

【阳光寄语】

季节总是如期而至，雏鹰总要凌空翱翔。

【阳光心语】

离中考还有68天，离体育中考还有12天。当日历一页一页撕下时，你的心是否有些许感觉？班上有很多同学早已奋力前行，他们勤奋刻苦到了废寝忘食的地步，他们争分夺秒正在为中考这场战役蓄势，他们一丝不苟正在为青春的纪念册镌刻不朽的印记。他们为每天时间的迅速失去而扼腕，他们追赶着时间的脚步在与时间赛跑。他们的坚持与执着常常令我感动。与之相反，有些同学的行为却令人心痛：他们上课发呆，对待学习任务敷衍了事，课堂捣乱，只想着玩乐，视前途为儿戏，玩弄情感……同坐一个教室、同一批老师、同一份试卷、同样的人生转折，为什么会相差甚远？这些已经麻木到令人心寒的同学，醒醒吧！莫让青春时光白白逝去。萍姐与你们的缘分也就只有两个月左右的时间了，说真的，萍姐可以很潇洒地送你们度过中考，然后挥挥手道一声"拜拜"，可作为师长、作为过来人，萍姐之所以苦口婆心，只是希望你们莫让青春留下悔恨。

2012年4月13日

第11周记事

【阳光寄语】

乘体考胜利之东风，创口语理想之成绩。

【阳光心语】

彩旗飘起来时，我们知道什么是坚持；横幅拉起来时，我们知道什么是团结；呐喊声响起来时，我们知道什么是自豪；《武装》唱起来时，我们的记忆定格在那一刻。

体育训练一步步走到今天，你们已经创造了奇迹。你们挥过汗、洒过泪甚至流过血，但没有一个人说过要放弃。多少个月的艰辛与努力化作属于自己的成功与收获。我粗略算了一下，你们训练了6个多月，180多天，每天平均跑4圈，一共是720多圈，也就是288000多米，这还不包括体育课和下午的训练，也就是说你们半年跑了30多万米（近40万米），相信吗？这就是你们创下的属于自己的纪录。若干年后回首今朝，还有什么值得遗憾的呢？仰卧起坐训练呢？两个月的训练，每人每天100次，共6000次；实心球每天挥举20次，共1200次；跳远每天20次，共1200次。奇迹是在一瞬间产生的，可这期间漫长的艰辛过程是一笔多么宝贵的财富呀！半年多的时间，运动场见证了你们的飒爽英姿，见证了你们拼搏的身影，有过畏惧、有过抱怨、有过退缩，可依然奋力追赶，因为你们只有一个目标，只有一个信念。25日那天让我看到你们在洒过泪、流过汗之后用坚韧铸造的王者风度。所以我要说你们很棒、非常棒！有多少个清晨你们的身姿迎着朝霞奔跑，又有多少个傍晚你们的身影伴着夕阳西下？可直到25日那天你们突然发觉一切都值得，一切都弥足珍贵。

（4）班的孩子，我想说，你们每个人都是真正的王者，因为你们赢了自己。

体育中考在25日那天画下了圆满的句号，容不得喘息，容不得庆贺，我们的目光马上要转向一个又一个新的目标——5月12日的英语口语考试，5月26日的电脑会考，6月20日的中考。接下来的50余天才是真正决胜的关键时候，笑到最后的才是英雄。

然而，体考结束后的几天，你们明显懈怠了，似乎找不到前进的方向，似乎失去了斗志。孩子们，要知道60分的体育之于总分只是8.33%，剩下的660分的文化科才是关键，千万不要鼠目寸光。不到40天的上课时间你能最大限度地利用好吗？最后的黄金时间你能把握住吗？请珍惜，请自重！

2012年4月28日

第12周记事

【阳光寄语】

只要有萤火虫在，夜便不会漆黑；只要有行动在，希望就不会渺茫！

【阳光心语】

离中考仅剩7周了，除了周末也就剩30天左右了，而周末14天你能够荒废吗？可以荒废吗？从上周周末作业的情况来看，我心中有种恐惧与悲凉的感觉，子熙、吴标、远东、志杰、毓彬、振杰、静如，你们到现在还在欠交作业，你们心里到底在想些什么？面对其他同学的那份勤奋、上进、紧张，莫非你们无动于衷？特别是个别同学，你一回又一回地偷懒，一次又一次地撒谎，难道就那么心安理得吗？雨宁、宪勤、春宏、楚邦、仕聪、振辉，你们以或这样或那样的理由来为自己作业漏做做解释，真的理所当然吗？还有一些同学，面对老师的要求总是不当一回事，经常有人无视老师的要求（周末记事、打印资料、签名等），难道老师为之付出的心血在你们眼里一文不值吗？看看班上的学礼、彭旭、洁如、泽欣、颖欣、曼珊、灿锋、靖舒、董君、轶轩，他们为什么从来不会出现这种情况？态度！态度永远是最重要的，也正因为如此，他们才能名列前茅。（4）班的孩子，主角是你们呀，可现在反而是我们老师唱起了独角戏，真是滑天下之大稽。凡事有因必有果，我只想告诉你们，日后百般懊悔也换不回今日欠下的账。

40余天的时间转瞬即逝，现在要做的只有咬牙冲刺了，分秒必争，作业认真，扎实复习，将每科的知识点梳理一下，看看自己还有多少疏漏，查漏补缺是这40多天必做的事情。记住，只要有一丝可能就要做无限努力。最后关头（4）班的孩子互相多鼓励、多提醒、多支持，大家携手去摘取属于我们的胜利果实吧！

2012年5月4日

第15周记事

【阳光寄语】

生命不打草稿，抓住每一次机会。

【阳光心语】

时光的流逝是那样悄然无息，我们不知不觉在青春的校园中接受了秋与冬的洗礼。青春的欢歌笑语与年少的烦恼无奈编织成了这段如诗的旅程。旅程中，虽偶有心酸与疲惫，但都在青春的且歌且行中成了锤炼成长的动力。

孩子们，火红的6月向我们迎面走来，那么悄然无息，那么振奋人心！往昔对6月的翘首仿佛就在昨日，而如今转瞬就在眼前，300多个日子的风雨兼程，300多个日子的坎坷茫然，300多个日子的执着坚守……一切的一切即将在6月落下帷幕，我相信（4）班的孩子在帷幕落下之前定会绽放耀人的光芒。坚持吧，孩子们，最艰难的时候也是最精彩的时候！近阶段，要很好地进行知识梳理，发现问题，查漏补缺，调整到最佳的考试状态，取得较为理想的成绩。

仅剩的20多天冲刺，我们能做些什么呢？

心理调整+巩固基础，熟悉全局+正视自己：

（1）健康的身体才是成功的基础，最后关头调整好生物钟非常重要（周末作息至关重要）。

（2）保持平静的心情、稳定的状态。

（3）抓紧时间，对考纲的知识点进行梳理归纳，每一科目考什么知识点要做到心中有数。

（4）对于以前试卷中做错的题，要重新翻看一遍，做到看懂吃透。

（5）要全面掌握每个科目的考试时间和考试顺序。

（6）对照以往的模拟试卷，熟悉每一科的考试题量和考题类型。

2012年5月25日

第16周记事

【阳光寄语】

志愿既定，理想已决，相信自己，勇往直前！

【阳光心语】

风雨兼程100多天，从去年8月份的相识到今天的17天倒计时，我们还来不及细细体味相处的温暖与感动，时间马上就要定格在分离之时。时间的沙漏沉淀着无法逃离的过往，记忆的双手总是拾起那些明媚的点滴。家长朋友们，谢谢你们，正是因为有你们的支持与理解，我们的工作才如此顺利。孩子们，谢谢你们，尽管我们一路坎坷，一路艰辛，对你们有过苛责，有过严惩，可是往事变成了永远的收藏，当某天捧着旧照片时，我们定会湿了眼眶。

两周的冲刺后就要奔赴战场了，到了关键时刻，也许有人觉得时间不够用了，于是争分夺秒；也许有人觉得已成定局，于事无补，于是泄气了。孩子们，聪明的人懂得抓住一切可能，愚蠢的人只会抱怨、动摇、放弃。我们（4）班每一个孩子都是聪明的孩子，这几天的表现令老师们很欣慰，我知道，你们要发力了。

加油，每个人做到无怨无悔！

2012年6月1日

第18周记事

【阳光寄语】

努力成为你想成为的样子！

每周记事篇

【阳光心语】

　　时间是一首无声的歌，时间是一缕无痕的风，时间是一张没有回程的车票，时间的针脚已来到中考最后关头。中考已在触手可及处，你准备好了吗？（4）班的孩子，你们准备好了吗？真的勇士敢于直面严峻的考验。三年，辛苦三年，挥洒了汗水，要的是丰硕的果实；三年，奋进三年，抚平了伤痛，要的是美好的明天；三年，精彩三年，经历了风雨，要的是璀璨的回忆。时间给了你们考验，梦想给了你们动力，纵然前方的路依旧崎岖不平，但只要一颗心不灭，一双脚不停，你们总会发现，成功就在阴霾之后。走过那一步，你会发现，其实很简单。"成功的花，人们惊羡她现时的明艳！然而当初她的芽儿，浸透着奋斗的泪泉，洒遍了牺牲的血雨。"正值花季的你能否做到无怨无悔，那就要看你最后几天的状态了。加油，（4）班的孩子们！

2012年6月15日

篇一——心情随笔

北京·琐记

初识北京

自从报名参加北京的旅游后，我脑海中总不断浮现出二十年前游北京的经历，回忆如电影胶片，跳跃、清晰、反复……

爸妈够资格参加教育局组织的北京旅游，行程定在暑假。当时我正上初一，放假前爸爸就许诺我，如果能考入前十名就带我去北京。奔着去北京这一当时大多数人不敢奢想的目标我发愤图强考了个名列前茅。可临行前爸妈却不打算履行承诺了，原因很简单：要300元钱。当时300元在我们家到底是怎样一笔开支，我是丝毫没有概念的，但我知道凭爸妈微薄的工资要供两个姐姐上大学是基本没有计划外的支出的。所以我一度很沮丧。可事情发生了转机，当时大姐的男朋友，也就是我现在的大姐夫慷慨解囊支持我去北京，其实我们全家都深深地了解他这一举动背后的"阴谋"：就是将我这个特大号"电灯泡"彻底清除出他们的二人世界。于是我貌似感动加感激，还工工整整地写下了借条，揣上300元跟着父母踏上了去北京的行程。

20世纪90年代初的旅行完全是自助游，没有旅行社，没有导游，爸爸当时因为"位居要职"，所以当上了这个教师旅游团的团长，率领着几十号人浩浩荡荡奔向北京。时至今日我依然清楚地记得，当时旅行团中有拎着水桶带着衣架的（这属于讲卫生、条件好的县城教师），有拎着破布袋的（这是乡村教师），还有备好辣椒酱、饭菜的（我们家），那场面真是相当壮观！

直到今天我还在纳闷，就这样一个看似一帮乌合之众的旅行团到底是怎样订好车票、定好行程、定好旅游点的（有机会一定要向老爸求证）。当时我深深地为爸爸的人际关系而自豪：爸爸轻松地买到了桂林至北京的火车票，因为在当时要订上火车票而且还是几十号人的座位票那真是不可想象的事情，更神奇的是到了千里之外的北京居然也有熟人请吃饭，真是佩服呀！

我们在前往北京的火车上大概待了两夜三天。只记得火车上的人全然不顾形象，座位下、走道上到处有趴着躺着的人，我们算是幸运的，但下车时才发现凉鞋变小了，经过仔细研究后才知道原来是脚肿了，这就是70多个小时没有活动的后果。

到了北京，这一群人才知道什么叫"找不着北"，才知道什么是"两眼一抹黑"，简直就像无头苍蝇似的到处找旅馆。时至今日我仍深深地记得在伟大的首都北京有这么一群风尘仆仆、狼狈不堪、酸臭味飘扬的有着25年教龄的县城、乡村老师，他们在这个偌大的北京城显得那么无所适从，那么卑微不堪。但我依然为老爸感到自豪，他从容不迫地带着这一干人先是找了一家带院子的旅馆，可后来交涉无果没有住下，又找到一家地下室模样的小旅馆安顿下来。那时我和妈妈才知道原来笑话带着桶拿着衣架的行为是极其错误的，也深深敬佩这些人有着如此的先见之明和高瞻远瞩，因为是公共澡堂，一切都是公共的，那些妇女光着白花花的屁股，拿着公共的水桶装水从头淋到脚的大大咧咧让人叹为观止，所幸我还是未成年少女，无所谓害臊不害臊，并且马上入乡随俗学着她们洗头洗澡。尽管现在想来那个地下室旅馆的环境是多么恶劣，多么肮脏，但安顿下来缓解疲劳的舒适及第一次出远门住旅馆的喜悦已然甚于一切了，况且我还有一个意外的收获——在凉席下面找到两双前任客人遗失的当时颇为新潮的高筒丝袜（虽然脚趾处烂了几个洞）。

一切是那么新鲜，那么不可想象，总之所有人在这个旅馆里是惬意的，原本还不相识的团友迅速熟络得像一家人，似乎有着"患难见真情"的亲密。至今我也不清楚当时爸爸这个团长是凭着怎样的智慧来安排行程的，是凭着怎样的魄力来组织这么一群人的，只模糊地记得爸爸每天晚上研究北京地图、规划景点、确定公交车，每天早上浩浩荡荡的几十号人挤着北京的公交车。记得当时有一个来自乡下的老师走失了，也完全忘记了在当时没有任何通信工具的情况下，那位老师又是怎么找到大部队的。总之几天里我印象最深的是兴奋和累，每天出门都兴奋地东张西望，没少被妈妈责骂；每天也累得弯着腰驼着背，也没少被老妈突如其来地在我背上猛地一拍，"直起腰来！"我们参观了故宫、人民大会堂、天安门、毛主席纪念馆、十三陵、长城……每到一个景点

心情随笔篇

我都会认真地在笔记本上抄写景点介绍，我会天马行空地想着与之有关的一切。印象中自己揣摩过毛主席为什么那么安详，护旗手到底眼睛眨没眨，慈禧当年吃些什么，崇祯皇帝上吊的树怎么这么小，长城的尽头到底是什么，为什么苹果论袋卖……在北京，我惊奇地发现原来可以这样切西瓜，茶水居然可以卖钱，冰激凌外面的壳原来是可以吃的，北京人也不怎么洋气……第一次出远门的我脑袋里装满了天马行空的想象，装满了匪夷所思的想法！

　　……

　　北京游结束了，回家途中爸爸和他的挚友小心翼翼地捧着打包的北京烤鸭和北京二锅头，一直不舍得吃，直到临近广西境内才郑重地打开，谁料烤鸭已散发出了异味……

　　往昔不再，当年那个穿着凉鞋配着高筒丝袜站在长城上的小姑娘已成了被现实消融了许多梦想的人妻、人母，当年意气风发的老爸、干练泼辣的老妈已成了常常念旧的苍颜老者。

　　我知道北京之行于老爸而言是极具意义的，这是他继串联后重游北京，也清晰地记得老爸多么想登上天安门城楼学着毛主席挥一挥手，可是他舍不得花钱；也清晰地记得老爸在北京的大街上破例买了一个冰激凌只敢吃里面的冰激凌而误以为脆皮壳是纸壳全都扔了；还清晰地记得我们一家三口在吃饭的时候总会悄悄地掏出辣椒酱来拌饭……现在想来有些心酸，却又有些许温暖。二十年了，爸爸在忆苦思甜时总会提及当年的北京游，也总会耿耿于怀火车上散发出馊味的烤鸭，更是遗憾没有登上天安门城楼挥一挥手……

　　老爸，放心吧，我们姐妹一定要带着你和妈故地重游，我们会让你们尝尽北京好吃的烤鸭，我们不会让你们再卑微地、捉襟见肘地重游北京，一定的！

　　后天我将重游北京，二十年后的北京于我而言又将是怎样一种印象呢？

（待续）

2011年7月13日

再遇北京

再次踏上北京这块土地已时隔二十年。岁月的斗转星移消逝了许多或美好，或惨淡，或愉悦，或伤心的东西，而唯有二十年前的北京之行仿若心中割舍不下的印记，常常在与父母的交谈中，常常在观看与北京有关的影像时，常常在阅读与北京相关的文字时撞进我的脑海。所以我依然憧憬……

坐上天津到北京的高铁，心情有些许雀跃与期待。此时的我不再局促，更不会自卑，我可以怀着闲情，怀着愉悦再次去打量这个曾经在我少年时期留下许许多多唏嘘的城市。

接团的导游十分不洋气，可这丝毫不会掩盖北京姑娘的自信。她口里说着对我们这个教师团的尊重，可言语之中尽是北京人的优越感与自豪感。当晚的晚餐地点选在极具京味的特色餐厅。这是一家带特色表演的餐馆，戏台上正在表演着变脸，我们正看得入迷却被带进了远离观赏席的员工餐厅，吃的也是毫无特色的旅游团餐。外面的演员卖力地唱着，自选小吃铺的小贩大声地吆喝着，而我们却食咽着导游说的"最好的晚餐"。就这样，二十年后的北京在雨后的沉闷中、在嘈杂不安的戏曲声吆喝声中、在团餐的乏味中跌入了我的视线。

两日的游玩尽是在熙熙攘攘的人群中进行的，天安门广场再也不那么空旷了，所有的照片都是以人群为背景的。当年爸爸在广场拾了几粒石子装在袋子里留作纪念，我也费力探寻地面想发现点什么，可毫无收获。在人潮的拥簇中进入毛主席纪念馆，依然充满敬意，依然敬上一朵菊花，依然小心翼翼地瞻仰，可所见似乎大相径庭了。下午去了和珅家，傍晚逛了王府井，一路走马观花，一路感慨万千。我知道一切都变了，变得那么让人措手不及，变得那么让人不忍接受。拥挤的人群、千篇一律的导游词、市侩又夸张的纪念物兜售……故宫里让人心碎的遍地垃圾，长城上不费力气的高空索道，天坛霸道的景中景、票中票都让我不忍再去触及二十年前的丝丝印记。曾经拼命追逐，曾经那样渴望再续前缘，为什么却又给人剥茧般的疼痛？

我依然没有吃到北京小吃，依然没有尝到全聚德的烤鸭，依然没有坐在茶馆品茶听戏……两日的北京游是如此仓促，如此无趣，又是如此心生另一番期待……

　　我知道，有些东西是永远回不来了，即使回来了也失去了原有的味道。人已蹉跎，往昔不再，唯有期待是最美丽的，那就继续期待吧，期待着下一次的北京游……期待影像中、文字中、记忆中那些与首都北京有关的视觉冲击、味觉冲击、触觉冲击与我相遇。

　　最后让我用韩寒的话作结："冬至花败，春暖花开，都是生活常态，所以无须惋惜。后会有期。"

2011年10月20日（完）

老时光之电影情结

　　光阴明明一直如影相随，可如风似烟，触摸不到。我们背着时间匆匆赶路，看日落月出，云来云往，匆匆数载，转瞬白头。过往的日子里封存着多少美好的记忆，呼之即出却又欲罢不能！

　　缘于儿时的那段露天电影时光，成年之后我特别喜欢看电影，这么多年看过的电影可以用不计其数来形容：老式电影院里看过，大学时代的电教阶梯室里看过，现在常去数码影院看，委曲求全时电脑上、iPad上也看。可就是从未在手机上看过，电脑上、iPad上看已经觉得对电影有种侵犯感了，如果再在方寸大小的手机屏幕上看，那真是亵渎了内心对看电影的这份美妙情感。儿时跟随父母姐姐看，高中时和好朋友看，大学时代和舍友一起看，工作时和志同道合的同事、朋友看，有了孩子就把孩子培养成了电影迷。最遗憾的就是极少跟老公看。

　　最冒险的一次电影经历发生在我读高一那年——《红樱桃》热映。当我们得知这部电影要在县城电影院放映时，再也按捺不住那颗狂热的心。可当时的电影不像现在一上映就半个多月，当时也就放一两个晚上就转到其他地方了。我和两个好友筹谋着怎样如愿以偿，后来"剧情"是这样发展的——最漂亮的梁艳作为"主演"，泪眼婆娑地捂着肚子由我和玉萍搀扶着向班主任请假，她说实在忍受不了了，可能是盲肠炎也有可能是肠胃炎，总之疼痛无比，需要我和玉萍送她回去。怜香惜玉的班主任一见校花梨花带雨、面带病容，二话不说就赶紧让我俩送她回家。一出校门我们就朝着电影院狂奔而去。这次逃学很成功也很值得，《红樱桃》着实好看，尽管这部电影很沉重很压抑，稍许有些不适应，那种残暴和血腥，那种裸体的尺度已完全超乎我们的想象，可很长一段时间都让我回味不已。多年后脑海里还会浮现出那个大眼睛的中国女孩，浮现出楚楚背后那只凶残的雄鹰文身……这次"逃学"的尾声是这样的——两个好友"住"在街上，而我住在河对面的学校，看完电影夜已深，不敢独自回家，于是再次撒谎叫爸爸来接我。现在想起来，内心有一丝愧疚，一丝失落：愧疚于当时胆大包天地撒谎；失落于早已逝去的年少轻狂，以及那再也找不回的清纯友谊。

大学时代的电影时光也常常占据我的记忆。学校的电教阶梯教室在周末被几个年轻老师承包了，用来放电影，每场两元。通常一晚会放两场，放的电影也都是当时热映电影的盗版片及大学生喜欢看的经典片，所以常常是座无虚席，甚至过道处还塞满了加放的凳子，在那种形势下占位就显得尤为可贵了。我们宿舍个个都是电影迷，可最会占位的要数珠海妹周静了，她体形健硕，容颜冰冷而美丽，在系里稍有知名度，因此她只要往那儿一站，女生显然在身形上败下来，而男生往往会对"女神"礼让三分。所以为了不辜负上帝赋予她的最强占位武器，在宿舍投票中她以全票通过而获选为"占位先锋"，任务就是——占位，占十个位！美丽善良的周静也总是忍辱负重、兢兢业业、不负众望地承担起此责。从此以后周末傍晚在电教阶梯教室的门口经常会出现一位手捧一摞书（用来占位）的高大女子，而她通常是将自己的身躯贴在等待放映老师打开的铁门上。所以那些年我们总能占据最佳观赏位置看电影，这种结果也只能让其他同学咬牙切齿且羡慕嫉妒。而我的任务就是帮周静打饭，等她冲进电教阶梯教室占好位置，我打好的饭也会准时出现。于是我们就成了宿舍绝对拍档的不二人选。

承包电教阶梯教室赚外快的老师也很给力，丝毫不会辜负同学们的辛苦等待及排队占位，播放的电影大都是经典之作。《泰坦尼克号》《魂断蓝桥》《美丽人生》《罗马假日》《乱世佳人》《巴黎圣母院》《简·爱》《埃及艳后》等一大批好电影我都是在那时看的。那段看完电影就找原著阅读的美好时光是那么生动明媚，而那段时光似乎也成了我整个大学时代的主旋律。当然忘不了的还有看《午夜凶铃》的那个晚上，感觉哪儿哪儿好像都有鬼，很长一段时间一到晚上我们都是整个宿舍的人集体行动。

毕业已有14年了，大学时光的很多经历已经淡忘，而唯有这段记忆长久得不肯散去。舍友们已各奔东西，也早已疏于联系，但我相信某天我们再相聚时，回想起这段电影时光，彼此封存的记忆也会喷薄而出。

来到长安工作，结婚前不长的日子里，还未成为老公的某人也偶尔会陪我在电影院看电影，《珍珠港》《英雄》就是那时看的。后来结婚了，很快有了孩子，日子越发忙碌了，那几年热映的电影几乎都擦肩而过，只是这几年在网上断断续续地将错过的好片重新找回来看。终于孩子大了些，这颗为电影而痴狂的心又蠢蠢欲动起来。老公已经不会再陪我看了，这些年勉强看了几场也是回来不断吐槽，没办法，只能培养女儿的兴趣了。幸好女儿很给力，遗传了外公家的光荣传统，第一次带她去影院她的遗传基因就淋漓尽致地体现出来了。印象很深刻，第一次带她看电影是在长安影剧院，看的是《赤壁》，这样一部电影她居然从头到尾安安静静地看了下来，那时她不过才4岁多，有了这一次体验，后来就一发不可收拾了，有适合她看的我几乎都带着她看了，《功夫熊猫1》、《功夫熊猫2》、《长江七号》、《变形金刚》系列、《冰川时代》系列、《哈利·波特》系列、《喜羊羊与灰太狼》系列，连《建国大业》也带她看了。《阿凡达》画面的壮美有点震撼到她了，当时我们坐在南宁最好的电影院的第一排，第一次看3D电影，视觉冲击力太强了，可从此看过的所有3D电影也无法超越它了。《爱丽丝梦游仙境》、《鼠来宝》、《武林外传》、《蓝精灵》、《猩球崛起》、《人再囧途之泰囧》、《少年派的奇幻漂流》、《一九四二》（很沉重的一部电影，回来后她问了很多问题）、《泰坦尼克号》（3D版）、《蝙蝠侠》、《西游·降魔篇》、《中国合伙人》、《疯狂原始人》、《怪兽大学》、《魔境仙踪》、《神偷奶爸》、《唐山大地震》、《怪物史瑞克》、《大笑江湖》、《快乐到家》、《盗梦空间》（看完后问她看懂了没，她居然说得头头是道）、《里约大冒险》、《马达加斯加》、《巴啦啦小魔仙》、《爸爸去哪儿》、《西游记之大闹天宫》《熊出没之夺宝熊兵》、《冰雪奇缘》、《潜艇总动员》、《归来》、《小时代3》、《京城八十一号》、《后会无期》、《闺蜜》、《白发魔女传》、《沉睡魔咒》，曾经将看电影的票根一一留下，可最近翻出来一看，上面的字已褪去，只留下一张白纸了。女儿在长大，随妈妈看电影的时间会逐渐减少，孩子渐行渐远，也许一切记忆都如电影票根一样，印记终将淡去，而美好的过程将永存。希望女儿长大了不管身处何方，闲暇时能够踱进电影院，看看电影，回忆回忆与妈妈在一起的日子。如此，足矣！

　　为什么热衷于看电影，一直道不清，说不明，可那种情怀、那些景象总让我痴迷。也许人生就如电影，欢声笑语、悲痛悔恨轮番上演，有限的时间带给我们无尽的冲击和快感。挥之不去的电影情结也许在未来很长一段时间里还会占据我的内心，我也会将这份美好进行到底！

老时光之露天电影

其实早就想用文字记录我的成长时光，可每每手指触碰键盘，那些或美好或艰涩的片段已成碎片，拾起整合是那么困难。可今天坐在电脑旁，一个文字接着一个文字敲击时，那段破碎的细节和朦胧的色彩喷薄而出，露天电影时光——童年记忆里无法抹去的暗夜亮色。

20世纪70年代出生的人一定有一种无法割舍的记忆——看露天电影。家里还没有电视时，看电影是一种比较奢侈及让孩子们非常向往的娱乐活动。小时候住在父母教书的乡村学校，学校向来是电影队下乡放电影的首选地。得知晚上有电影，四里八村的乡亲们必定蜂拥而至，为了占一个好位置，每家每户一定会早早打发孩子扛着凳子来占位置。家住得近一点的，放好凳子就回去吃饭了；住得远一点的，占好位置就不回去了，等着大人们来看电影时捎点吃的随便打发。而我们家占尽地利之便，一定是占据最佳位置。父母是电影迷，只要得知放电影是一定要看的，如果在学校放那就最好不过了。可并不都如此，偶尔也会在乡里的露天广场放，这时候我们当天的首要任务就是扛着凳子去占位置。吃完午饭，父母便催着我们赶紧去，并口授怎样的位置才是最佳观看区。他们总要我们把凳子摆在中间靠前一点，而我们小孩认为最佳位置就是放映员附近，因此总会将两处最好的位置霸占上。从学校到乡里大概步行要20分钟，一路上会见到不少扛着凳子的小孩子。如果路上人不多，我们也会优哉游哉；如果路上扛凳子的小孩多了，姐姐们就会主动扛起我的小板凳，要我快跑，并叮嘱我用口袋里装的粉笔将放凳子的地方圈好，得令后我会飞奔而去。那时的我也不过几岁，可对待看电影这事是丝毫不会懈怠的。

印象中，有一次又有露天电影看，而我早早就睡觉了，于是父母带着两个姐姐"弃我而去"，他们理所当然地认为我一定会一觉睡到天亮。可那晚我从睡梦中突然醒来，摸摸床上没人，就开始叫，从父母到姐姐叫了个遍，没人应声，恐惧感开始涌来，偌大的学校一片漆黑，我不敢下床开灯，蜷在床角闭着眼睛开始狂叫，先是把住校的老师叫了一遍，再将附近乡亲的名字挨个儿叫了一遍，声音在黑夜中回旋，恐惧感更甚，于是开始哭泣，也不知过了多久，声音已几近嘶哑，灯亮了，父母回来了，我也成了个泪人。

自此，无论怎样父母都会带着我去，而且也把我训练成了占位置的好手。于是，《董存瑞》《地道战》《地雷战》《洪湖赤卫队》《小花》《红日》《上甘岭》《冰山上的来客》《闪闪的红星》《铁道游击队》《红色娘子军》《小兵张嘎》《英雄儿女》《永不消逝的电波》《林海雪原》等战争题材的老电影伴随着我整个童年时代。记得每回看战争片，人物一出场，我就会问："这个是好人还是坏人？"记忆中，坏人通常会死得很惨，一枪毙命，而好人一般不会死，就算是死也会几经周折才死去，死之前一定会轰轰烈烈地交代遗言。也许骨子里对英雄的崇拜就是来自童年时期的这些老电影。有些电影反复放了好几回，可每一回放电影都是万人空巷。露天场地乌泱乌泱满是人头，甚至树上、墙头上也坐了好多人。大人们趁着看电影可以见见平时不常见的远亲，聊聊家常叙叙旧；孩子们趁着放电影可以无拘无束地打闹追跑。当一束白光射向悬挂着的白布时，顽童们最乐此不疲的就是将手伸到放映机前，五个黑手指影在屏幕上晃着，变换着不同的造型（这就是为什么喜欢坐这个位置的原因）。通常这时候大人们一致将头扭向放映机旁，齐喊："谁家的孩子，别闹了，别闹了。"电影放到一半要换片，放映员要倒片，通常这个时候大人们的闲聊声会突然响起，孩子们会围着银幕前后追逐。放映员上好片，白光打在银幕上时，几个小脑袋会出现在银幕上，大人们也会突然安静下来。而电影结束时，整个场地像炸了锅似的，东西南北每个方位都会响起大人叫小孩的声音，"细伢子，肥切了""宝崽，在哪里啊""四姑娘，死到哪里切了"（家乡方言）……人们朝着四面八方不同的方向赶回家，一路上，有提着煤油灯的，有打着手电筒的，较小的孩子趴在父母的背上，乡道上热闹的声音会持续很久很久……

电影队来的时候是我们的节日，而电影结束时便有一种黯然，好像喜庆的日子结束了一样。于是又开始盼望下一次电影放映的日子……

再后来，露天电影也不仅是战争片了，出现了一些有着爱情元素的电影，如《我们村里的年轻人》《刘三姐》《五朵金花》《庐山恋》等，而放映这些电影时，总觉得露天场地弥漫着一种异于看战争片时的暧昧氛围，人们讨论的声音没了，精彩处的惊叹声压得低低的，而在我家里，明显感觉到姐姐们受电影影响带来的改变，她们的房间张贴着电影明星的画报，她们要求妈妈帮

211

她们做喇叭裤、有飘带的衬衣。再后来的后来，二姐弃理从文，甚至在大学还开了电影欣赏课，我想这跟这一段露天电影时光大有关系。

再后来，家里有了电视机，电影如果不在学校放映，我们家就较少去看了，而因为这台电视机，我们家又成了"露天电视场"。晚饭过后，爸爸就会将电视机搬出来，并且叫我们将教室里的学生凳摆好，附近的乡亲每晚必来，当时的频道没几个，但是节目却很精彩。记忆中，《霍元甲》《西游记》《红楼梦》《济公》《封神榜》《四世同堂》《渴望》《过把瘾》《外来妹》都是当时的经典之作，印象中的外国片有《卞卡》《血凝》。还记得当时的电视是黑白的，爸爸为了赶时尚，装了一块彩色屏幕，电视出来的效果仿佛就有了颜色。还记得遇到刮风下雨天信号不好，爸爸就会不断调整电视机顶部的天线，甚至还会到室外摆弄接收器，一边弄一边问："行了吗？没有雪花了吧？"乡亲们会认真地回答。再后来，发家致富的乡亲们也买了电视机，来我家看电视的人就逐渐少了，最后就没人来了。

这就是童年的记忆——观看露天电影。20世纪70年代出生的孩子，都不会忘了小时候观看露天电影的情景。那是一场童年的游戏，也是一代人的记忆。

时代的步伐在前进，纯真年代一去不返。最近的我总想回头寻找已经逝去的老时光。开始回忆了，我想我也在逐渐远离仅有的青春岁月。也许有一天当往事越发珍惜的时候，我就开始义无反顾地变老了。无论哪个阶段的自己，我相信在忆往昔叹年少时，感觉都是一样的，都是美好的！两个放映员、一张白布、一台放映机和扛着凳子的人们已消逝在时光中。多想重拾童年的记忆，返回"扛凳子"的时光；多想再围绕在父母身边，无论是炎日摇着蒲扇还是寒风中提着炉火，我愿意那一束白光永不消逝，我愿意白布上跳跃着的手影不断重复，我愿意回到那承载着儿时记忆的露天电影时光！

随笔杂感

（一）

　　和闺蜜在一起闲聊，漫无边际地扯着扯着就扯到了幸福，我们相互问对方"幸福吗"，沉默了许久，莞尔一笑，一切尽在不言中！已近中年，孩子尚未成年，父母年岁渐高，身体不如往昔，工作压力从未消减……一数来似乎觉得自己还真算不上幸福。可仔细想来，幸福真与这些有关吗？曾经也有同事跟我聊过同样关于幸福的话题，当时她说我们还没有我堂兄幸福，你瞧他每天乐呵呵的，小幸福挂在脸上。堂兄来实中做绿化工已经两年了，一人的收入除了养着全家三口，还要贴补父母的生活及家中红白喜事的支出。他从不抱怨，从不悲观，非常享受稳定而安宁的现状，最近他还揣着两年省下来的一点小钱屁颠屁颠地跑回老家盖房子了。他勤勤恳恳地工作、快快乐乐地生活，小幸福在他眼里就是每天一点小酒、每月一点积蓄、孩子的一声叫唤、妻子的一点关怀……这就是幸福！原来幸福与物质无关，与地位无关，它存在于生活的宁静之中，存在于真实与自然之处。只是我们匆匆追逐一些尘世烦琐之事的时候与它擦肩而过！幸福不是水中月镜中花，只要你知道当初追求的是什么而如今得到的又是什么，心怀感恩，幸福其实触手可及！

（二）

　　又想起一日，学生惹我生气了，我狠狠地对他们说："你们可不要让老师生气了，老师的青春已过大半，现在只剩下青春的尾巴了，怎么样也不能成天惹老师生气，让仅剩的青春尾巴就消失在与你们的斗智斗勇中呀！你们忍心吗？"一番话把学生说笑了，自己也笑了。是呀，曾经的年少青春、激情似火、冲劲十足，而如今眼角悄悄蹦出的纹路怎么也无法自欺欺人了。那些梦想似乎早已渐行渐远，如今岁月留下的，只是满目唏嘘。前日读一位名师的博客，里面的一句话让我颇有感触，她说："年轻真好！35岁以前，那真叫精力

心情随笔篇

213

充沛，累都累不死。35岁以后就差多了。所以有人说，女人要做事，一定要赶在35岁以前，过了这个年龄，想做也不容易了。"这话可真有道理！自己恰好就到了这么一个尴尬的年龄，青春苟延残喘，那些年曾经拥有的年少轻狂已尘封在时光的流年中，梦想再烂漫也无法拾起过往的无所畏惧，很多想做未做的事也无法实现，从前的时光仿佛已成了回不去的浪漫，而只有错过那些美好时才慨叹枉自蹉跎时光。可回头一想，青春只剩下尾巴又怎样，起码人生还未过半，有大把时间可以积极地阻止任何感伤和消极。于是，重新抖擞起青春残余的激情，奋袖出臂重新上路！

（三）

干女儿周末放假回来看我，忽然感慨万分地说，仿佛一夜之间父母身边的很多人都历经变化，有人去世了，有人生活发生大变故，她说是不是40多岁的人特别不容易。很诧异十几岁的女孩有如此敏锐的心思，我只告诉她，这与父母的年龄无关，其实生活每时每刻都在发生变化，只是有些事离我们很远所以我们庆幸很幸运，可有些变数离自己很近时我们才发觉生活其实很残酷。我们总是被突如其来的变故砸伤，所有的幸与不幸其实都是生活中不可缺少的主题，春去会有春回，花谢花还会开，不管现实的利刃如何残酷，我们依然期盼日出东方，我们依然要对生活心存感激，唯有这样，才能安然而淡定地寻求属于自己的宁静，才能守住滚滚红尘中属于自己的净土。

（四）

同事们坐在一起，闲来无事就爱论及学生的好与不好，谈论最多的就是学生一届不如一届，总是咬牙切齿地抱怨应届生的同时又无比怀念已经离开学校的历届学生，越是数落越是发觉曾经的才是最好的，殊不知当年我们也这样数落着同样还是应届的学生。莫非我们早已陷入一个怪圈而又浑然不觉，在怪圈里我们抱怨着、挑剔着、指责着，同时又在付出着、坚守着，就这样日复一日，年复一年……待到桃李满园、两鬓斑白才能释怀一笑，原来那些年我们付出的、坚守的是这般的难能可贵。心已释然便拎得起放得下，因为我们有所追求、有所倾注才会有这般的介怀。

（五）

每逢假期结束面对交上来的参差不齐的作业，不禁怒从心生，仔细清点，无外乎张三李四那几个人，"老油条""孺子不可教也"等陈词滥调对他们丝毫不起作用。见过家长、罚过、教育过，又能怎样？相同的问题依然会重复出现。于是静下心来想想，教育允许面对"丑小鸭"，如果都是"白天鹅"，还需要因材施教，还需要应试选拔吗？十指尚且长短不一，更何况活生生的人。现状已然如此，唯有调整心态面对现实，既然是"丑小鸭"，就不要指望他们一夜之间成为"白天鹅"。好学生谁都能教，"不太好"的学生更需要耐心与爱心。教育，是面对"丑小鸭"的事业。不管"丑小鸭"最后能不能变成"白天鹅"，我们教育者都应该满怀慈悲和激情。

（六）

女儿的古筝老师又换了。得知换了老师，女儿的泪水夺眶而出，她说不想学了，换了老师不想学了。感性的女儿很容易流泪，寒暑假回老家，每逢离别她必是涕泗横流。和古筝老师相处一学期，虽谈不上有多深的感情，可在女儿心中早就将老师装进了她小小的心里，一个相处时间不长的老师尚且如此，与亲人离别在女儿看来更是不得了的大事。我小心翼翼地保护着女儿的这份感性，这份细腻，真不忍心告诉她，人生漫长，大多数人只是偶然地遇见，偶然地交集，又偶然地分别，芸芸过客就算流尽自己的眼泪也难以相守一生，相聚又离别早已成为人生常态。在女儿清澈明净的心里，容不得别离，装不下感伤，"人有悲欢离合，月有阴晴圆缺"，唯有珍惜眼前拥有的才对得起这份相逢。

……

任由世事纵横万千，我们所经历的依旧是似水流年，所过的日子也只是寻常烟火，点点滴滴、零零碎碎、纷纷扰扰、平平淡淡……所有的只是生活的琐碎，生活继续，梦想依旧！

心情随笔篇

215

这个夏天，走过美国

一、飞越太平洋

这个夏天，2015年7月15日13时30分从香港机场直飞达拉斯，跨越太平洋，看了四部电影、吃了三次飞机餐，在轰鸣的飞机引擎声中睡着又醒来。终于，在飞机平稳着地时发现已经飞行了15个小时又20分钟。到达达拉斯是当地时间14点50分，下了飞机便是排队等待过关，乘客中黄皮肤的中国人占了一半，工作人员简单询问了我们几句便欢迎我们来到美国。因为现金的问题，还要进行第二轮询问和填表，面对友好的美国大叔，来之前种种因为担心语言问题而可能造成的困扰都不曾发生。

达拉斯到汉茨威尔的飞机是晚上9点一刻，这意味着在达拉斯机场还要逗留半天。与家人通了电话后我便带着雪儿在机场的休息区等候休息。机场内的沙发靠椅很舒适，茶几下还有充电的电源。小睡了一会儿，简单吃了一点东西，便坐小火车到达B区候机口。达拉斯机场共五个区域，大部分登机口需要乘坐skyline，这种两节车厢的skyline可以带你去你想去的航站楼，标志明显，极其便捷。在DFW候机过程中已经看不到多少亚洲人的面孔了，周围都是金发碧眼的老外，耳旁都是叽里呱啦的外语，可我们感觉不到任何不适。日行万里的速度及网络时代的便捷早已将语言、肤色、国籍的距离化解了。

达拉斯到汉茨威尔的飞机很小（据说美国国内的飞机几乎都是这样），行李没法带进舱内，进舱前把行李交给乘务人员就行了。飞机上只有两名乘务员，态度极好，广播非常随意、幽默，还时不时自嗨几句。乘客们也很轻松，商务座有几个空位，乘客经得同意便可坐过去。全程都有人玩手机（从香港过来的航程也没有人强调禁止使用手机，航班上还有Wi-Fi可以使用），这让雪儿甚为紧张。

出了大厅便看见二姐已等候在门口了，相聚的喜悦冲淡了疲惫，驱车一个多小时，到二姐家时已经是凌晨了，洗漱完毕已经凌晨2点半了，粗略一算，从离开家到二姐家已历时32个小时，难怪睡意已沉沉袭来。

二、初识Alabama

二姐居住的城市佛洛伦斯与意大利的佛罗伦萨同名。它毗邻田纳西河，人口约14万，是美国五大安全城市之一。所在州是亚拉巴马州（Alabama）。亚拉巴马州是美国东南部的一个州，北接田纳西州，东临佐治亚州，南邻佛罗里达州，濒临墨西哥湾。首府为蒙哥马利，管辖67县，面积133667平方公里。州名来自印第安语，意为"我开辟了这一块荒林地区"。亚拉巴马是阿甘的家乡（Forrest Gump's hometown）。"My name is Forrest, Forrest Gump. I was born in Greenbow, Alabama."（我叫阿甘，我的家乡在亚拉巴马州格林堡。）这句经典的电影台词随着电影《阿甘正传》（*Forrest Gump*）风靡全球，为全世界影迷所熟知。

亚拉巴马是最适宜居住的地方。亚拉巴马州地理地貌丰富，森林覆盖率高，生态环境优美，加上工业污染少、常住人口少，这里几乎天天都是蓝天白云，几乎每个家庭都有巨大的庭院，村庄、城镇都被原始森林包围着。虽然亚拉巴马州的城镇都不大，但机场、高速公路等基础设施和超市、医院、学校等服务设施一应俱全。这里的中产阶层家庭的住宅几乎都占地几十英亩，别墅前后都是大大的庭院，有的还拥有几十平方英里的私人林场。亚拉巴马州是全美房产税较低的州之一，花上几十万元人民币就可以拥有好几亩私人土地，这足以让大多数为一套公寓房奋斗大半辈子的中国人羡慕嫉妒恨。

亚拉巴马拥有美国最多样的高尔夫球场。亚拉巴马州北部是山区，中部是平原，南部是海湾，多样的地理地貌造就了亚拉巴马州多样化的高尔夫球场。高尔夫球爱好者都能在亚拉巴马州众多的高尔夫球场中找到他的最爱。这也许就是美国姐夫平均每周要去打两三次高尔夫的原因吧。

亚拉巴马有美国最好的橄榄球队。橄榄球（football）是美国的国球，是力量与健美的象征。每年的橄榄球赛季，几乎所有美国人都为橄榄球疯狂。周五的中学生橄榄球联赛、周六的大学生橄榄球联赛、周日的职业橄榄球大联盟是所有橄榄球球迷雷打不动的节日。几乎所有橄榄球球迷或涌到比赛球场，或守在电视机前，为喜爱的橄榄球队加油助威。亚拉巴马州拥有悠久的橄榄球历史传统和辉煌的战绩：亚拉巴马大学队（University of Alabama，就是阿甘的大学球队）在2011年、2012年连续两年获得美国大学生橄榄球联赛全国冠军。到

心情随笔篇

亚拉巴马州，观看一场精彩的橄榄球赛是感受美国地道体育文化的最佳体验。

在这个城市，几乎见不到高楼，据说最高的建筑是北亚拉巴马大学的图书馆，但也只是几层楼的建筑而已。二姐家所处的地方是城郊，家的附近也就只有几间屋子，晚上基本看不见灯火，安静得让人心生恐惧。独栋房子外是宽敞的草坪庭院，稍近一点的有处丛林，里面经常有浣熊、鹿、野兔窜出来。

身处城市，感受到的却是田园诗意，这或许就是美国有"Big Country"之称的缘由。

三、感受衣食住行

来美国的第二天吃了早餐后便去逛街，车行几分钟就到了商业区，一路上都是独栋建筑，环绕屋子的是宽宽的草坪，绿草蓝天是主色调，屋子仿佛只是其中的点缀。外面的车子似乎很多，人却很少。商业区完全不像国内，看不到高楼，看不到华丽的招牌。这个不起眼的商场卖的大都是品牌，一眼看过去不怎样，可仔细一淘却发现不少好货，MK、A&F、李维斯、Lee随处都是。运动品牌如耐克、彪马、阿迪达斯更是多得不得了，价钱都在十几二十几美元左右。我们娘儿俩买了不少休闲衣裤。

美国人平时的着装崇尚舒适自然，讲究个性，十分随意，普通集会和宴会除非有着装的要求，否则也是较为随意的；只有正式场合才会注重着装的礼仪，如去教堂是不会穿短裤和拖鞋的，公共场合的宴会一定是着正装、穿礼服。

美国人吃饭采取分餐制，各自按自己所需将食物盛好，午餐和晚餐前都会进行祷告。在这里参加了几次聚会，第一次在教堂做完礼拜之后，美国朋友一家请我们吃饭，驱车前往主人赞不绝口的餐厅。先是上了三道餐前菜，一个炸酸黄瓜、一个炸青西红柿，还有一个用玉米叶包好的不知名的东西。主菜上来了，一大盘炸鸡，一大盘薯条，一份煮四季豆，一份沙拉。雪儿看得眼都直了，我不敢像他们那样两大块装盘里，只拿了一块鸡翅。吃到嘴里，还真不敢恭维。唉，还是庆幸生在中国！看外国朋友吃得津津有味，我真是充满了无比的同情。最后一块肉吃进去时，我的胃狠狠地发出了一声抗议，所幸一口水压进去避免了难看。美国朋友曾在中国生活过，她的儿子念念不忘中国的炒饭、煎饺和粽子，说到这些时，小伙子的眼睛都亮了。

两个留学生也特地请我们吃饭，女孩是东北人，男孩是日本人，已结婚生子，为了感谢二姐给女孩煲汤送餐，所以趁男方父母过来看孙子，就邀请我们一道吃饭。地点是一家比萨店，他们带了小baby一起来。落座后，我问小baby几个月了。姑娘说18天。我惊呆了，这个时候不是应该在坐月子吗？这也太入乡随俗了吧。更让人惊讶的是，姑娘面前一大杯冰水，她毫不顾忌地喝着……小伙子很健谈也很热情，一下点了四个大比萨，分量大得有点吓人，尽管配料不一样，可在我看来，猪肉比萨、鸡肉比萨、餐肉比萨、蔬菜比萨都一个味，吃到最后一块时，我真的不知道我的胃在做着怎样的抗议。以我们中国人的胃来说，真的觉得美国食物就是粗糙、有分量。

　　还有一位久居美国的台湾老太太请我们去她家吃饭，她准备了烤牛肉、烤虾、烤香肠、各式蔬菜、丝瓜汤，菜式很多，热情满满，饭后还有糖水、点心、水果。大家齐聚一堂，吃饭是分餐制，像吃自助餐一样，自己把想吃的装在盘子里，祷告后便开始用餐。这种感觉虽然没有国内聚餐时觥筹交错、互相夹菜、互相寒暄的热闹，却自在无拘束，感觉很自由。用餐过程中主人还装了食物跟邻居分享，饭后，主人还让客人自己打包想吃的东西回去。而彼此间没有太多的场面客气话，一种淡如水的交往却真诚自然。

　　美国人有一个和我们迥异的最基本的生活习惯，那就是从来不喝开水、热水。美国人只喝冷饮，不但不加热，还在冷的基础上再加冰块，冬天也不例外，就是刚出生的婴儿喝的水都是冰水。美国家庭都使用双开门大冰箱，冰箱的其中一个功能就是制冰块，超市里更有大袋的冰块出售，他们喝水时拿起杯子直接从水龙头接半杯水然后加入半杯冰块（自来水都可以直接饮用，没有任何异味）。那天到达达拉斯机场我就满机场找热水，最后无奈只好到星巴克讨了一杯热水。后来每次到餐馆，我提出需要"hot water"时，waiter都要重复一遍："hot water？"

　　当然，二姐更多的时候是在家煮饭。美国家庭的厨房设施一般是大烤箱和四个可调温电炉为一体、微波炉及抽油烟机为一体、洗碗机在水池下方、一组组的橱柜挂在墙上，使用起来非常方便。但我想这种开放式厨房不适合做中国菜。

　　为了满足美国家庭在一日三餐上的省时省力，超市提供最多的就是速食食品了，其次便是各式调味料，品种之多简直让人咋舌。简单的饮食习惯决定了美国人不会在烹饪上花费太多时间，简便而又营养的食物最能满足他们的需要。

人们常说："住在美国，穿在巴黎，吃在中国。"美国人的平均居住面积是世界上最大的，居住条件是最好的，这是全世界公认的。美国住宅分三类：独栋住宅、联体住宅和公寓。前两类住宅占三分之二左右，其中独栋住宅大概占非公寓住宅中的87%。独栋住宅（single family house）的特点是房主拥有较大的土地面积，并对此土地拥有永久使用权，在自己的土地范围内，从房屋外形风格、庭院改善及家庭生活习惯到建造花园、游泳池、球场、饲养宠物等都是自己说了算，许多美国人是先买地产，然后再根据自己的喜好来打造梦想家园自住或出售。

二姐家的住宅就是很典型的美国独栋住宅模式，房子周围的草坪有上千平方米，美国人大部分的闲暇时间都在打理自己的花园，放眼望去，各家各户的房前屋后都是不同的树木。房子前面有门廊可以坐在外面晒太阳，后院有烧烤的地方，有些人会在自家草坪周围加上栅栏保护自己的私人区。如果家中有狗，就会在后院有狗屋，如果有孩子，就可能设计一个小孩子玩的区域，如滑梯、秋千，很多家庭还会在院子里建个小型篮球场。一般的房子至少有两个车位的车库，如果没有车库，就会有一个自用车道。如果土地面积和经济实力足够，还会有私人游泳池。每家住房前靠近公路会有私人信箱接发信件。二姐居住的区域每户人家都占有大片的草地或树林，很多房子隐藏在树木后面，但只要看到路边的信箱，就可以断定树林之后有人家。

二姐家的房子只有一层，空间分割非常合理，有两个卧室、三个储物间（衣帽间）和三个洗手间（美国无论私人还是公共洗手间都是坐式马桶），还有大客厅、厨房、餐厅、洗衣间，姐夫在屋后修建了一个阳光小屋，里面有壁炉、卡拉OK设备。美国家庭都使用洗衣机和烘干机，在这里根本不用手洗衣服，因为根本没有晾衣服的地方，也看不到有人把衣服晾在外面。说到晾衣服，也甚为奇怪，在美国是看不到挂晾在屋子外的衣物的，据说美国的大多数州对居民在户外晒衣服实施了限制，最早是因为邻居晾晒衣物阻挡了屋外的美景，就有人提出禁止在屋外晾晒衣物，后来很多地方就颁布了"晒衣绳禁令"，久而久之，人们习惯成自然，就不去户外晒衣物了。家家户户24小时有热水，房子由恒温器控制温度，室内温度常年会保持在24摄氏度左右。屋子装饰特别注重细节，每一处摆放都极具艺术性，另外还特别体现家庭观念，家庭成员的照片都在显眼处。我在几个美国家庭中都感受到他们家居布置的讲究：

美国人既讲究住房的舒适温馨，也注重欣赏价值，也就是注重软装饰。在美国人眼中，住房关键是要住得舒服，要让住在里面的人感到温暖。台灯、蜡烛、装饰画、家庭成员的照片墙都特别考究，家里面会有各色香烛，美国人喜欢把家里弄得香喷喷的。成员在各个阶段都有相应的家具、用品，老人房、儿童房的布置格局都符合他们的年龄需要。美国人家里的沙发一般都很大，可以同时坐很多人。小孩能随意在家里的地毯上堆积木、打闹。美国人的厨房一般都是开放式设计，这样使得女主人在做家务时还可以和家人沟通、交流。美国人对事物的接纳不拘来源，如二姐家就买了一个去世的老太太用过的非常有特色的柜子。他们对经典永远抱着谦虚的学习态度，并结合国家的生活习惯，所以美国家具具有各种特色。虽然美国中产阶级很富裕，但家庭布置都很低调，喜欢舒适的田园乡村风格。美国人喜欢使用仿古家具，家具及装饰物会故意做旧，如你会在一件家具上看到一些黑褐色的点，这是他们仿苍蝇排泄物的做法，仿佛家具经过了长年使用，这就是美国人所特有的审美追求。另外，家具设计会考虑到保护隐私，很多桌子、柜子都会有一个活动板，可以把里面的东西全部遮挡住。此外，美国人会把旧物件放在家中最显眼的地方，以显示出他们注重历史的性格和注重内涵的生活态度。美国家庭中的简约、自然、极具品位的风格让人感觉很舒服。

在这个城市，出行交通都是自驾车，见不到任何巴士和出租车。驾驶员没有年龄限制，我看见很多白发老人都开着车。二姐说有个八十多岁的老人每周要到马路对面的酒吧喝酒，可是他不敢过马路，所以每次都开车去。因为土地辽阔，岔路口特别多，每个岔路口都立了一个"stop"牌子，车辆一见这个牌子就要停几秒，观望一下再行驶，市区的拐弯处和分支处也都有这个标志，后来的车都会停让先行者，被让行的驾驶员都会伸手表示感谢。在狭窄处会车时，驾驶员会彼此伸出手打招呼。加油站没有工作人员，都是自助加油，如有需要自己进室内找人帮助。加油站有免费自助洗车服务。很多服务行业都为驾驶员提供方便，如麦当劳之类的快餐店、超市、银行等，驾驶员只要把车开到指定区域不用下车便可以得到服务。

值得一提的是，在这里见得最多的是日本车。对于大多数美国人来说，汽车只是个代步工具，没有太多的附加值，经济实用是首选。美国人的消费观讲究经济实用，有资料显示，美国约60%是日本车，约30%是美国车，约10%是德国和其他国家的车。为什么美国人钟情日本车？原因很简单，就是日本车

心情随笔篇

基本不会有什么故障，保养维修费用很低。相反，美国车故障很多，需要经常维修，德国车的保养成本又太高，所以大多数美国人会购买美国皮卡和日本汽车。雷克萨斯更是在美国被称为"不犯错误的车"，所以Marshall坚持为二姐选了一辆雷克萨斯3.5L的城市越野车。

与中国相比，美国的道路公共交通设施显得非常落后，这可能与美国平均每平方英里只有86个居住者有关。据美国运输部统计，出行80英里以上的美国人当中，约56%选择私人汽车，41%选择飞机，2%的人选择长途汽车，只有1%的人选择火车。美国城市间的航空运输非常普及，票价非常便宜，从纽约到芝加哥的机票不到90美元，打折时更便宜。美国人的出行理念是长途坐飞机、短途驾汽车，很多人一辈子没有坐过火车，所以早在1960年，全美铁路网就有四分之一因亏损而停运。美国人对高铁的需求也不强烈，更不愿意花天价去建高铁。美国只有大城市有地铁和公交巴士，大部分如佛洛伦斯这样的城市甚至没有公交车，如有需要则需提前电话预约出租车，费用很高。除了道路公共交通设施不便这个因素，廉价的油费也是美国人以私人汽车代步的一个因素。相当于国内97号油的价格是2.5美元左右一加仑（合人民币3.74元一升），以美国普通民众的收入可以像使用自来水那样消费汽油。我们驱车跨了六个州，历时半个月，总共支出了300美元的油费。我们驱车十几个小时来到佛罗里达州的奥兰多，沿路时而是高速路，时而是州际公路，风景无限好，这也是自驾车的一个主要原因。在这里我也见识了高速公路收费，到了佛罗里达州才有两个收费站，一个3美元，一个0.75美元，简直让我惊呆了，这政府真是任性。高速公路两侧不像国内一样围得严严实实，有一块草地可以作为交通意外时的缓冲。州际公路中间的隔离带也是一大块便于缓冲的草坪。

四、感受宗教信仰

二姐来这里一年多认识了很多朋友，大多都是在教会认识的。每周的礼拜是美国基督教教徒主要的节日之一，这一天基本是家庭成员穿戴整齐集体前往教堂。在美国的一个月我们跟随二姐去了三次教堂，一开始就是弹吉他唱歌，大家起立跟随歌者一起演唱，接着给小孩子施教，小孩子受教之后就到儿童区域玩耍。一个半小时的过程中有牧师讲经、教友演说，前后唱了四五首歌。平时教友有困难大家会齐心帮助，像今晚请我们吃饭的留学生，他们住的屋子就是教友免费提供的，她生完孩子后教友还送所需物品及轮流为她送菜，到今天为止都送了18天了。我这两天见到的二姐的教友们都是乐善好施、平和温良的人，他们温声细语、不吝赞美，对生活充满热情。

在当今西方发达国家中，美国的宗教色彩可谓非常浓厚。它有30多万个基督教教堂、犹太教会堂、清真寺及其他宗教活动场所。20世纪90年代初期进行的一项国际性调查显示，有82%的美国人信仰宗教，而同期的英国、德国和法国却分别为55%、54%和48%。而且，美国人花在宗教上的时间和金钱远比花在体育方面的多。而这种宗教信仰对美国的影响也是巨大而深远的。因而美国基督教徒的价值观和道德观也源于此。在美国，无论你是在美国出生的人还是移民，无论你是青少年还是成人，都无法改变与基督教传统相关联的道德观念和伦理观。作为个人，你可以拒绝、否认甚至批判宗教，但你想搞一套与基督教相悖的道德体系，几乎是不可能的。所以，最后无论你是什么种族的人，什么信仰的人，都只能入乡随俗，否则你就难以生存。所以，对美国人而言，宗教是慈善之母！

这个夏天，去过奥兰多，游过华盛顿，见识了纽约，游览过迪士尼，参观过博物馆，欣赏了胜景，感受了文明，领略了繁华，体悟了差异……

这个夏天，走过美国，感受世界强国的富裕发达，感受美国文化的独立、个性而又不失包容。"世界那么大，我想去看看"，这是一种态度，更是一种情怀。带着这种情怀走走看看，看看想想，居然海阔天空！

篇一——学生评语

上学期写给学生的评语

邓粤月：一只彩蝶，只需轻扇翅膀，就可将春天撑起！笃思博学，一丝不苟，做事踏实，温文尔雅，文采飞扬，不疾不徐，惜时如金。课堂上专心致志的神情、笔记中有条不紊的记录不知秒杀了多少人。愿你铿锵开场的青春中多加几分热烈与朝气！

盛娅蕾：蕾乃含苞待放的花朵。花季少女娅蕾，你也如待放的花朵，含蓄又娇羞，文静又细腻。做事稳重，笑容灿烂，愿你在花期之时绽放灿烂！你要坚信：即使实现梦想的路再长再远也没关系，因为成长是一种美丽的疼痛，痛并快乐着！

严顺："君子以顺德，积小以高大"，多才多艺，才思敏捷，好比百合花，不骄不躁，谦虚谨慎，让人心生好感。日后多一分稳重，多一分平和，多一分包容，定能通达顺畅。仁者不忧，智者不惑，勇者不惧，你的人生应该更从容，更顺达！

邵紫瑶："瑶、琨皆美玉。"瑶，指美玉，珍贵美好之意。你温柔可爱，与同学友好相处，做事认真，字体秀丽隽永，有大家闺秀的范儿。学习上，多与老师沟通交流，多问一个为什么，启发性思考，活学活用，会更上一层楼。祝福你的人生如美玉般温润美好！

李灵智：灵巧智慧，人应如其名。为人积极向上，上课积极认真，作业一丝不苟。平时能用心感受身边的美好，常保持笑容，有助于你健康成长，不要给自己太大压力。学习不是一蹴而就的事，多思考，多动脑，活学活用，不急躁。

刘凯乐："故凯乐之情，见于金石"。凯，有和乐、欢乐之意。你学习的态度让人肃然起敬，你雅儒的风度让人仰而望之。你男子汉的胸怀应如海洋般广阔，男子汉的志向应如鸿鹄般远大。愿你如向日葵般永远朝着太阳的方向，灿烂、明媚，生命充满和乐欢悦！

陈心怡：怡乃和悦之意，心怡，则心和意悦。你温文尔雅，做事踏实，学习认真，成绩优越。可以每个时期给自己定一个更高的目标，多参加课外活动，活跃自己的思维；多与老师交流，变得更活泼些。

罗海迪："凡地大物博者，皆得谓之海""海纳百川，有容乃大"，你的胸怀应如海般博大宽广，你的前程会如海般壮阔雄伟。喜爱篮球运动的你深知学习赛场中同样需要拼抢、需要战术、需要不停歇，如果只是站立不动，是不会进球得分的。学习这个赛场你想赢得喝彩就应该主动出击。

蔡心怡：怡乃和悦之意，心怡，则心和意悦，心旷神怡。你机灵可爱，很有思想，活泼向上。注意夯实学习基础，一步一个脚印，学习上会进步更多，前方的背影越少，身后的笑脸越多。

陈健乐：康健、和乐，你的名字意在人生顺畅。班务工作积极认真，乐于助人，与同学友好相处，深得同学喜爱，若能在学习上放低姿态，心态归零，注重细节，稳抓基础，多进行发散性思考，相信你能拔尖突出。

陈诗慧：诗，志也，美妙而富于情趣。慧，聪明，有才智。诗情画意玲珑心，慧意铺就前程路。你做事认真，一丝不苟，是老师的好帮手。文笔精妙，思维缜密。若能多进行发散性思维，多参加课外活动，培养理科思维，相信你会更上一层楼。

林燊弘：燊，炽盛也。弘，大也。抱负远大，意志坚定。工作积极认真，有想法。注意细节，踏实学习，稳稳打好基础，细心思考，将会取得更大

227

的进步。浮躁是你最大的毛病，要学会积蓄能量，在必要的时候爆发，而不是在毫无意义的时候随意挥霍。老师们都看好你，戒骄戒躁！

李慧：慧，聪明有才智。对待工作是那样尽心尽责，对待学习是那样兢兢业业，对待老师是那样恭恭敬敬，对待同学是那样体贴热情。每次远远地就能听到你热情有礼貌地打招呼，真是老师莫大的幸福。在学习上，多掌握学习方法，多与老师和成绩好的同学交流，多进行发散性思维，你将取得更大的进步。

夏楚晨：楚文化孕育中原文化的精髓。晨，早也，新也。你的悟性、你的潜力应该会使你拥有顶天立地的气质、宁折不弯的精神、凛然不可犯的品格。在未来的漫漫人生路上，也应该以一种豁达、谦逊、踏实去赢得更多人的仰视。是金子就让自己发光吧！记住，不要忽略细节，"一屋不扫，何以扫天下"，燃烧自己，温暖大地，愿你拥有向日葵火一样的品格。

陈婉瑜：婉，顺也，美好柔美之意。瑜，美玉也，象征纯洁。乖巧可爱，学习积极认真，与同学友好相处，深得同学喜欢。愿你在成长的道路上更坚强沉稳，学习不是一个一蹴而就的过程，不急不慢，稳扎稳打，打好基础，多思考为什么，不死记硬背，活学活用，将更上一层楼。

邓浩廷：你的进步、你的成长老师看在眼里，喜在心里。作为班级保洁区的负责人，你能认真负责，为班级争光。下学期，期待你的进步！

李志宇：志在宇宙。你的行动也应与你大气的名字匹配，不抛弃不放弃！也许你学得很辛苦，也许你依旧不如他人，也许你无数次想过放弃，但千万别让自己停滞不前。笨鸟可以先飞，只要你比别人付出更多，那么你就一定会有超越！

蔡乐禧：禧，福也。你的名字有美好祝福之意。萍姐对你鼓励了很多，期待了很久，你会让我失望吗？从一个小男孩成长为一个男子汉，除了身体的成长，实际上更要有责任心的成长，你要用肩膀担负起自己的前程。

蔡宜东：对待班集体的事认真负责，如果能在学业上多下点功夫，再培养一些进取意识，肯定能使自己的前程更灿烂辉煌。奇迹的注脚就三个字：不放弃！加油，小伙子！

罗家杰：杰，才智出众。父母希望你卓异优秀。你渴望做一个守纪律的学生，但又常常不能约束自己；你渴望为班级争光，但又缺乏勇气、胆量和能力；你渴望学习成绩的进步，但又缺乏顽强拼搏的精神。请你不要灰心，今后的人生道路还有很多机遇等着你，需要你从现在起就多培养一些优秀的品格，才能抓住它们。

罗博文：博，大也。名字蕴含学识渊博、见闻广博之意。所以不要怀疑自己的付出是否会有收获，现在的你应该能够理解老师、父母对你的教导。可以说，你的进步是我感到最欣慰的，也是我最期待的。或许在后面的学习中，你还会遇到困难与挫折，但凭借你不屈不挠的努力一定能战胜它们。让我为你呐喊，为你助威！

邓浩鹏：浩，广远，盛大。鹏，前程远大。《逍遥游》中说："北冥有鱼，其名曰鲲。鲲之大，不知其几千里也；化而为鸟，其名为鹏。鹏之背，不知其几千里也。"鲲鹏是人们想象的一种志向远大的动物，古人用鲲鹏之志来形容君子，今天我也用鲲鹏之志祝福你，愿你大鹏展翅！

麦梓恒：恒者，久也。努力在于恒久，坚持在于恒久，以持之以恒的决心来开启你的学习之旅。你欠缺的是主见，没有恒心。现在父母、老师可以做你的舵手，可你总归要长大，没有一种气概何来承担？下学期是时候证明自己了，加油吧！

向珏嘉：二玉相合为一珏。珏，美玉，意为珍贵美好。嘉，美也，善也。父母在你的名字里寄寓了美好的期望，望你的行动切莫辜负父母的期望。活泼的个性、大胆的表现是你的标志。一个学期，一方面你收获了成长的感悟，另一方面，你无法专注学习。"拒绝诱惑，耐住寂寞，守住宁静"说的就是这个道理。特别是在课堂上，如果你静不下心来，要想学习进步肯定只能是

学生评语篇

天方夜谭。下个学期可要拿出更多的实际行动才行。

黄虹华：虹，彩也。华，荣也。多一分坚定，少一些犹豫；多一分勤奋，少一些等待；多一分拼搏，少一些茫然。你可以做得更好！不满足于现状，不停留在原点，只有不断向前，只有更加主动，才能赢得未来。

陈炯亨：炯，光明，光亮。亨，通达，顺利。鼓励了很多，期待了很久，因为你是萍姐认为最有潜力的人。但你在学习态度和学习习惯上的毛病，始终将你困在班级的后列。其实你自己的毛病，你心里很清楚，最缺乏的就是有效的行动和迎难而上的毅力。年后，你就重新站在起跑线上，全身的能量就该完全爆发出来了。否则，过了这一段，时间会远远地抛弃你。

麦纪枫：纪者，理也，循理，不逾矩。你的名字有着父母对你美好的期待，可你性格当中的得过且过、不愿勤奋使你的成绩难以进步。老师的提醒、父母的嘱托不要当耳旁风，要真正付诸行动，你完全可以很棒的！

蔡毅林：毅，意在坚强，果断坚决。聪明、机灵，情商极高、悟性极强，但基础知识不扎实导致成绩难以飞跃，相信你一定能"识时务"！如果你想让自己的初中生活更加圆满，就请在初中生涯中使出全身的劲儿搏一搏——成功了，受益终身；失败了，无怨无悔。

黄灏文：灏，广大，众多。父母对你寄予广博、深远的期望，切莫辜负了这份寓意。父母对你充满期望可又充满无奈。多么聪明的一个孩子，可总是让自己的思想抛锚，让自己的行为偏航。希望你下学期进入正常的学习状态。我也希望你不会只当一个旁观者，因为你身后有对你永不言弃的父亲，带着这份爱上路，带着对自己的约束上路，你一定能感受到成功后的喜悦。

李羽洋：洋，盛大，广博，涌流不竭。你的人生应如奔腾不竭的河流，向前，奔腾！水流奔跑不停，才有成为一道瀑布的可能！目前你最大的敌人是懒惰，本能考出更好的成绩却因为贪玩而停滞不前。如果你想让自己的初中生活更加圆满，就请在下学期使出全身的劲儿搏一搏——进步了，受益终身；失败了，无怨无悔。

黄洁琳：琳，美玉也，象征美好珍贵。我常这样想，（4）班如果没有你，我这个班主任将会当得多辛苦——你没有让我失望。如果评选（4）班的"热爱班集体之星"，你一定能够当选。为班集体做事，你从来都干劲十足，且不计得失，有时宁愿牺牲学习时间也要做好。而你也确实应该感谢这个阳光集体，身处其中，你锻炼了很多，现在学习上也越发自信了。有了自信，你的进步也越来越大，加油！让我们都为你更远大的前程而骄傲！

李浩楠：浩，大也。楠，珍贵名木。名字里的寓意多么美好啊。你并不缺少能力，缺少的是努力。我也不担心你退步，担心的是看到你退缩的眼神。把更多的心思放在学习上才是当务之急。谁能说你的身上不会出现奇迹呢？加油！！

孙力图：单纯可爱，乐于接受批评，但是对自己劣势的回避是致命的，而且对自己的目标缺乏主见，希望多听取老师的建议，在初中有一个惊人的飞跃，为自己的初中阶段画出一道美丽的彩虹。

刘嘉钦：嘉，美也、善也。钦，敬也，含敬佩、恭敬之意。多么美的名字啊！"学海无涯苦作舟"也许是老生常谈，但的确是金玉良言。学习永远不能满足，勤学加上巧学，你一定会很出色。即使实现梦想的路再长再远，也不应该放弃，因为成长是一种美丽的疼痛，痛并快乐着！调整心态，让自己变得坚强！

卫文希：希，罕也，珍贵而美好。你总是默默的，好似迎春花不与百花去争抢欢乐与荣誉。保持"俏也不争春，只把春来报"的品质。蝶舞翩跹，化作了走向春天的步履！愿你的人生迎来明媚的春天。

唐昊强：昊，广大无边。强，健也。泰而不骄，气定神闲，从容笃定。潜力无穷，可是缺乏一点自信；平和踏实，可是缺乏一股勇气。扬长补短，你可以更好！愿你坚信：只要还有萤火虫在，夜便永不会漆黑！

学生评语篇

文珺幼：珺，美玉也，美好而珍贵。萍姐送你一句话：莞邑大地，璞石无光，千年磨砺，温润有方。愿你的人生温润丰盈！你应该如玫瑰，妩媚夺目，热烈奔放，特别是满身刺棘中独傲的品格就让人动容，莲很朴实，梅更傲霜，而玫瑰比之多了些生活的热情和向往……请不要失去对生活的憧憬和向往，请为自己在心里留一份玫瑰的芳香。你可以很优秀！

李锐锴：锐，芒也，利也。锴，好铁也。期待你的一飞冲天、一鸣惊人。不进取、不努力是最大的障碍，凡事去争才能有所得，凡事去努力才能有所收获！希望你在初中生活中用实际行动留给大家一个更加美好的印象。

姚坤穗：坤，地也，集大地万物之灵。你的名字很大气。"想到"和"得到"中间还有两个字，那就是"做到"！做到也许不容易，但心中保持不灭的信念就会找到自己的"好望角"！在学习上，与其按部就班、亦步亦趋地被动接受，不如沉下心来好好思考选择怎样的学习方式才于自己最有利。一旦提高了学习效率，我相信你一定会飞速进步。

刘美君：你是一个朴实的女孩子。你脚踏实地、勤奋好学。学习上有不懂的问题，不要羞于开口，要多问，多思考，多练习。老师相信：只要你信心不倒，努力不懈，会到达成功的彼岸，因为我已经看到了成功的曙光向你照来。

程雅娴：雅者，正也。娴，雅也。你的人生注定优雅美丽。你灿烂如锦色鲜艳，殷红欲燃杜鹃花。你的内心应该有一团热烈的火，释放出来产生巨大的威力吧！面对充满挑战的初中生活，应该更多地将精力放在学习上，尽量做到心无旁骛。

戴晓敏：晓，明也。敏，疾也。多么美丽的名字！把梦想放在心上，生命就有了分量。愿你实现心中的梦想，放飞心中的希望！

谢镇聪：多少次的批评教育，多少次的鼓励期待，可在你身上的进步微乎其微。你一直游离于正常的学习状态之外，常常想当然地去处事、学习，这样下去，真的难以看到你的进步。水在黑暗中坚持奔跑，总会找到出口化为喷泉！下学期要好好加油！

王俊喻：俊，才智超群的人。喻，晓也。名字蕴含聪慧通达之意。只有经历拼搏，成长的旅程才会更丰富。你需要一种如阳光般的光芒照射在身上，并激发你的能量。故步自封只能越走越慢，孜孜以求终会一飞冲天！

梁颖欣：颖，聪明。欣，乐也。愿你性情颖慧，千万别因为自己的懈怠辜负了名字赐予的美好。因为你在这里磨炼了意志，所以成长的你将会更坚强！

李增杰：增，益也，加也。杰，才智出众的人。胜利的信心在人脑中的作用就如闹钟，会在你需要时将你唤醒。要对自己充满信心，并在行动上付诸实践。

黄泽旭：泽，光润也。旭，日旦出貌，太阳初出的样子。智者并非实力超人，只是更懂得支配自己。知道吗？在老师眼里你绝对是只潜力股，希望你用实际行动来证明老师的预判是正确的。孩子，请珍惜一路启迪你的师长，珍惜洒满汗水与泪水的青葱岁月。在即将来临的日子里让梦想在奋斗中开花、结果！

学生评语篇

2014—2015学年
下学期写给学生的评语

当我写下送给你们的礼物时，仿佛观望到了每个人灿烂的未来，祝福你们，愿前程似锦！

邓粤月：邓府千金灵巧甚，粤岭大地毓秀灵。月明心慧静生智，悠悠琴韵传欢悦。【碧玉巧慧】

盛娅蕾：盛世自来流韵香，娅芳灵秀胜春色。蕾绽芳菲前程锦，幽幽兰心蕴甘霖。【慧心巧思】

严顺：严家有树凤凰飞，顺达昌隆耀光辉。琴音书画皆可为，前程绣锦载誉归。【兰心蕙质】

邵紫瑶：邵陵佳树碧葱茏，紫阁道达慧中通。瑶溪碧岸生奇宝，直济沧海前程锦。【似锦人生】

李灵智：李府千金慧根生，灵泉巧凿铺锦绣。智慧匠心日增修，勤奋上进秀于林。【灵巧生智】

刘凯乐：刘氏少年志冲天，凯歌遥向未来日。乐善名存厚泽润，木秀于林挺则刚。【鸿鹄志高】

陈心怡：陈家姑娘云淡轻，心静万事皆鸿羽。怡然自得方可为，潺湲绿木慧自生。【天高云淡】

罗海迪：罗生玳瑁志高远，海阔天空任你跃。迪志鸿鹄苍穹翔，青春向上展怀抱。【志存高远】

蔡心怡：蔡女有志在鹏程，心随朗日高志远。怡然娴静慧自生，运筹帷幄方可成。【志存高远】

陈建乐：陈府少年当自强，健步凌云皆自致。乐天才思唯上进，他日展鹏耸云霄。【凌云壮志】

陈诗慧：陈氏少女动静宜，诗情画意玲珑心。慧心巧思秀外显，佳木尚需磨砺刚。【德才双馨】

林燊弘：林光入户金鳞开，燊旺斗志气昂然。弘愿似锦毅可达，心静戒躁韶华盛。【年少有为】

李慧：李家有女初成长，蕙质兰心显灵动。蕊灵潋滟纸上开，妙笔生辉秀天真。【本真成才】

夏楚晨：夏木成林参天立，楚地自古多才俊。晨曦漫漫日升燃，丈地朝霞步向西。【文韬武略】

陈婉喻：陈词岂可老生谈，婉约娉婷蕴兰芬。瑜瑶琼林馥郁浓，弄舞执笔欲试才。【巧慧灵动】

黄泽旭：黄土厚德积润泽，泽物功深需自省。旭日普照瞳瞳熠，丰年愿遂父母意。【自强不息】

李增杰：李府少年志在胸，增荣尚需鸿鹄志。杰迹留存应智勇，向上男儿贯长虹。【气贯长虹】

梁颖欣：梁苑庭中芳菲绽，颖慧娴静志气扬。欣逢睿气上丹霄，智慧勤

奋显才志。【向上奋进】

王俊喻：王者风华自不同，俊骨英才气昂然。喻晓万里任翱翔，志在千里尚自强。【气宇轩昂】

谢振聪：谢庭尚应出人才，镇静笃定有转机。聪明尚须勤且坚，慧根莫让虚度散。【努力奋进】

戴晓敏：戴星闪耀毓秀灵，晓静但使蕴兰芬。敏学勤勉方可赢，他朝悠然弄清影。【毓秀灵动】

程雅娴：程途春光无限艳，雅瑟炫舞尽态妍。娴静端淑窈窕胜，光彩耀人勤可现。【动感人生】

刘美君：刘家有女初长成，美心秀色当金尊。君怀贤善方可为，愿承勤勉荣华生。【奋进有为】

姚坤穗：姚家女子性刚直，坤道扶摇紫气生。穗黄丰收勤可使，他日前程秀似锦。【前程似锦】

李锐锴：李府尚应出英才，锐气难挡睿智生。锴刚锋芒一鸣惊，恪守勤奋是信条。【天道酬勤】

文珺幼：文王梦中载誉归，珺玉玲珑自磨砺。幼女方知勤可为，锦程无限德馨随。【德才双馨】

唐昊强：唐门少年志在为，昊昊星光耀北辰。强者脱颖秀林中，永愿乾坤掌中定。【少年逸群】

卫文希：自是族门出卫氏，文采飞扬画意生。希冀出自玲珑心，兰心蕙质前程锦。【写意人生】

刘嘉钦：刘家姑娘性温润，嘉言懿行质清纯。钦贤仰若凌云志，奋发向上方有为。【兰心蕙质】

孙力图：孙府佳才凌云志，力学笃行争上游。图向人前力可达，河奔海聚任遨游。【自强不息】

李浩楠：李府男儿性情达，浩海无涯勤有岸。楠木幽生赤崖背，龙门飞跃兴旺达。【静能生智】

黄洁琳：黄金时代人飞扬，洁澈性情真旷达。琳光绚彩晶莹心，巾帼理应扬眉展。【真诚爽直】

李羽洋：李家少年须正道，羽袖飘摇性耿直。洋洋洒洒正义为，从来英杰不辞劳。【不畏辛劳】

黄灏文：黄府弟子多才俊，灏瀚苍穹映日红。文海济航贯长虹，恪义守信是金律。【严于律己】

蔡毅林：蔡府少年灵巧智，毅力长驱凌云志。林泽拔地参天立，撼地擎天势崛起。【凌云壮志】

麦纪枫：麦家少年须成熟，纪律遵守要自戒。枫林葱郁植佳话，书山有路唯靠勤。【好自为之】

陈炯亨：陈家少年多机灵，炯炯光耀门庭户。亨达通畅唯有勤，惊天撼地不辞劳。【勤学上进】

黄虹华：黄家少女初长成，虹霓掩天光彩耀。华光映映照前程，德才双馨天酬勤。【笃学上进】

向珏嘉：向家不乏玲珑心，珏佩流彩溢生辉。嘉途尚须多自省，德学才

品泽甘霖。【自省自律】

麦梓恒：麦府少年须自省，梓泽年华逸群志。恒心持久方成才，从来英杰靠勤勉。【自律自强】

邓浩鹏：邓庭少年玉树临，浩气长存天地间。鹏程万里试羽翼，结伴风云任遨游。【锦绣前程】

罗博文：罗帷舒卷包万象，博弈人生勤且坚。文翰昌华任逍遥，男儿气魄冲云霄。【且行且勤】

罗家杰：罗门弟子应有才，家世昌业须有责。杰出男儿当自强，他日成才传喜讯。【事在人为】

蔡宜东：蔡府少年志气存，宜将乾坤掌中定。东风扑面仁无敌，行效圣贤德有邻。【勤能补拙】

蔡乐禧：蔡家男儿当自强，乐学好学苦有岸。禧吉人生勤作舟，笑看风云心执念。【事在人为】

李志宇：李府少年性温顺，志在浩海勤为舟。宇宙乾坤自在随，前途岂是儿戏为。【天道酬勤】

冯玮：冯氏门庭凤凰飞，玮态雅致德操贤。沐雨栉风发奋强，德才双馨天酬勤。【超越自我】

董哲岑：董府弟子多才俊，哲贤古来皆勤勉。岑楼尚需平地起，他日鹏程绽光华。【后发制人】

上学期写给学生的评语

邓粤月：如果拥有七彩霓虹般的青春梦想，请不要折断飞行的翅膀。优雅地绽放热情吧！

盛娅蕾：有所得是低级的快乐，有所求是高级的快乐。事事尽心，方可事事顺心！

严顺：不是所有的人都会出名，但每个人都可以很伟大，因为伟大是由你的付出来衡量的。你所需要的是优雅的心灵和强大的灵魂。

邵紫瑶：强者不是永远胜过他人，而是不断超越自我，不断成就自我，坚定、坚持！

李灵智：追梦的路上，允许跌倒，拒绝懦弱！更有决心，更有勇气，更有信心！

刘凯乐：人生境遇看似偶然，其实只是顺其自然。愿锦绣前程！

陈心怡：智者永远不会被赶出生活，因为他们制定游戏规则。若成不了智者，就请接受命运。

罗海迪：命运写在掌纹里，掌纹刻在你的手心里。胆怯者当不了命运的捕手，做好自己！

学生评语篇

陈健乐：成为榜样，是给别人最好的一个交代。激发能量，成全自己，成就自己！

陈诗慧：坚持是长在手心的拐杖，总能有效防止我们踌躇和跌倒。更热情，更优秀！

林燊弘：有三样东西永远无法再来：时间、做过的事、机会。若要掌控永恒，必须控制现在。

李慧：每一对渴望飞翔的翅膀都值得敬畏。拍打着阳光，追着风赶路，追寻梦想！

夏楚晨：习微屑之事，守不移之志，成可大之功！拘小节，循规矩，听忠言，定成才！

陈婉瑜：飞翔，不是因为风吹，而是源于一个不安分的灵魂。向上行走，才能俯瞰万物。

李增杰：生活是个随机函数，结果如何，总需亲自演算。发挥拼搏的潜质，超越不可能！

黄泽旭：在确定没有钩子藏在里面之前，不要咬享乐的诱饵。坚定、努力地闯过青春之门。

梁颖欣：人生无非"苦乐"，怎么喝凭你定夺。今天享闲，他日苦累；今日受累，他日幸福。

王俊喻：把追求开成牵牛花，踩着荆棘一路向上攀爬，让阳光洒入心房，充满热情地生活。

谢镇聪：聪明的人知道从井里打出水来，而不是自掘陷阱。不要草率地生活。

戴晓敏：一棵树长成它想长的高度后，才知道怎样的空气适合它。寻找属于自己的高度。

程雅娴：人们期望得到的总比可以得到的更有价值。坚定、从容、智慧，收获更有价值的人生。

刘美君：安静的角落，所有的探索都是为了你温暖的经过。行走更有力量，内心更加蓬勃！

姚坤穗：希望就是把"可能"看成"我能"。春天来了，耕耘者的心田应是一片生机，行动吧！

李锐锴：一个今天胜过无数个明天，珍惜当下，把握当下！更真实，更从容，别伪饰。

文珺幼：坚定信念，便会用明媚的钥匙打开春天的门，迎进姹紫嫣红。更努力，别懈怠。

唐昊强：找准纹路，劈起柴来必然轻松。人生有了方向，便如顺水行舟。更坚定，更执着。

卫文希：走过的路，是回忆的梦想；梦想，是未走过的路。心有宏愿，脚踏实地！

刘嘉钦：揣好梦想上路，路的坎坷便是平仄。不平庸，不平淡，让人生多彩缤纷！

孙力图：聪明的人能从枯井里打出水来，应该有所敬仰，有所敬畏，别懈怠。

李浩楠：一棵树长到它想长的高度后，才知道怎样的空气适合它。做好自己，成全自己。

　　黄洁琳：人是行走的向日葵，盛开是对理想无尽的向往。心思放在学习上会更棒！

　　李羽洋：一个今天胜过无数个明天，不要为今天的懒惰找任何借口。

　　黄灏文：即使春天到了，懒惰者的心田仍是一片荒凉。聪明的你，不要让左脚绊住右脚，伤害身边的人。

　　蔡毅林：小聪明好辨认，因为它长着小尾巴。一个今天胜过无数个明天，孩子，莫荒废！

　　麦纪枫：每个活着的人，都有各自的阵地需要坚守。活出精彩的样子才能成全自己。

　　陈炯亨：后悔不如先悔，先悔不如无悔。行动起来，别让自己迷失在自己的懒惰中。

　　黄虹华：种子向下的根越深，向上的枝越长。你应该知道怎样做最好的自己。

　　向珏嘉：输赢是人生的常态，成功的人知道如何让赢成为主打。保持真与诚。

　　麦梓恒：故步自封只能越飞越慢，孜孜以求终会一飞冲天。不改变，无进步。

　　邓浩鹏：当前后左右都没有出路时，命运一定是鼓励你向上飞了。打破陋习。

罗博文：即使实现梦想的路再长再远，也不要在乎，因为成长是一种美丽的疼痛，痛并快乐着！

罗家杰：人生的账单上没有支出，苦难坎坷全都是财富。认清自己，搞清状况，莫糊涂！

蔡宜东：成功者不一定优点最多，但一定缺点最少，保持正能量，坚持努力。

蔡乐禧：互不相让的双脚，是不可能向前迈进一步的。不懈怠，不退缩。

李志宇：有韧度的铁绝对能成为一块好钢，坚持自己可以做的事。

冯玮：人世间总有一些人和事同行星一样，固定在自己的轨道。所以，不计较，不在意。

邓浩廷：每个活着的人，都有各自的阵地需要坚守，孩子，别放弃！

学生评语篇

2015—2016学年
下学期写给学生的评语

邓粤月：性格温婉细腻，小家碧玉如轻风拂柳，言行端庄娴雅如清荷娉婷。良好的家教使你"动若脱兔，静如处子"，收放有常。喜欢栀子花的你在这个热情洋溢的夏天充满了未知的希望和喜悦，愿你的一生犹如你选择的时钟一样，完美不在于走得快，而在于走得准。

盛娅蕾：你若盛开，清风徐来；你若绽放，芬芳自来。内敛而从容的你懂得举轻若重，懂得珍惜当下。偏爱桃花的你自信，喜欢思考问题，对自己的前途有肯定的看法，偏理智。我相信你在最明媚的少女时光一定会用手中的画笔描绘出自己绚烂的人生。

严顺：博观而约取，厚积而薄发。最美的年华里你积累了异于同龄人的财富。生子当如孙仲谋，生女当如小严顺。希望你这位"隔壁家的孩子"以温存朴素的处世心态、稳健的脚步保持追逐梦想的执着情怀。愿你如向日葵一样勇敢地去追求自己想要的幸福。聪明而不骄狂，智慧而不轻慢，以最从容的姿态绽放对生活的热爱！

邵紫瑶：外表文弱，意志坚定，性格温和，内心似火。有主见，思进取。选择榕树的你可知"一冠盖三亩，长寿逾千年"？榕树的庄严稳重、顽强进取、意气昂扬的精神应当浸润你的内心，外化为你的行动。

李灵智：不温不火，柔而不弱，刚而不利。两年来，守着自己的小幸福，不张扬，不懈怠。偏爱柳树的你直爽坦诚，不随波逐流。

陈心怡：天资聪颖，热爱阅读；外表文弱，性格执拗；不善言谈，想法丰富。偏爱蒲公英的你理应开朗，充满朝气，热情绽放。不要让心中的小任性羁绊你前进的双脚。

罗海迪：身高大，体健硕，气剽悍，爱闲言。天资聪颖，性格开朗。学习尚有余力，潜力亟待开发。愿你的未来如展翅雄鹰，以十足实力、远大志向让自己站在塔尖，"一览众山小"。

蔡心怡：活泼开朗，积极热情，侃侃的言谈中展示着异于同龄人的成熟与稳重。愿偏爱小草的你坚强乐观，平凡却不平庸，自信却不自大。"晴日暖风生麦气，绿阴幽草胜花时"，在芸芸众生中不随波逐流，在漫漫一生中不碌碌无为。

陈健乐：从容有刚气，大气思进取。对己还需严格，对人还需有原则。潜力有余，动力要足。作为班长，还需要有全局观念。偏爱松树，就应蓬勃坚韧，锲而不舍，倔强峥嵘，不畏艰苦。成长路上追求正直、坚强、勇往直前。向往自由就需掌控命运，到达巅峰。

陈诗慧：文静却不乏热情，师长面前斯文淡定，同学面前活泼搞怪。不疾不徐，学习肯上进，勤奋尚不足。文章感性细腻，情感充沛，多次获奖。愿未来的你如盛放的康乃馨充满魅力、热情、优雅。

林燊弘：有一种痛叫恨铁不成钢，有一种爱叫望子成龙。父母的期许，老师的期盼，只是愿你不负青春韶华。假如你曾有过虚度的时光，请不要以叹息作为补偿。黎明即起，孜孜为善。愿你如傲然绽放的梅花，"凌霜斗雪，迎春开放，风骨俊傲，不趋荣利"。

李慧："休言女子非英物，夜夜龙泉壁上鸣。"你是老师喜欢的女孩，虽然曾经让老师失望过，可是你那美丽慧黠的双眸告诉我你会努力，你会不忘初心，不随波逐流，做最好的自己。愿你如绽放的向日葵积极向上、热情乐观、抗压力、抗打击，成为最好的自己。

245

夏楚晨：天资聪颖，善思辨，喜逻辑，博览群书，观天文阅地理，览历史博古今，乃饱学之士也。亦多瑕疵，持己见，难变通，难循矩。望弃其瑕疵，扬其所长，定有大作为也！愿寻鹤之仙道，步行规矩，翩然君子，修身洁行，成品德高尚之"鹤鸣之士"。

陈婉瑜：你聪颖，你善良，你活泼。有时你也幻想，有时你也默然，在默然中沉思，在幻想中寻觅。在老师的眼里，你是一个非常可爱、非常有天赋的女孩。愿你更坚强！愿你更自信！

黄泽旭：成功从来不会在有志之人的人生中缺席，你在成长，你在进步。"择善人而交，择善书而读，择善言而听，择善行而从。"愿你用智慧、才情、胆略和毅力，打造出一个属于你自己的理想王国。你知道吗？你选择的熊具有自我复生能力，古人视之为神力的化身，即超人能量的体现。所以，相信你会在成长的蜕变中遇见最美的自己！

李增杰：礼貌有教养，正直却不乏小狡猾。"谦受益，满招损。"小聪明永远战胜不了大智慧，这个大智慧可是勤奋哦。所以说千里之行始于足下。聪明的你，能理解老师的意思吗？你钟情于百兽之王——狮子，表明骨子里不甘平庸，那就拿出点志气与霸气来创造自己的理想王国。

梁颖欣：资质不错，勤奋不足，有小聪明，没有用到关键点上。智慧往往隐藏在一个人每时每刻的思索和学习中。只有付出才会有收获。记住，别再在学习上偷懒了。

王俊喻：温文尔雅，不疾不徐，对人有礼，对己有度。有人说："人人都可以成为自己幸运的建筑师。"愿你在前行的道路上，用自己的双手建造幸福的大厦。愿你以男子汉的笃定、大气、阳光构建如向日葵般的明媚之路。

谢镇聪：你聪明却缺乏自律，有悟性却不肯勤奋。跟跟跄跄地在成长的路上前行，在后期看到了你的进步，尽管只是点滴，却让人看到了希望。昨天，已经是历史；明天，还是个未知数。未来始终掌握在自己手中。

戴晓敏：从最初的比较自我到现如今的懂礼大度，你总是默默地学着，沉静之中带着倔强，淳朴之中透着踏实。老师知道你天赋并不异于他人，但是勤奋踏实足以让自己取得自己应有的位置。

程雅娴：自爱，使你端庄；自尊，使你高雅；自立，使你自由；自强，使你奋发；自信，使你坚定。外在的美貌与内在的智慧兼容为最强大的资本，要让自己像玫瑰一样集爱与美于一身，高贵而不高傲，典雅而不庸俗。活出自己的精彩，创造自己的辉煌。

刘美君：你文静踏实的作风令老师畅然。其实你很棒，只是对自己缺乏自信，缺少一份努力。相信自己，只要努力，一定会成功的！愿你犹如松柏一样苍劲、坚强，让自己的人生无怨无悔！

姚坤穗：你不是不上进，只是少了一份拼劲；你不是不努力，只是少了一份坚持；你不是不争上游，只是多了一些杂念。学习是很纯粹的事情，当下是很短暂的时光，错过就会成为过错。要让自己成为人生的操盘手，人生就会如向阳花一样一路朝阳，一路明媚！

李锐锴：无辜的表情总能掩饰不诚实，明知不可为而为之。其实很聪明，可是小聪明总是用错地方，让人轻易逮个正着。聪明的人，今天做明天的事；懒惰的人，今天做昨天的事；糊涂的人，把昨天的事也推给明天。愿你做一个真正聪明的孩子。

文珺幼：有目标但不笃定，思进取却不坚持，顾大局偶尔不拘小节。活泼开朗有点小傲娇，热情泼辣耍点小公主脾气。身为班干部的你绣口锦心又宛若女孩子。总之，可塑性极强的你，萍姐可是很看好哦！以你的自信、开朗、毅力，还有我的祝福，你一定会如向日葵般热情蓬勃。

唐昊强：身高的海拔让人仰视，性格的稳重让人敬佩，阳刚的外表下再配上自信、开朗、大胆的表现，那就真的成为"男神"。未来的成长之路上要学会扬长补短，以儒雅的风度和宽阔的胸襟去创造自己的一片理想天地！

学生评语篇

卫文希：性格内敛却收放自如，学习有动力但尚需勤奋。绘画方面能执着热爱。愿不忘初心，终达彼岸。望你如百合花一样"大其愿，坚其志，细其心，柔其气"，追求圣洁、高贵、杰出的品质。

刘嘉钦：淡定不张扬，低调有潜力。滴水穿石，不是力量大，而是功夫深。勤奋是成功必不可少的因素。加油，你会收获成功的。

孙力图：学习上你总是呈现一种慵懒的状态，头脑热不起来，情绪高涨不起来，思维犹如散步，不紧不慢。有潜力却找不到抓手，希望你能跑起来，飞起来，冲起来。愿你如自己选择的胡杨树一般坚忍不屈。

李浩楠：脑袋瓜很活络却不用在刀刃上。"惰于思索，不愿意钻研和深入理解，自满或满足于微不足道的知识，都是智力贫乏的原因。"理解这句话的意思吗？就是要多动脑筋勤学习哦！

黄洁琳：同学口中的"阿妈"，显然是个操心劳碌命。学习动力不足，班务杂事却游刃有余。能管理同学却缺乏自我管理，做事有条理、肯用心。日后在学习上再多投入一点，进步就会再多一点。

李羽洋：典型的重理轻文，理科有悟性，文科缺根筋。小聪明，欠勤奋。若能文理并重，你一定会超越很多人。切莫辜负身上的潜质，让自己脱颖而出吧！

黄灏文：有人说，日子就是问题叠问题、麻烦堆麻烦。而你却是问题和麻烦的始作俑者，明知不可为而为之。规则和约束在你心中不值一提，任意践踏，趋恶避善只能让自己游走在群体的边缘而不被接纳。一次次地让人失望之后应该要脱胎换骨，彻底改变，只有改变才能融入每一个集体。

蔡毅林：聪明有余，动力不足；情商很高，勤奋有欠。懂得见风使舵，趋利避害，有小聪明，但需大智慧。勤奋是步入成功之门的通行证，勤能补拙。

麦纪枫：有成长，有进步，有想法。学习动力不足，较为懒散。对自己要求不严格，典型的得过且过型。亦步亦趋只能让自己更被动，更辛苦。

陈炯亨：炯炯有神的大眼睛容易吸引人的注意，可是大眼睛背后的走神和发呆又常让人失望。聪明有余，勤奋不足；潜力有余，动力不足。心静不下来难成大器，扬长补短方能亡羊补牢。

黄虹华：聪明有余，目标明确，一直在进步。对自己有所要求，不放弃，心思单纯不复杂。要如自己偏爱的银杏一样坚忍不拔，质朴无华。

麦梓恒：两年的成长显而易见，情商越来越高，对待学习的热情却明显不足，自己的投入与父母的付出明显不成正比。日后的成长需要自己迈开双脚独自出发，笼中的小鸟永远无法翱翔蓝天。

邓浩鹏：单纯善良，坐井尚能自得，观天还在窃喜。山外有山，人外有人，展翅高飞才可览五岳，观大洋。对自己要有目标，对前途要能拼搏。愿你身上具备老虎霸气、威猛、机智、自强不息、锲而不舍的精神。

罗博文：温顺善良，你总能以淡定化解焦躁，不温不火，不骄不躁。若能以苍松顽强挺立的坚毅面对学习，你的未来一定会波澜壮阔！

罗家杰：性格软弱会吃亏，动力不足会掉队。外力的驱使下会坚持，潜力尚待挖掘。与人相处要有原则有底线，处理事情要有思考有分寸。

蔡宜东：有欺软怕硬的特点，骨子里有点匪气，言语中会耍横。学习动力不足，容易受不良思想影响，对自己缺乏约束力。告诉你，废铁之所以能成为有用的钢材，是因为它经得起痛苦的磨炼。自己想成才，必须经历一番努力与磨炼。

蔡乐禧：对自己要求不高，对学习动力不足，缺乏自律，学习得过且过。关注学习以外的东西较多，学习投入太少。如果想要进步，先改掉身上的毛病，对自己严格要求。

李志宇：在你身上，我看到了《士兵突击》中许三多那种"不抛弃、不放弃"的精神，撇开应试教育，你身上的品质会让你日后崭露头角。三百六十行，行行出状元，找准自己的方向，为自己正确定位，想必日后定会有所作为。

邓浩廷：心地善良，能融入集体，学习上存在障碍，但乐于为班级服务。

冯玮：外表娇小，内心强大，在成长，在进步。有点小聪明，但是学习投入不够，要自我完善才能不计较他人的眼光，活出自己的精彩。人生犹如向日葵一样热情蓬勃，绽放朝气。

董哲岑：单纯善良，没有不良习惯。学习动力不足，缺乏勤奋，对己不严格。"天才与凡人只有一步之隔。这一步就是勤奋。"记住哦，如果你想获得优异成绩，请谨慎地珍惜和支配自己的时间。